日本武術神妙記

中里介山

角川文庫
19779

目次

日本武術神妙記

序文

これは御覧の通り日本武術の名人の逸話集である、創作ではない、取り敢えず著者所蔵本の一部分から忠実に抜き集め、それを最も読みよきように書き改めたまでであるから著というよりも編ということが、ふさわしいかも知れない、併《しか》しそれにしても相当の頭脳を使い取捨の労を加えたことに於《お》て必ずしも著作に劣らない労力を要した、そこで著と称しても僭越《せんえつ》ではないと考えられる処がある。

ここに日本武術とはいうけれどもこれは所謂《いわゆる》武術の「流派」というものが定まった時代から出発しているので、つまり足利の末、徳川の初期の間に筆を起して最近幕末明治にまで及んでいる。

本来日本は武術の天才国である、それは建国以来の国風であって、その間に箇人としても驚嘆すべき幾多の武術的天才を生んでいるが、武術というものが科学的組織に成功したのはこの「流派時代」に始まるといってよろしい、それまでの武術は特に個々の天才が秀出したり或《ある》いは武術というものが戦争の一つの附属芸術に過ぎなかったものを、この期に至って個人武として立派に独立した一つの科学とし芸術としたものである、通常飯篠長威《いいざさちょうい》斎《さい》の天真正伝神道派をもって流派というものの起りとしているから本書に於てもそこから始めている。

右の初期に於ては個人武を総《すべ》て兵法といっていた、後には兵法の学は軍隊運用学のようにとられて来たがその時代は兵法が即ち個人武であってまた必ずしも剣術のみに限らず槍《やり》、薙刀《なぎなた》、組打等すべて個人武を総称したもので一流一派とはいうけれども初期の人は刀槍その他皆これに兼ね熟していた、また兵法という語の外に芸術という文字も武芸に対して用いられた、今日でこそ芸術という文字は不良文士の専売のようになったが、もとは日本武術の称呼の一つであった、この流派時代の初期は同時にまた日本武術の黄金時代であって、この間に輩出した流祖名人の芸術は真に超人的の神妙を極め得たりといいつべきであった。それから徳川氏の泰平時代、この祖流は或いは本流は或いは支流となり或いは別派を起し、綿々として二百数十年続き来《きた》ったが、その間に広くなり浅くなり、繊巧に堕した弊はあるけれども曾《かつ》て失墜廃棄されたことはなく、殊に諸武術のうちの主流をなす剣術の如きは徳川中期に於て二百余流、末期に於て五百余流を数えらるるに至った、世界の何《いず》れの国にも武術が斯《か》くの如く科学的に而《しか》も統制的に普遍的に発達存続せしめられた国は無い。

日本武術を知らなければ日本国民性を理解する事は出来ない、これを剣道の側より見るも、各流儀それぞれ皆特色はあるが、通じて観る処の日本の剣法は我を護ることを先とせずして我を殺すことを先とする、西洋のフェンシングの如きは刀を片手に執り、身を引けるだけ引き、最も多く我が身を護りながら最も多く敵を傷つけようという防禦《ぼうぎょ》的経済の理法に出でているが、日本の剣法は、刀を双手《もろて》に取って全身全力全精神をもって敵にぶっつかって行くのである、そうして死中に活を求むるという超経済の方法に出でている、これは、仏教のうちの禅の宗旨とよく合致した手段である、だから日本の剣法には本来受けるという手はないのであって、討つか討たれるかという二つの端的よりほかはないのである、そこで剣法の勝負は必ず相打である——ということが古流剣法の極意になっている、相打とはいいながら、その深浅精粗が問題なのである、皮を切らせて肉を斬れ、肉を斬らせて骨を斬れ、骨を斬らせて髄を斬れ、と柳生流《やぎゅうりゅう》（江戸将軍の師範なりし剣法）では云う、全く死中に飛び込んで活殺の自在を得るのである、その勝負はオールかナッシングか生か死かの決定的のものである。

その時代から少し下って、漸《ようや》く稽古《けいこ》に道具をつけるようになり、叩合いがはじまったけれども、本来受けつ流しつの叩合いなるものは一つの稽古に過ぎないので、剣法そのものは斬るか斬られるか、生きるか死ぬるかである、そこで、勝を一瞬に決する、生死を眼前に見詰めることが宗教の境地に達するのである。

そうして、その勝を一瞬に決する勝負の為に一生涯の修練を費して絶対無礙《むげ》の世界を悠々自若として歩み得るというのが名人の境地なのである、この剣道の特色精神が、事ある毎に日本の国民性を発揮している、剣道と相並んで行なわれた柔術、或は柔道というものにもこの特色がよく見られる、それから、スポーツの一種としての日本の国技とされている相撲に於いてもその特色がよく見られる、日本の相撲は西洋のレスリングやボクシングと違ってちょっと指を地に一本ついても、足を規定線外へちょっと踏み出しても、もうそれで勝負がついているのである、その代り、愈々《いよいよ》取組むまでの計画と熟慮は非常に長い、それは日本のスポーツの立派な特色である。

日本の剣道に限らず、日本の武術はスポーツではない、近来軽薄なる記者が、是等《これら》をスポーツの中に組み入れているものがあるけれども、これは全然違っている、日本の武術は国民性そのものの発現であり、一種の宗教である、人が和かい気分で、生活の余裕に人も楽しみ我れも楽しましむるスポーツの類と同一視する時は非常なる誤解であり堕落である、日本に於《お》ける大きな仕事は皆この剣道の意気に於て為され、国難はいつもこの武道の精神によって排除せられた、これを言葉に表わして見ると、「熟慮断行」である。

日本国民性は熟慮の際には殆《ほと》んど無表情にして多くの侮辱を忍んでいる、殆んど忍び難きところまで忍んでいるが、実行となると死そのものの中へ直接飛び込んで活を求める。明治維新の如きも、歴史的には日本空前の文化的飛躍の時機であったけれども、それを為した人は皆剣道家であり或は剣道家的精神を具備したものであった、それから、明治二十七八年日清の役、三十七八年日露の役、皆この精神によっている、極度まで隠忍し、圧迫に堪え、その間に熟慮計画を樹《た》て、而《しか》して万已《や》み難き時に至って初めて断行する、近来、日本も種々の思想複雑し来り、この特殊の国民性にも大いに疑念を持たれたが、最近の満洲事変の前後の経路を見てこの国民性未《いま》だ衰えずということが出来る、例の爆弾三勇士の如きもこの国民性の一つの現われであった、日本国民自身がこの国民性を自ら認めず、或は曲解して自ら侮るようなことがあれば甚《はなは》だ危ない、また、世界の国民が日本国民のこの国民性を看取し得ずして日本を侮ることあれば、これもまた危ない、この国民性は決してミリタリズム、或は侵略主義を含んではいないということを強調しなければならぬ、この天才的国民的特色を以て争闘性蛮力と見るものは剣道をスポーツと同一視するものの無智と同様である、日本の剣道の真精神を理解する者は、それが絶対に危険性が無く、却《かえ》って危険を防止し、人間の正義の為に邪悪と闘い、士人の品格と体面と教養を豊かにするものであることを知らなければならぬ。

世界に於て、古来、日本国民ほど武器を愛する国民はなかった、日本国民の武器を愛好する態度は蛮力の表象として誇るのではない、破邪の正器として恭敬するのである、そこで、刀剣を作る鍛冶《かじ》は斎戒沐浴《もくよく》し、神に祈り仏に仕うる心をもって刀剣を鍛えた、故に日本の刀剣は世界絶倫の利器である、武術の修行に於てもその通り、武術修行の処を道場といい、聖僧《ひじり》が道に精進するのと同じ意味のところとし、必ず神仏を祭り、また、その礼儀正しきこと武術家の如きはない。

そこで、日本では少年時代より士分のものは申すまでもなく、農商の人々まで武術を学んだ、農夫のうちより一流一派の達人を出したのも少くはない、それから日本の古来有名なる武将は固《もと》より政治家も皆個人的に武術の達人であった、日本歴史を通じての最大政治家の一人と称すべき徳川家康の如きも武将としてのみでなく、単に剣道家として立たせても一流一派の祖たるべき実力を備えていた、また徳川後期の最も文化政治家である松平定信の如きも柔術の師範として、宗家を継ぐべき実力があった。

そこで、日本の剣法というものは生死の瀬戸際に立たなければ、その神妙がわからないものである、単に道具をつけて叩合いをしたり、勝負を争ったり、また演劇や映画の類によって、そんなものの俤《おもかげ》を見ようとするのは大きな間違いである、日本の剣法を知るには日本の宗教の神秘に触れなければわからぬ。

本書記する処は、必ずしも珍書秘書を探ったというわけではなく、取り敢《あ》えず著者家蔵本の一部分から抜いたものであることは上述の如くだが、兎《と》も角、右様な精神を以《もっ》て比較的各方面に日本武術の精髄味を収録した点に於ては最も出色と云って宜《よろし》かろうと思う、勿《もち》論《ろん》、これ以上に伝うべきものにして、これに漏れたるも多いに相違ないと思うが、それは当然将来相当の続篇を以て集大成しなければならない、ただそれ集であるから必ずしも私見は加えない、諸書に見るうち多少の矛盾錯誤している処はあってもそれはその儘《まま》取り容《い》れた、比較、考証等は別に研究書として着手すべき事である、本書の要領は日本武術の神妙の働きを想像感悟せしむるにあるのだから、もとの講談者流や、今日の大衆文学連の為《な》すが如き荒唐妄誕と乱雑冒瀆《ぼうとく》とは極めてこれを避け引用の書物も皆相当信用権威あるものにより、間々稍々《ままやや》荒唐に近き逸話と雖《いえど》も精神修養にとって有益と思われるものは伝説のまま加えたものもある。

それから普通誤り易く紛れ易きもの流名人名等に就いても相当に訊《ただ》して、まだ決して完全とはいえないが出来るだけは訂正して置いたつもりである。

さてまたこれ等神妙の名人上手の実力に就いての品評は古来よく下馬評にのぼり、炉辺話題に供せらるるものであるが、それはなかなか難しいもので時代を異にし流派を異にする超人間の人々の技量手腕に上下段階を附して見るということは殆んど不可能のことだが、併し離れて大観すれば自ら相当の標準が無いではない、著者はいつか閑《ひま》があったらば戯れにその番附を拵《こしら》えて見たいと思っているが、まず初期に於て一例を云えば、

大家　上泉伊勢守／柳生但馬守

名人　塚原卜伝

上手　小野次郎右衛門／宮本武蔵

と謂《い》ったような順位は動かないものと思われる。

宮本武蔵の強さに就いては問題になっていることは今に始まったことではなく渡辺幸庵の物語には武蔵は強さに於ては柳生但馬守よりも井目《せいもく》も強いと書いてあり、それからまた或書には柳生但馬守は宮本武蔵の弟子だなんぞと途方もない事も書いてあって強さに於いては日本無双と噂をされたことは随分古い話だが位地としてはこの辺の順序に坐《すわ》るべきものだと思う、その他これに伯仲上下する名人上手を各藩各家に有していたことは本書によってもその一斑《いっぱん》を窺《うかが》い得らるると思う。

右の如く本書は一に古来の諸書に材料を得、それに取捨選択の労を加えて別に練って書

き改めたものであるが、引用の書目は総て、各項の下に著者名或は原書名を記して置いた、また近刊の著書のうちよりも、相当許さるべき範囲内に於て借用摘録をさせていただいているが、本書の主意精神斯《かく》の如きものであるにより、一々御挨拶《あいさつ》を申上げることの代りに、ここに一言を附して御寛恕《かんじょ》を請う次第である。

著者

天の巻

飯篠長威斎

飯篠長威斎《いいざさちょういさい》は下総《しもうさ》香取郡飯篠村の生れで香取神宮に参籠《さんろう》して妙をさとり、天真正伝神道流の一派を開いた、これが日本の剣道に流派というものの起った祖ということになっている。

松本備前守

松本備前守尚勝《まつもとびぜんのかみなおかつ》（あるいは杉本政信）は常陸《ひたち》の鹿島神宮の祝部《はふり》である、塚原卜伝《つかはらぼくでん》に伝えた「一の太刀《たち》」もこの人の発明だと云われる、塚原卜伝、上泉秀綱《かみいずみひでつな》、有馬《ありま》乾信《けんしん》などは、この人の門人であって、鹿島流というのは世間から見て唱えた名称で、鹿島の神宮の方では別に神流といっていたらしい。

中条兵庫助

中条流《ちゅうじょうりゅう》の祖、中条兵庫助長秀は代々剣術の家に生れ、鎌倉の評定衆であり、足利将軍義満に召されてその師範となった、鎌倉寿福寺《じゅふくじ》の僧慈音というものに就いて剣道を修めたということである。

この中条流からは多くの流儀を生み出している。

上泉伊勢守

新陰流の祖、上泉伊勢守信縄《かみいずみいせのかみのぶつな》（縄の字を普通には綱に書くが、その家に伝わる処はこの縄の字だそうである）は先祖俵藤太秀郷《たわらとうだひでさと》より出て、代々上州大胡《おおご》の城主であったが、信縄が父の憲縄《のりつな》の代に至って城を落されたということである、信縄は剣術を好み飯篠長意入道及び愛洲移香《あいすいこう》（移香の字を多く惟孝と書いているが、新陰流の古い免許状の記すところは移香である）に従って遂にその妙を極め信縄は上野箕輪《こうずけみのわ》の城主長野信濃守が旗本になり、度々《たびたび》の戦いに功あってこの家で十六人の槍と称せられた、中にも信濃守が同国安中《あんなか》の城主と合戦の時、槍を合せて上野の国一本槍という感状を貰《もら》ったことがある。

その後、甲州武田信玄に仕えて、この時から伊勢守と改めた、程なく武田家を辞して京都へのぼり光源院将軍（義輝）が東国寺に立て籠《こも》った時にお目見えをして軍監を賜り勝利の後天下を武者修行し、「兵法新陰軍法軍配天下第一」の高札を諸国にうち納め、その後禁裏へ父子共に参内《さんだい》し伊勢守従四位下《じゅしいのげ》武蔵守に任じ、子息は従五位下常陸介《ひたちのすけ》に任じて名を現わしたが、この信縄天下一の名人と称せられ、流を新陰と称した。

この流の秘歌に、

いづくにも心とまらば棲《す》みかへよ
　　　長らへばまた本《もと》の古郷《ふるさと》

　この流から出ずる剣術は甚《はなは》だ多い、柳生但馬守宗厳《むねよし》も信綱が術を伝え、塚原卜伝もまた信綱に従って学んだものという。

（撃剣叢談）

　上泉伊勢守は上州の人であって、新陰流の祖である、諸国修行の時に或《ある》村で多勢のものが民家を取り囲んで騒ぎ罵《ののし》る処へ通りかかった。

「何事であるか」

と上泉が尋ねると、土地の人が、

「咎人《とがにん》があって逃げながら子供を捕えて人質にとってしまいました、多勢のものが斯《こ》うして取り囲んではいるけれども下手をすればその子供が殺されてしまいますので、我々は手の出しようがなく子供の親達はああして嘆き悲しんで居ります」

という、上泉これを聞いて、

「然らば拙者がその子供を取り返してやろう」

といって、折から道を通りかかる一人の出家を呼んで云うことには、

「今、悪い奴が子供をとっ捕えて人質としているそうだが、拙者は一つの 謀《はかりごと》をもってその子供を取り返してやりたいと存ずるに就いては貴僧を見かけてお頼みがござる、願わく

ば拙者のこの髪を剃《そ》って、貴僧の法衣を貸して貰いたい」

出家は直ちに承認して上泉の髪を剃ってやり、自分の法衣を脱いで上泉に与えた。

上泉がそこで、衣を着して坊さんになり済まし、握り飯を懐《ふところ》に入れて、咎人の隠れている家へ入って行った、咎人これを見ていう。

「やあ、来たな、必ず拙者に近寄ってはならんぞ」

上泉が曰《いわ》く、

「別に愚僧は貴君《そなた》を捉《とら》えようのなんのとの考えがあって来たのではござらぬ、ただ、御身が捕えている童《わらわ》がひもじかろうと思うから握り飯を持って来てやったばかりじゃ、少し手をゆるめて、その子供に握り飯を喰《た》べさせるだけの余裕を与えてくれれば愚僧の幸いでござる、出家というものは慈悲をもって行とするが故に、通りかかってこの事を見過し、聞き流すわけには行かないのでござる」

といって懐中から握り飯を出して子供の方へ投げて与え、また握り飯を一つ出していうには、

「そなたもまた定めてひもじくなっておいでござろう、これなと食べて気を休めなさるがよい、わしは出家の身で、いずれにも害心はないのだから疑い召さるるなよ」

といってまた一つ咎人の方へ向けて握り飯を投げて与えた、咎人が手を延ばしてそれを取ろうとする処を飛びかかってその身をとって引き倒し、子供を奪って外へ出た。

村人がそこへ乱入して咎人を捕えて殺してしまった。

上泉はそこで法衣を脱いで、以前の出家に返すとその僧が非常に賞美していうには、

「まことにあなたは豪傑の士でござる、わしは出家であるけれども、その勇剛に感心しないわけに行かぬ、われ等の語でいえば実に剣刃上の一句を悟る人である」

といって、化羅《から》を上泉に授けて行ってしまった。

上泉はそれからいつもこの化羅を秘蔵して身を離さなかったが、神後伊豆守というものが第一の弟子であった故にこれに授けたということである。

（本朝武芸小伝）

永禄六年、夏秋の頃上泉伊勢守は伊勢の国司、当時俗に「太《ふと》の御所」と称《よ》ばれた北畠具《きたばたけとも》教《のりきよう》卿の邸《やしき》に着いた、この具教は、塚原卜伝から「一の太刀」を伝えられた名人であって、その旗下には武芸者雲の如しと云われた、併《しか》しながら一人として上泉伊勢守の前に立つ者が無かった、そこで北畠卿は、

「これより大和の国へ向うと神戸《こうど》の庄小柳生の城主、柳生但馬守宗厳《やぎゅうたじまのかみむねよし》というものがある、これは諸流の奥義を極めた人だが、中にも神鳥《かんどり》新十郎より新当流の奥義を伝えて五畿内一と称ばれている兵法者である、貴殿の相手に立つもの、この柳生を措《お》いては外にないであろう」

そこで上泉伊勢守は北畠卿からの紹介を持って先ず南部の宝蔵坊《ほうぞうぼう》に向った、この宝蔵坊には宝蔵院槍術の宗師として天下にかくれなき覚禅法印胤栄《かくぜんほういんいんえい》がいる、この人は柳生但馬守とは別懇の間柄で、但馬守と相談し、素槍に鎌をつけることを工夫発明した人である。

「太の御所」よりの紹介をもって上泉伊勢守が柳生と仕合せんが為にやって来たということで、胤栄は急使を馳《は》せて柳生谷へその旨を伝えた。

柳生但馬守時に三十七歳、この年の正月二十七日には松永の手に属して多武《とう》の峯《みね》を攻めて武功を立て、壮心勃々《ぼっぼっ》たる折柄であった、上泉伊勢守来れりとの報を聞いて欣喜雀躍《きんきじゃくやく》して奈良に来って伊勢守と立合うことになった。

ところが但馬守、伊勢守と仕合して、一度闘ってまず敗れ再び闘ってまた敗れた、而《しか》もその敗れ方たるや前後同一の手を以《もっ》て同じ様に勝たれて了《しま》ったのである、そこで但馬守思うよう、同じ勝たれたるにしても負けるにしても、同じ手口で斯うまで手もなく打ち負けるということは心外至極である、よし今度は彼が手法を見極めんと専《もっぱ》ら一心に工夫し、更に来三日の仕合となった処がまたしてももろくも前二度の仕合と同じことに、手もなく破られてしまった。

ここに於《おい》て伊勢守に全く帰依欽仰《きえきんぎょう》し節を屈し回国の途中である処の上泉伊勢守を屈請して、柳生の居城に招き、それより半年の間教えを受けて日夜惨澹《さんたん》たる工夫精進を重ねた。

南都の宝蔵院胤栄もまた柳生城に立ち越えて、共に上泉の門に入って学んだ、当時、上泉の伴《とも》にはその甥《おい》と伝えられる処の弟子疋田《ひきた》文五郎景兼《かげかね》があり、また鈴木意伯もあったが、その時上泉伊勢守は疋田文五郎に向って、

「お前にはこれから暇《ひま》をやるによって、諸国を武者修行の上別に一流を立てるがよろしい」

といった、疋田は入道して栖雲斎《せいうんさい》と号し、後年肥後に於て、疋田陰流を立てて後世に残した。

柳生但馬守は斯《か》くて半歳の間上泉伊勢守に就いて新陰の奥妙を伝え余すところなきに至った、そこで上泉伊勢守は一旦別れを告げる時に臨んで柳生但馬守に斯ういうことを云った。

「余は多年研究しているが、無刀にして勝を制するの術に未《いま》だ工夫が足らず、その理法を明らかにすることが出来ない、これのみぞ深き恨みである、貴殿はまだお年が若い、将来この道を明かにするものは恐らく天下に貴殿を措いてはその人が無いであろう、どうかこの事を成就《じょうじゅ》して、末代までの誉れを立てていただきたい、ではいずれ、再会の時もござるであろう」

と暇を告げ再会を約して上泉伊勢守は柳生谷を発足し、中国西国の旅路についた。

柳生但馬守はこれより世に出でざること数年、従来の猛気を悉《ことごと》く抛却《ほうきゃく》して、遂に上泉伊勢守が附嘱を開悟大成した。

永禄八年再び上泉伊勢守が柳生谷を訪れた時に但馬守は己《おの》れが開悟成就せる武道の深奥とその妙術を示した。

伊勢守はそれを歎称して曰く、

「今ぞ天下無双の剣である、我れも遂に君に及ばない」

と、いって一国一人に限れる印可状を授けて新陰の正統を柳生に譲り、かつ云う。

「以後は憚《はばか》りなく、この一流兵法を柳生流と呼ばれるがよろしい」

ここに天下第一の者に推薦された、時は永禄八年卯月《うづき》吉日これぞ柳生流の起元である。

（柳生厳長著「柳生流兵法と道統」）


上泉伊勢守が柳生へ行った時のことを或る一書には次の様に書いてある。

上泉伊勢守は虎伯という弟子（疋田文五郎のこと）を召連れて大和に行った、時に柳生氏は上方に於て兵法無類の上手であった、これ幸いと上泉と仕合を望んだ、上泉が、

「さ様でござらば、まず虎伯と立合い召されよ」

と自分は再三辞退した。

柳生はそこで、虎伯を相手に使ったが、虎伯が、

「それは悪い」

と三度びまで柳生を打った。

そこで、こんどは是非上泉と仕合を所望したので、上泉も辞退しかねて立合ったが向うと直ぐに、

「その太刀を取りますぞ」

といって奪い取ってしまった。

そこで、柳生が大いに驚いて三年まで上泉を止めて置いて新陰の秘伝を受け継いだ。

（武節雑記）

上泉伊勢守が、柳生の処から出て後、関東へ下るといって三州牛久保へ立寄った。牛久保には、牧野氏三千石を知行《ちぎよう》していたが、その家臣に山本勘介《かんすけ》があった、勘介はきょう流という兵法を遣《つか》って、恐らく敵はあるまいと自慢であった、弟子も数多くあったが、有名なる上泉師弟が来ると聞いて、おかしいことに思い、

「上泉とやらが来たならば、うちの先生に会せて思いきり打たせてやろう」

などといっていたが、さて牧野殿が上泉伊勢守と、弟子の虎伯と二人を招いて、

「うちに山本勘介という兵法の達者がいますから仕合をして貰いたい」

そこで、上泉は先《ま》ず例によって虎伯と仕合をさせた、虎伯は勘介に向って、

「それではあしいぞ」

と云って勘介を容易《たやす》く打ち込んでしまった、勘介が立て直してまた立ち向うと、

「それにては取るぞ」

といってツト当って太刀を取ってしまった。

日頃勘介を憎いと思っていた者は、勘介が打たれた打たれたといって評判をしたものだから勘介はそれを快からず思って暇をとって甲州に行ったということが事実の如何《いかん》は知らず武辺叢書に書いてある。

（武辺叢書）

柳生宗厳

柳生宗厳《やぎゆうむねよし》は晩年或る事の為に人に怨《うら》まれその者は如何《いか》にもして宗厳を討ち果そうとしたが名にし負う名人のことであり、家臣も多いので手のつけようがなかった、宗厳或る時病気にかかり門弟二三人を連れて摂津の有馬の湯に行った、某《なにがし》はひそかにその後をつけて行き日夜宗厳の動静を窺《うかが》っていたが或時宗厳ただ一人小刀を携えたままで宿屋の南の日当りのよい処に坐《すわ》って愛養の隼鷹《はやぶさ》を拳《こぶし》の上に置いて余念なく可愛がっている、某はこれを見て、ここぞと思って刀の鞘《さや》を払って宗厳の頭上を目がけて斬りつけたが、その時早く宗厳は抜く手も見せず腰なる小刀を抜いて敵の急所に突き込んだので某はあえなくその場に斃《たお》れたが、その時宗厳の拳の上の隼鷹はもとのまま身動きもしなかったそうである。

柳生宗矩

徳川三代家光は若い時分から柳生但馬守宗矩《たじまのかみむねのり》に就いて剣術を学び、非常に優遇されていたが、世間の人は柳生はただ剣術だけで将軍家のお覚えがめでたいのだと皆思っていたが、その実は剣道によりて政治を教えて居られたものと見え、家光は常におそばの人に、「天下の政治は但馬守に学んで我れはその大体を得たのだ」

と云ったそうである。

宗矩が老病重かった日、家光はわざわざその家に行って病気を見舞われたことがある、正保三年三月、柳生が亡くなった時は、その頃にためしのない贈位の恩典があって、従四位下に叙せられた、宗矩が死んで後、家光は事に触れては、

「宗矩が世にあらば尋ね問うべきを」

と、歎《なげ》いて絶えずあとを慕っていたということである。（常山紀談）

柳生但馬守宗矩は父但馬守宗厳にも勝《まさ》れる剣術の上手であった、徳川三代将軍家光の師範となり一万五千石にまでのぼった人であるが、武芸のみならず才智も勝れ政道にも通じていた。

或時、この宗矩、稚児《ちご》小姓《こしよう》に刀を持たせて庭の桜の盛んに咲いたのを余念なく見物していたが、その時、稚児小姓が心の中で思うよう、

「我が殿様が如何に天下の名人でおいで遊ばそうとも、こうして余念なく花に見とれておいでなさる処をこの刀で後ろから斬りかけたらば、どうにも遁《のが》れる途《みち》はござるまい」

そういう心がふとこの稚児小姓の胸のうちに浮んだのである。

そうするとその途端に但馬守宗矩はきっと四方《あたり》を見廻《みまわ》して座敷に入り込んでしまったが、尚不審晴れやらぬ体《てい》で床の柱にもたれ物をもいわずに一時ばかりじっとして居る、近侍の面々が皆怖れあやしみ、若《も》しや発狂でもなされたのではないかと陰口をきくものさえあったが、やがて用人某が漸《ようや》くすすみ出で、

「恐れながら先刻よりお見うけ申すに御けしきが何となく常ならぬように拝見いたされま

す、何ぞお気に召されぬ事でもござりましたか」

それを聞いて宗矩が答えていう。

「さればよ、自分は今どうしても不審の晴れやらぬことが起ったので斯うして考えているのだ、それは自分も多年修練の功によって自分に敵対するものがある時は、戦わざるにまず向うの敵意がこちらへ通るのである、ところが先刻庭の桜をながめているとふと殺害の気が心に透った、ところが何処を見ても犬一匹だにいない、ただ、この稚児小姓が後ろに控えているばかりで敵と見るものは一人もいないのに斯ういう心がわれに映るのは我が修練の功いまだ足らざるか、それを心ならず思案しているのだ」

というのをきいてその時稚児小姓が進み出で、

「左様に仰せらるればお隠し申すことではございませぬ、恐れ入りました儀ながら、先刻私の心に斯く斯くの妄念が浮びました」

と云い出したので、宗矩の気色も和らいで、

「あゝ、それでこそ不審が晴れた」

といって、はじめて立って家へ入り、何の咎めもなかった。

この宗矩は猿を二疋飼って置いたがこの猿ども日々の稽古《けいこ》を見習ってその早わざが人間にも勝ったものになった、その頃槍術をもって奉公を望む浪人があり但馬守の許《もと》へ心易く出入していたが、或時宗矩の機嫌を見合せ、

「憚りながら、今日は何卒《なにとぞ》お立合下さって、某《それがし》が芸のほどをお試し願い度い」

と所望した、宗矩が答えて、

「それは易きことである、まずこの猿と仕合をしてごろうじろ、この猿が負けたらば拙者が立合を致そう」

といわれたので浪人は身中に怒りを発し、

「如何に我等を軽蔑せらるるとも、この小畜生と立合えとは遺恨千万である、さらば突き殺してくれん」

と槍をとって庭に下り立つと猿は頬に合った小さい面をとって打ち被り、短い竹刀《しない》をおっとって立ち向った、浪人はこの畜生何をと突きかかるを猿はかいくぐって手許に入り丁と重ね打ちをした、浪人愈々《いよいよ》怒って、今度は入らせるものかと構えている処へ、猿は速かに来て飛びかかり槍にとりついて了った、浪人はせん方なく赤面して座に戻った。

宗矩は笑って、

「それ見られよ、その方の槍の手並み察するところにたがわず……」

と、嘲《あざけ》られたので浪人は恥入って罷《まか》り帰り、久しく但馬守の許へ来なかったが半年余りたってまたやって来て、宗矩に向い、「今一度猿と立合をさせていただきたい」

という、宗矩それを聞いて、

「いやく〵きょうは猿を出すまい、その方の工夫が一段上ったと思われる、最早それには及ばぬ」

といったが、浪人は是非是非と所望した、それではといって猿を出したが、立ち向うと

そのまま猿は竹刀を捨てて啼《な》き叫んで逃げてしまった、宗矩が、

「さればこそ云わぬことではない」

といってその後、この浪人を或る家へ胆煎《きもい》りして仕えさせたとのことである。

（撃剣叢談）


徳川家光は剣術を柳生但馬守に習っていた、或る時、家光が但馬をそば近く召して頭を畳へつけて拝礼している処を但馬まいると気合をかけた途端に但馬守が家光の坐っていたしとねをあげたので家光は後ろへこけてしまった。

また柳生但馬が或る時お城で敷居を枕として寝ていた処へ、若侍共これを驚かそうと双方から障子をヒタと立てつけた処が一尺ばかり間隔を置いて障子が動かなくなった、但馬は眼を醒《さま》して敷居の溝から扇をとり出したということである。（異説まち〳〵）

徳川家光品川御殿に遊行し、近侍の者等が剣術の仕合を為すを見て興がり、御馬方諏訪部文九郎を召し、仕合を命ぜられた、時に文九郎、

「馬上にての仕合ならば負けまじきを」

と独語《ひとりごと》を云った、家光がこれを聞き、馬上の仕合をとなり、近侍の面々馬を乗り出し、文九郎と仕合をしたが、悉く打たれたので、家光大いに感じ、

「文九郎は馬上達者なる故、近侍中一人も勝つ者なし、この上は柳生但馬出て仕合うべ

し」

とのことである、但馬守、

「畏《かしこま》り候」

とて馬上にて立合い、南方より乗り出しその間合い三間程になった時、馬を駐《と》めて文九郎が乗り来る馬の面を一打ち打ち馬の驚いて起った所を乗寄せて文九郎をはたと打った。

家光、これを見て、

「真《まこと》に名人の所作、時に臨んでの働き尤《もっと》も妙」

と感心したとの事である。

柳生五郎右衛門

但馬入道の第四男――即ち宗矩の兄――に五郎右衛門と称する勇士があったが、後伯耆《ほうき》の国飯山城に客となっている頃、上州横田内膳を助けて中村伯耆守の多勢を引受けて勇戦し武名を響かしたが、慶長八年十一月十五日城陥るに及び五郎右衛門は城より打って出て、新陰流の古勢「逆風の太刀」をもって甲冑《かっちゅう》武者十八人を斬り伏せて遂に戦死したが、伯州の民五郎右衛門の武勇に感じ社に祀《まつ》ったということである。（柳生流兵法と道統）

柳生宗章

柳生十左衛門宗章《むねあき》は但馬守の弟であるが矢張り柳生新陰をもって旗本の師範をしていた、

或時松平出羽守直政の邸へ訪れた時に、丁度そこへ某という有名な剣術の上手が参り合せて宗章に向って是非にと仕合を所望した、十左衛門宗章はそれを迷惑がって断ったけれども相手の剣客は聞かない、斯ういう機会を外しては柳生家と立合いは望まれないと思ったのだろう、是非是非と所望すること故宗章も已《や》むことを得ず立合いを承諾し、相手が竹刀を取るところを言葉をかけて抜き打に斬ってしまった。

さて、衣服を改めて座に着き、出羽守に向って云うよう、

「それがしこそ剣術は未熟でござるが、兄但馬守は将軍家の御師範役である、拙者がもしこの処に於てこの男に負けるようなことがあらば、流儀に疵《きず》がつき申すのみならず、将軍家の御兵法未練なる流儀お稽古などと風聞が立つようになっては、公私に就いておもしろからぬ儀と存じ、不憫《ふびん》ながら手討ちにいたし候」

といわれたので、一座が粛とした。

（明良洪範）

柳生三厳

宗矩の子十兵衛三厳《みつよし》（一に宗三）は父に劣らぬ名人であった、若い時微行を好み、京都粟田口《あわたぐち》を夜半にただ一人通った処、強盗が数十人出て来て各々《おのおの》抜刀を携《ひっさ》げて、

「命惜しくば衣服大小渡して通れ」

と罵りかかった、三厳は静かに羽織を脱ぎにかかると盗賊共は着物を脱いで渡すつもりだろうと心得て近々に寄るところを十兵衛はまず一人を手の下に斬り伏せた。

「こは曲者よ」

と賊共一度に斬ってかかる、軽捷《けいしょう》無双の三厳は或は進み或は退き、四方に当って戦ったが、太刀先に廻る者は悉く薙倒《なぎたお》され遂に十二人まで命を落したにより、残る者共今は叶《かな》わじと逃げ去った。

三厳或時、さる大名のもとで剣術をもって世渡りする浪人を一人紹介された事がある、その時、右の浪人が、

「憚りながら一手お立合い下され候わば光栄の至り」

と所望した、三厳はそれを承知し各々木刀をもって立合って打合われたが相打ちであった。

「今一度」

と浪人が所望したので、また三厳が承知して立ち上るとまた相打ちであった、その時三厳が浪人に向い、

「見えたか」

といった、その心はつまり勝負が見えたか、どうだ恐れ入ったろうという意味である。

それを聞いて浪人が、大いに怒って、

「両度とも相打ちでござる」

といった、三厳こんどは主人の方に向って、

「如何に見られたるか」

と問いかけた処が、主人も、
「如何にも浪人の申す通り相打ちとお見受け申した」
との挨拶であった、すると三厳は、
「この勝負が見分けられないようでは、どうも仕方がない」
といって座に着いた、浪人は愈々せき立って、
「さらば真剣にてお立合い下されたし」
と迫って来た、三厳冷然として、
「二つなき命である、真剣立合い要らぬこと、やめにせられよ」
といいきる、浪人愈々いきり立って、
「さ様に仰せられては拙者明日より人前へは立て申されませぬ、是非是非お立合い下さるべし」
と地団太を踏んで躍り立った、それを聞くと三厳は静かに真剣をさげて下り立ち、
「いざ来られよ」
浪人もまた長剣を抜いて立合うや前二回の木刀の時と同じ形に斬り結んだが浪人は肩先き六寸ばかり斬られて二言ともなく斃れた、三厳は無事に座に帰って主人に向い衣服をくつろげて見せると着用の黒羽二重《くろはぶたえ》の小袖《こそで》下着の綿まではきっ先き外れに斬り裂かれたが下着の裏は残っていた、主人にこれを示して三厳がいうよう、
「すべて剣術の届くと届かざるとは半寸一寸の間にあるものでござる、単に勝つだけなら

ば如何様にしても勝つことは出来ようけれど最初から申した処の違いないことを御覧にいれる為に斯様に不憫な事をいたしてござる」

といわれた、主人は感じかつ驚いた、柳生流を学ぶ者のうちにも殊にこの人は十兵衛殿といわれて仰ぎ尊ばれた名人である。

（撃剣叢談）

柳生十兵衛三厳の剣術は飛騨守にも勝れたりということである。

或時、無頼漢《ぶらいかん》が拝み打ちに打ってかかったがその男の手の中へ入って左右の髭《ひげ》を捕まえ、顔に唾《つば》をしかけたという。

十兵衛は常に赤銅《しゃくどう》の鍔《つば》を用いていたが、赤銅の鍔というものは時として斬り落されることがある、兵法家にも似合ないと人が云うと、十兵衛答えて、

「拙者に於ては鍔を頼むことはない」

と云った。

（異説まちまち）

柳生三厳は宗厳《むねよし》の孫で宗矩《むねのり》の子、術にかけては父祖にも秀れ天下無敵の人であったが、若い時に片眼を失った、というのは三厳の父宗矩が我子の腕を試そうとして、不意につぶてを投げつけた、それを受け損じたのであるが右の眼へ当てられると同時に左の眼を隠したというような逸話がある。

（逸書）

柳生利厳

柳生但馬守平宗厳は、晩年嫡孫柳生兵庫助平利厳《としよし》に一国一人の印可相伝を授け、新陰流兵法正統第三世たらしめたが、これより先き、永禄八年利厳が年二十五歳で肥後領主加藤清正に客将として赴き三千石を喰《は》んだ比《ころ》か但しはそれより数年前に属することか分らないが、祖父但馬入道は丁度掌中に握り込める位の大きさの紅紙に片仮名を以て左の一首を書き、これを利厳に与えている、利厳はこれを後年授けられた大部の伝書類と共に秘蔵して印可相伝の書中に含め、後世に相伝した。

切り結ぶ太刀の下こそ地獄なれ

たんだ踏み込め神妙の剣

（柳生厳長著「兵法剣道」）

柳生兵庫助平利厳が肥後の国主加藤清正に懇望されて、その家臣となったのは二十五歳の時であった、祖父石舟斎《せきしゅうさい》は利厳を推薦する時清正に対して、「兵助儀は（利厳の初名）殊の外なる短慮者でござるによって、たとい如何様の儀があろうとも三度までは死罪を御許しありたい」と約束した。

慶長八年利厳の肥後に赴くに当り、石舟斎（宗厳）は兵法奥旨二巻の書を授けたが、後利厳は加藤家を去り諸侯の招聘《しょうへい》を辞し回国修業すること九年に及んだ。

慶長十一年二月上旬、石舟斎宗厳年七十八もはや死期の迫れるを自覚して利厳に印可を

与えて曰く、
「子供及び一族は多いけれども何人にも伝えない、斯《かく》の如き義はその方一人にこれを授くるものなり」
と、いって上泉伊勢守相伝の秘書類を悉く兵庫助利厳に授け了《おわ》った、そこで利厳が新陰正統第三世を継いだことになるのである。

この兵庫介利厳がまた尾張の藩祖徳川義直に剣道を教えている。

家康は柳生流を徳川の兵法指南とすると共に一刀流の小野二郎右衛門忠明《ただあき》を召して、稽古を受けた。

家康が曰く、「小野流は剣術であるけれども柳生流は兵法である、大将軍たるものはすべからく大将軍の兵法を学ぶがよい」
と遺訓されたということで、柳生一流は代々徳川将軍の剣として「お流儀」と称《よ》ばれていた。

（柳生流兵法と道統）

柳生家家風

柳生家は代々将軍の師範であったからお流儀と呼ばれていたのは尤《もっとも》である、この門に入って学ぶ者、業なって免許を取った上は、おのれが弟子を取ることも苦しくはないが、その者からまた免許を出すことは出来ないことになっている、その又弟子が熟して人に伝えようと思う時には、改めて柳生家へ入門して学ぶことになっている、辺鄙《へんぴ》では代々承け伝えて柳生流と称するものもあるけれどもそれは皆正伝ではないということである。

（撃剣叢談）

相　討

徳川時代に於て、幕府の御流儀として最も隆盛を極めたる柳生流を始め、新陰流の諸流派が教ゆる所の趣旨は相討なり、即ち敵を斬ると同時に、己《おのれ》もまた敵刃に倒るる決心をもって打込むことを教ゆ、かくてこそ真の勝利を得るものなり。

（下川著「剣道の発達」）

肋　一　寸

柳生流に「相討」という言葉はないが、これは真によくわが流の極意を説いてある、我が流の太刀《たち》は一切「相討」である、然し「転《まろばし》」の道を認得しないものは、我れからも討ち、敵からも討たるる――世間俗に云うところの相討になり、斬合の道の愚拙に陥る、これは「せんだんの打」と称して戒めるところである、我が流に「肋《あばら》一寸」という教えがある、敵刀我が肋骨一寸を切り懸る時我刀早くも敵の死命を制する剣である。

（柳生厳長著「兵法剣道」）

新陰の極意

敵から斬り懸っても懸らぬでも、我が方は唯一打に、一調子に勝を攬《と》ることは新陰流の極意であります、我が方の構えを頼み、一と敵の懸るを待って、二と敵刀を防ぎ払い、三と敵に勝つこと――世間これを「三の数」と称《とな》えて兵法の根本条理でありますが、この条理を超越し敵の斬り懸るに（同時に）我方から一調子に打込むことが新陰流の極意であります。

（柳生厳長著「兵法剣道」）

伊藤一刀斎

伊藤一刀斎が都にいる時、或る一人が勝負を望んで来たが、忽《たちま》ち一刀斎に打ち負けて弟子となったが、この者腹の中では無念残念でたまらないが、表面は柔順にして仲間四五輩を連れて来て同じく門弟として術を学んでいた。

或る夜のこと、各々、酒肴《さけさかな》等を携えて一刀斎の許へ来てすすめもてなしたので一刀斎も機嫌よく御馳走をうけて快く酔い伏して了ったから、これ等の者共も暇を乞《こ》うてそのまま立ち帰った。

しかしこれは計略で、かねて一刀斎には一人の愛妾《あいしょう》があって何事も心を許していたが、この妾《めかけ》を悪党共が様々に欺き賺《す》かして味方とし、自分達が一刀斎を酒に酔わせて寝かせて了うとやがて右の妾に一刀斎の大小を盗み隠させてしまった、そこで今は心易しと夜中過る頃に一同がそっとやって来ると、彼の妾は戸口をちゃんと開けて置いた。

そこで直ちに一刀斎が寝所へ斬り込んで行った。

折柄夏のことであったから、一刀斎は蚊帳《かや》を吊《つ》って寝ていた、悪党共は入りざまに蚊帳の四ツチチを切って落した、驚いた一刀斎は枕許をさぐったが両刀が無い、ハッと思っている前後左右より透きもなく斬りかかるのをここにくぐり、かしこにひそみ、ようよう蚊帳を這《は》い出し、宵のうちの酒肴の器が手に触ったところから、当るに任せて向かうものに続け様に投げうち、そのうち飛びかかって一人の悪党の持ったる一刀を奪い取ってしまった。

今まで無手でさえも手におえなかった一刀斎に今は刀を持たせたことであるから虎に翼を添えたるが如く、当るを幸いに斬りまくる、何かはたまるべき、忽ちに悪党共深手浅手を数知らずうけ、今は叶わじと各々手負いを助けて逃げ去ってしまった、裏切りの妾も同じく行方が分らない、一刀斎は類《たぐ》いなき働きをしたけれども、女に心を許したのを恥かしく思ったのかその日都を出て東国に赴《おもむ》いたということである。

また東国で一人の浪人が「地摺《じずり》の晴眼」という太刀をおぼえ、これに勝つ者は無いと思い込んでいたが、有名な一刀斎に会って、

「この地摺の晴眼の止めようがございましたら御相伝下されたい」

と所望した、一刀斎は、

「成るほど、それはある、伝え申してもよろしい」

と請け合いながらそのことを果さずにまた他国へ出かけて了おうとする容子が見える。

そこで浪人が心のうちに思うには、

「一刀斎もああは答えたものの、この太刀を止めることは出来ないからこのままで逃げよ

うとするのだ」

と思い込み、一刀斎の立ち出ずる途中に出迎えして行手に立ち塞《ふさ》がるようにして、

「日頃所望の地摺の晴眼の止めよう、御伝授のないことは残念千万でござる、只今、御相伝下さるべし」

と、いうままに刀を抜いて彼の地摺の晴眼でするすると仕かけて来た。

その時一刀斎、物をも云わず抜きうちに切ると見えたが、彼の浪人は二つになって倒れ伏して了った、地摺の晴眼止めようの伝授は地獄のみやげにしかならなかったのである。

（撃剣叢談）

伊藤一刀斎景久《かげひさ》は伊豆の大島に生れたが十四歳の時初めて武道により身を立てようと志し、板子一枚にすがって三嶋（伊東の東南半里に在《あ》り）に泳ぎ渡って来た、その時長時間海中に在ったため、恐ろしき形相となっていた、村の者はこれを見て嶋鬼が来たと騒いだ位である、彼は里人が嶋鬼と呼ぶから自ら鬼夜叉《おにやしや》と称し、三嶋神社の床下を寝泊りする所となし、暫《しばら》く附近を徘徊《はいかい》していた、会々《たまたま》富田一放《いっぽう》という兵法者が村に来《きた》って人に教えていたので、鬼夜叉は試合を申込んだ、一放は頗《すこぶ》る達人であったが、鬼夜叉と出で会うや、木剣を取って身構えせんとする処を素速く打込まれ、散々敗を取り夜逃げをしてしまった。

三嶋の神主は鬼夜叉が富田一放に勝ったのを見てその人と為《な》りを奇とし、我家に養うこととしその志を問うた所が、兵法を学び身を立てんと望んだので、これを励ます為め、嘗《かつ》

て三嶋神社に備前の名工一文字から奉納された刀が、その後年久しく棟木に括《くく》り付けてあって縄が腐って落ちた時、下にあった御酒甕《おさかがめ》を貫き少しも損じなかった稀代の名刀を出し、鬼夜叉に餞《はなむ》けた、鬼夜叉は大いに喜び、明日は善き師を求むる為出立せんと云いやすんだが、夜中に至り、五六人の強盗が押入った、此処《ここ》に於て神主より貰った計《ばか》りで柄拵《つかごしらえ》もない一文字の刀を以て渡り合い悉く強盗を斬り殺した、（この時一賊が酒甕の中に隠れたのを鬼夜叉飛び懸ってその甕諸共に斬ったところが甕は賊の胴体と共に二つに切り割られたので、その刀を甕割と名づけて益々《ますます》愛蔵し、後これを極意と共に小野忠明に譲った）神主は益々感じて旅費を彼に与え出発せしめた。

鬼夜叉は江戸に至り鐘巻自斎《かねまきじさい》という中条流の達人の門に入り修業したが、未だ幾何《いくばく》ならずして技大いに進歩し、諸門弟子誰一人肩を並ぶる者がなかった、自斎窃《ひそか》に恐れを抱きその技を惜んで伝えなかった、或る時鬼夜叉自斎に向って剣術の妙機を覚りたる旨を語った処が、自斎怒りて、

「汝《なんじ》が術漸く五年に満たず、妙などとは以ての外だ」

と罵った、鬼夜叉曰く、

「妙は一心の妙であって師伝にもあらず、また年月の長短にも依るべきではござらぬ、疑わしくば自分の覚った妙を御覧に入れましょう」

と頻《しき》りに仕合を乞うた、自斎は辞することが出来ず木剣を取って一合したが忽ち敗《やぶ》れた、二度仕合したがまた忽ち負け重ねて三度に及びも遂に勝つことが出来なかった、彼は頗る

不思議に堪えず、鬼夜叉に対して、

「吾《わ》れ諸国を遍歴し数多《あまた》の武芸者と立合ったが未だ曾《かつ》て敗を取らず、天下に知らるるに至った、然るに今汝と立合い、到底勝つべき見込がない、汝は如何にしてこの神妙の技を得たか」

と問うた、鬼夜叉、

「人は夢寐《むび》の間にも足の痒《かゆ》きに頭を掻《か》くものにあらず、足痒ければ足、頭痒ければ頭を掻くものでござる、人間には自ら機能があって害を防ぐように出来ている、今先生が吾を撃たんとせらるる心即ち虚にして、吾の防がんとするは人間の本能にしてかつ実であります、今吾の実をもって先生の虚を打つ、是れ勝を得る所以《ゆえん》でござる」

と答えた、自斎は大いに感じ、

「汝は我が及ぶところにあらず、吾は今汝の言により頗る啓発される所があった、我が年来極意とせるものも今は汝の身に無用ではあろうけれども参考の為にこれを伝えて置こう」

と悉く蘊奥《うんおう》の秘伝を彼に授けた、鬼夜叉《おにやしゃ》は深く師の厚意を謝し是より伊藤一刀斎景久と名乗り、諸国修業に出で、一刀流の流祖古今に稀《まれ》なる名人となったのである。

（内田良平著「武道極意」）


伊藤一刀斎が、剣術の極意無想剣の場を発明しようとして、多年苦心したけれども、容易にその妙旨を得ることが出来ない、鶴ヶ岡八幡宮へ七日七夜参籠したがそのしるしもなく、満願の時神前を引きとろうと思う時に何者とも知れぬ一人、一刀斎の後ろに忍び寄って来たものがある、それは一刀斎を討とうと思って来たものだか、或は神前の物を盗《と》ろうと思って来たものだかわからないが、一刀斎はその足音に驚き振り返って見ると怪しいものが佇《たたず》んでいる故そのまま言葉もかけず抜き打ちに払い二つにして引取った。

後に一刀斎がこの事を門人に語って云うには、

「われ昔八幡宮参籠の節あやまりて人を殺害したことがある、然《しか》し今つらつら考えるにこれぞ無想剣というものであろう、われ振り返り見て何の思案分別《ふんべつ》もなく、眼に触るや否《いな》やそのまま抜き打にしたがこれぞ全く剣道の極意無想剣の場であろう」（剣術名人法）

一刀斎の許へ或夜盗賊が忍び入ったのを一刀斎、太刀を提げてその賊を追いかけた処が、その賊大瓶《おおがめ》のあったのを楯《たて》にとり右より追いかければ左へ逃げ、左より追い廻れば右へ逃げて打ち果すことが出来ない、一刀斎大いにいらってその大瓶もろ共に打ち込んだ処がその瓶が二つになって賊も共に二つになったという、その刀を瓶割と名づけ、一刀斎三十三度の真剣勝負に用いた名刀である。

一説にこの刀は一文字の作だともいう。（剣術名人法）

一刀斎が妾宅に於て、襲いかかる悪党の中の一刀を奪い取りてその刀で危うい処を切り抜けて、それから門人小野次郎右衛門忠明に面会し、その切り抜けた太刀の型を伝えて自分はそれから行方知れずになったというのだが、その型が即ち一刀流の仏捨刀或は払捨刀であると。

（剣術名人法）


一刀流の地摺星眼などということがあるが、一刀流に地摺星眼というような構えはない、全く下段のことを云いあやまるのであろう。

一刀流皆伝の箇条に、敵をあとに追い込むには、何程太刀《たち》を眼中または咽喉《のど》につけても敵はあとへは下らぬものである、その節は地上の心ということがある、この心で敵を攻むれば、如何なる豪敵たりとも次第次第に後に下るものである、その事を地摺星眼とはいうけれども地摺星眼の構えというのはないものである。

（剣術名人法）


中条流の富田次郎左衛門景政《かげまさ》の門に鐘捲自斎《かねまきじさい》道家《みちいえ》というものがあった、一派を起して外他流と称し高上金剛刀を以て極意として聞えた、この門に伊藤一刀斎景久が現われた、景久は伊豆の人と干城小伝にあるが伝書によれば西国の産である。

諺《ことわざ》に「登り兵法、降り音曲」という事があって、兵法は東国より上り、音曲は上方が本場ということになっているが自分はこれを逆に「降り兵法」にすると云って東国諸州を歴遊し「外他の一刀」と称して立合を試み、真刀の勝負七度に及び、その他の試合にも一度も勝を譲ったことはなかった。

初め、一刀斎が淀《よど》の小舟で大阪へ下った時に、逞《たく》ましい船頭が一人いて、一刀斎が木剣を携えているのを見て、自分の力自慢が鼻の先きへ出て、つい、

「武芸というものは、人に勝つように出来ているには違いないだろうが、持って生れた地《じ》力《りき》には勝てまい」

と云い出した、一刀斎も血気の頃ではあり、

「左様な事はない、力ばかりあったって無駄だ、馬鹿力が術というものに勝てる筈はないのだ、論より証拠、陸へ上って勝負を定めよう」

と、船頭も云うにゃ及ぶというようなわけで、船をつけて上陸し、さて互に誓って死んでも恨みはないということを、他人を証人に立てて立ち上った。

船頭は櫂《かい》を取って立ち上り真向上段に打ち卸ろしたが、一刀斎に身を開いてかわされた為に、獲物は空を打って余る力でしたたかに櫂を大地に打ち込んでしまった、引直そうとする処を躍りかかって木刀で小手を打つと櫂を取り落してへたばった、そこで船頭は謝《あやま》り入り、強いて乞うて一刀斎の弟子になり、諸国を随行して歩いたがこれが即ち「善鬼」なのである。

一刀斎が諸国修行中立合いには、先ずこの船頭善鬼を出すのを例としていたが、大抵これの手に立つ者はない、元来が卑《ひ》賤《せん》無学の者であるから今は師匠を除けば天下に敵なしと自《じ》讃《さん》するようになった、そこで浅ましくも、師匠を殺しさえすれば自分が真正の天下無敵になれると考えて、道中の泊り泊りにも、師匠の寝息をうかがうようになった、一刀斎早

くもこれを感づいたが、彼を殺すのは容易いが、表面上その名が無いのに苦しんでいるうち、江戸に着いて、一刀斎の剣術は有名になり、遂に家康の上覧を経て家臣に召し抱えられるということになったが、一刀斎はこれを辞して、門人「神子上典膳《みこがみてんぜん》」（小野次郎右衛門）を推挙したのであった。

そこで高弟たる善鬼が憤慨して師匠に迫った為に、一刀斎は然らば神子上と立合った上、勝った方へ極意皆伝の上仕官を周旋ということになって、下総小金ヶ原の立合いとなったのである。

また一刀斎が鎌倉八幡に参籠の事や、妾の事から敵に寝込みを襲われたということは捏《ねつ》造《ぞう》に過ぎない、前後の事情として一流開祖というべき人の覚悟行動でない。

（山田次郎吉著「日本剣道史」）

一刀斎が天下を周遊して上総《かずさ》の国に来た、この国には剣術の名ある者が多かった、中にも神子上典膳は三神流の剣術に達してその名が聞えていた。

景久は宿につくと思う所やありけん、直ちに高札を家の前に立てさせた、その文句には、

「当国に於て剣術に望みある人あらば、来《きた》って我と勝負せよ」

という意味のもので、その奥には狂歌のようなものまで書き添えた、それを見るほどのものが憤慨したが、一刀斎が天下の名人であるという名に聞き怖《お》じて誰一人出ようというものがない、これは神子上の外にはない、神子上なれば、せめて相打ぐらいはやるだろう

と、斯くて典膳は一刀斎の宿へ推参して行った、一刀斎対面して云う事には、

「この国では、君がよく剣術を使うそうだけれども、我が術に当るというわけには行くまい、真剣であろうと、木刀であろうと好きなのを持つが宜《よろ》しい、君もまだ弱年故、その命を奪うも大人気ないによって」

と一刀斎は其処《そこ》にあった薪《まき》の一尺ばかりなのを提げて立ち向った。

神子上は自分の差料なる波平行安《なみひらゆきやす》の二尺八寸の一刀を右脇に構えて進み寄ったが、一刀斎景久は、神子上が太刀を奪い取りその脇にあった薪を載せる棚へ置いたままで奥の方へ入ってしまった、典膳は茫然として、立ちつくすばかりであったが、やや暫く思案して、また仕合を所望した、景久が出て来て云う。

「若い者は修業がかんじんだから、何遍でも相手になって上げる、君の身に疵《きず》をつけるような事はしないから安心して」

とまた右の薪で立ち向った、神子上は三尺許《ばかり》の木刀を持って、自分が有する限りの力と術とを以て立ち向ったが、一刀斎の衣にさわる事すらも出来ない、打ち落されること数十度、典膳、全く呆《あき》れ果てて帰って景久の事を考えると、真に神の如く、また水の如く、勝てようなどとは思いもよらぬ事である、これぞ全く氏神の化身であろう、我が師と頼むべきものこの人の外になしと、翌日そのあとを追って行き師弟の契約《ちぎり》を為した。（一刀流三祖伝）

小野忠明

神子上典膳《みこがみてんぜん》（小野次郎右衛門忠明《ただあき》の前名）はもと伊勢の人であるが、弱冠より刀槍術を学んで、大いに自得する処あり、上総の国に来《きた》って万喜少弼《まきしょうひつ》に仕えていた処が、伊藤一刀斎が遍歴してこの地に来った、神子上はこれと勝負を決せんとして旅館に訪ねて行ったが、到底及ぶべからざるを知ってその弟子となり、後一刀斎に従って諸国を修行して歩いた、一刀斎の弟子に善鬼というものがあったが、術は精妙に達していたけれども一刀斎景久はこれを憎んで殺して了おうと思っていた、或る時典膳に告げていうには、

「お前、善鬼を殺してしまいなさい、しかしお前と雖《いえど》も術に於ては彼に及ばない、そこで今授くる処の夢想剣によって彼を斃して見るがよい」

斯く云い含めて置いて善鬼、典膳二人を引き連れて旅に出て下総の国相馬郡小金ヶ原の近辺に来た時に、一刀斎は二人を近く招いて改めていうよう、

「われ、少年よりこのかた剣術を好んで普《あまね》く諸州に遊ぶと雖も我に及ぶものは殆んどないといってもよい、そこで今我が志のほども成就《じょうじゅ》したというわけである、よって今日ここで瓶割刀《かめわりとう》という我が秘蔵の一刀をお前達に授けようと思うが、併しながら、刀は一つで受ける人は二人である、この広野に於て一つ思う存分に勝負を決して貰いたい、その勝った方にこの瓶割刀を授けることにしよう」

善鬼典膳共にこれを聞いて大いに喜んで、即ち刀を抜いて勝負にかかったが、典膳が遂

に善鬼を斬って了った、一刀斎は大いにこれを賞して瓶割刀を典膳に授けて云うよう、

「今より我は、ふっつりとこの剣術をやめて仏道を修行するのだ、汝《なんじ》はこれより国に帰ってこの術をもって世に現わるべし」

といって、そこで相分れて一刀斎は遂に行く処を知らない、相馬郡にはなお善鬼塚というのがあって、そこに植えられた松の木をば世人が呼んで善鬼松という。

典膳は遂にもとの処に帰ったがその術が益々進み、就いて習うものが多くなったが、やがてまた江戸へ出て駿河台に居り名声が府下に響いていた。

この時分、江戸近隣の膝折村という処の剣術者が人を殺して民家に逃げ籠《こも》っていた、腕利きではあり死物狂いであって、手のつけようがない、村長が江戸へ来て検断所へ訴えて云うには、

「これはどうしても神子上典膳様でなければあの悪者を斬ることは出来ますまい、どうぞ典膳様に仰せつけられたいものでございます」

その事が家康公に聞えると、家康が小幡勘兵衛尉景憲《おばたかんべえのじょうかげのり》を以て検使として典膳を遣わしてその村に行かしめた。

右の剣術者が隠れ籠っている家の戸前に行って典膳がいうよう、

「神子上典膳が仰せを承って江戸から来た、その方が戸の外へ出て勝負をするか拙者の方から家の中へ入ろうか、何れを所望する」

中にいた剣術者がそれを聞いて答えて云う。

「神子上典膳と聞いては相手に取って不足がない、今まで名前を承ったのみで見参はしなかったが、今日この処でお目にかかれるとは生前の仕合せこれに過ぎたるはない、只今こちらから罷《まか》り出て行って勝負をいたすであろう」

と、走り出して大太刀を抜いた。

その途端典膳は二尺の刀を抜いてたちどころにその両手を斬り落し、検使の景憲に向っていうには、

「首を打ちはねてよろしゅうござるか」

景憲曰く、

「よろしい」

そこでその首を斬った、その働きに見る者皆舌を巻いて感服した、景憲が江戸に帰って逐一このことを家康に語ると、家康は殊の外感心して、旗本に召し加え三百石を与えることになった、そこで、典膳は外祖父の氏を継いで小野次郎右衛門と改めた。

（本朝武芸小伝）

一刀流三祖伝には、この時の事件を以て次の如く書いてある。

罪人は甲斐《かい》の国の鬼眼というものであった、鬼眼は身の丈七尺、剛力にして兵法の達者であるから誰とて怖れて手を下す者がない、忠明が将軍の命を受け小播景憲と共に向って、その籠り居る屋敷の門際に至り高声に、

「鬼眼という兵法者が、人を殺してこの中に籠り居る由、小野忠明が討手として江戸から罷り越した、尋常に出でて勝負をせよ、若《も》し臆病にして出でる事を知らずば、踏み込んで討ち取るがどうじゃ」

鬼眼この高声を聞くや戸を蹴《け》破って躍り出で叫んで云う。

「音に聞ゆる忠明と勝負をするこそ本望なれ」

藤柄巻《ふじつかまき》の三尺許りの太刀を大上段にかざして、坂の上から飛びかかって来る。屋敷の前は膝折坂という坂路であって、大男の鬼眼が坂の上から向い掛って来るのだから弥《いや》が上にも高く見え、坂の下より進む忠明の身が如何あらんと、検使景憲も気遣った程であったが、忠明は刀を右の脇に構えて向い、鬼眼が打ち出そうとするその両腕を斬り落したが、鬼眼の腕と共に落ち来る刀が忠明の頸《くび》に当り血が少し出た。

忠明は景憲に向って、

「罪人の首を打ち落して宜しゅうござるか」

景憲答えて、

「速かに首を刎《は》ねられよ」

そこで首を打ち落した、忠明この時の事を語って云う。

「敵の両腕を斬り落し己《おの》が頭に触ったのは左右へ身の転じ方を誤ったので一生の不覚であった」

また一説に家光公板橋に猟せられしことあり、時に賊あり人を殺して民家に隠る、公忠明《ただあき》に命じて誅《ちゅう》せしむ、忠明適々《たまたま》病みて臥《ふ》したりしが命を聞きて起ち、子弟の病いを気遣いて止むるをも聴かず、籠《かご》に助け乗せられて板橋に至り、籠より出でて家に入り、一刀の下にこれを誅す、公これを賞し、譴《とが》められて引籠り居りしもその罪を釈《ゆる》されたり。

（一刀流遺書垂統大記）

二代将軍秀忠は神子上典膳《みこがみてんぜん》が芸を深く感心し、日々ついて術を習っていたが寵遇の余り一字を授けて忠明と名のらせた、小野次郎右衛門忠明とはこの人である。

その頃、江戸に道場を開いて人に見物させて剣術を指南している人があったが、忠明がこれを見物してどういうわけか、連れの者に向ってさんざんに笑い嘲った、道場の主が大いに怒って、

「如何なるお方でござるか、只今のお言葉聞き捨てにいたしては明日よりこの道場が立ち申さぬ、われ等芸拙《つたな》くともここに出でて一勝負ありたい」

といった、忠明はこらえぬ人であるによって、その儘板敷へ飛び上り、腰に差していた鼻捻《はなねじ》を抜いて立ち向い、彼が打出する大太刀を丁と打ち開いて彼が眉間をひしと打つと鼻血が流れ、尻居《しりい》に撞《どう》と倒れた。

見物の貴賤、それを見るとあれ喧嘩よと一度に崩れて外へ押し出したが、道場の中よりもう一人の師匠が進み出で、

「只今の御勝負はとかく申すに不及《およばず》、今日はこれよりこの者の介抱にとりかかり申すによって別にお止め申しは致さぬ、明日この場を清め置き申すべきによって、お出であってそれがしといま一勝負なされ被下候《くだされそうら》え」

と所望した、忠明は、

「心得たり」

といって帰ったが、約束の如く翌日行って見ると、事の有様がきのうとは変り、見物人は皆断ってしまって道場のくぐりが一つ開いているだけである、忠明は同道の者に向い、

「これは戸の向うに待っていて討とうとするたくらみじゃ、何程のことがあろう」

と電《いなずま》の如くそのくぐりから中へ飛び込んで行った。

うちには板敷に油を流し必ず辷《すべ》るように仕掛けて置いたことだから、忠明は真仰《あおむ》向けに倒れたのを待ち構えていた相手は上からどだんを打つ如く、おがみ討にしようとする処を忠明は倒れながら「鍋釣」と名づけた刀を抜いて打ち払い、そのまま立って何の手もなく斬り殺して外へ出て来たので見る人舌を捲《ま》かぬはなかった。

二代目次郎右衛門忠常も父に劣らぬ上手で聞えていた、三代将軍家光は深く剣術を好み、柳生、小野二つの流儀を稽古されていたが、但馬守宗矩《たじまのかみむねのり》は将軍を教えるようにあしらい教えたが忠常は天性の気がさで将軍をも憚らず思うまま打ち込んで教えたりするものだから、恩遇が柳生に及ばず、一生格別なる御加恩も無かったという事である。（撃剣叢談）

小野次郎右衛門忠明は、小幡《おばた》勘兵衛、大久保彦左衛門の二人に真剣をもって立ち向わせ自分は一尺三寸の薪をもってこれをあしらったけれども悉く全勝を得て、彼等二人は歯がたたなかったということである。

（剣術名人法）

小野忠明が薩摩に行った時に、彼の地の剣客、瀬戸口備前という者の招きに応じて仕合をする為に彼の宅を尋ねた、名は仕合であるけれども相手方は忠明を殺そうというのである、忠明もまた十分その心得を以て出向いて行った。

斯くて瀬戸口備前の家に至り、客間へ通ろうとする途中に、十坪ばかりの板敷の稽古場があった、そこに屈強の門人が二十人ばかり控えていたが忠明が半ば通り過ぎた時、彼等は一斉に刃《やいば》を揃え、忠明を取り囲んで八方から隙き間もなく斬ってかかった、忠明八方へ身を回転して斬り殺すもの八人、重傷を負わす者三人、その余は逃げ散ってしまった。

忠明が奥の間に至ると赤い広袖を着た惣髪《そうはつ》の者がいたが、大小を鞘共に投出して叩頭《こうとう》し、

「貴公の術は神の如し、我々共の遠く及ぶ所ではない」

と云って謝罪したから忠明はそれを許し備前の邸を出でて直ちに他国へ走ろうとして木立の茂ったる山の叢《くさむら》の下を横ぎろうとすると、山陰から数十人の敵が現われて斬ってかかった、忠明は立ち処にその六人を斬り斃し、五人を傷つけた処、黒いもので面《おもて》をつつみ目ばかり出した一人の男が九尺ばかりの鎌槍を振って忠明の右の袖へ突込もうとしたのを忠明は袖に搦《から》んで槍を奪い、飛び込んで彼が眉間から乳の下まで斬り下げた、忠明がこの者

を斬り倒すと残れるものは皆四方へ逃げ走った。（一刀流三祖伝）

小野忠明曰く、

「敵が万人を以て来るとも、一時に我に向える者は八人の敵が八方から来るだけのものである、併し、その八人の打つ太刀にも遠いのと近いのと遅いのと早いのとがある、仮令《たとえ》千里の野原の中にあろうとも、敵が我が二尺近くへ近寄りさえしなければその太刀が我に当るということはない、その我に当るべき敵の太刀をさえ制すれば大勢は即ち一人であって万人も即ち一人である、しかのみならず大勢というものは混乱して騒擾《そうじょう》するものであるが、我はよく心気を養い、冷静なることを得るの利がある、敵の大勢に対してこちらから猛進するのはよろしくない、ただ敵を近づけてこれを刺殺するがよろしい、敵が十歩動けば我は三歩動いて前後左右に身を転換する、大勢に対して精力を凝《こら》し過ぎ心気を揉《も》み過ぎる時は達者と雖も自ら疲れ阻《なや》んでその術も縮み、却って敵に利を与えることになる」

柳生但馬守宗矩が小野忠明の剣術を一見したいと所望した。

忠明は承諾して柳生の家に至り、一応話をしてから、宗矩に相手を所望する、但馬守は辞して長子の十兵衛に代って相手になることを云いつけたが十兵衛木刀を捨てて云った。

「忠明殿の術は水月の如し、わが太刀を打出すべき処が無い」

次に柳生兵庫が立ち向おうとすると忠明が云うよう、

「但馬守殿のお言葉は、拙者の剣術を御一見の上で仕合をされようとの御了見ではない、御一同の方々や門人衆の術の深浅を試してくれよとの御依頼である、然らば一人試むるも大勢一度に試むるも同じことでござる、故《ゆえ》に各々方《おのおのがた》三人でも五人でも一度にかかって遠慮なく拙者をお打ち下さい、左様致さば拙者が術の程も各々方にわかり、各々方の技も拙者に於て一目瞭然となる次第でござる」

と云った、そこで兵庫と門下の木村助九郎、村田与三、出淵平八の四人が出でて、忠明の前後左右よりかかり、折能《よ》くば忠明を打ち殺さんとする気色がある、その時、宗矩と三《みつ》巌《よし》とは口を揃えて云うよう、

「門人共は格別、兵庫は控えて忠明が術を傍より見学しているが宜しい」

斯くて三人の門弟が忠明の前と左右とより向った。

正面からかかって来た助九郎はどうしたものか、未だ太刀を交えざるに木刀を奪われてしまった、忠明は奪い取った木刀で左からかかった村田与三が打ち出そうとする両手を抑えて働かせず、この間出淵平八は忠明の右うしろより木刀を上段に取って忠明を打とうとしたのを忠明はその太刀の下をくぐって平八が両手を抑え与三がうしろへ廻ると平八は忠明を討ち外したのみならず、あやまって与三が頭をしたたかに打ち、後ろに倒れて気絶せしめた、人々が驚いて与三を介抱する、忠明笑って、

「村田氏は思わぬお怪我をなされたな、味方打ちであるから拙者不調法とも申されない」

その後、宗矩が門人共に向って、忠明に向った時の心持をたずねると、門人たち曰《いわ》く、

「小野先生の致し方、ただ水を切り雲を摑《つか》むが如くでございます、偶々《たまたま》木刀に当りまする と弾《は》ね返されて持ちこたえられませぬ、名人と云うのがあれでございましょう、でなければ世に云う魔法使いと申すより外はござりませぬ」

十兵衛三厳は、忠明の妙術に感心し、村田与三と共に密《ひそ》かに忠明をその道場に訪ねて、

「願わくば、我が家の流儀をその儘《まま》用いて善悪利害を教えられたい」

忠明喜んでその術を授けた、十兵衛も、与三もそれより技が初めて精妙に入ることを得たということである、十兵衛三厳が忠明と仕合をした時の心持を後に語って云う。

「余は忠明に向っていろいろと目附をするけれども、形はあって目附はつけられなかった」

（一刀流三祖伝）

一説に、典膳が江戸に出で、柳生但馬守の名声を聞き、これと勝負を決せんとして、旅宿の主人に柳生邸の所在をたずね問うた、主人聞いて驚いて云う。

「柳生様のお邸《やしき》へ仕合を申込んで生きて還ったものはござりませぬ、求めて死地におつきなさるにも及びますまい、おやめなされませ、おやめなされませ」

と頻《しき》りに差留めた。典膳曰く、

「柳生殿は武術のみならず、徳も高いお方である、どうしてそうむやみに人を殺すような事があろう筈はないから安心さっしゃい」

柳生邸にいたって仕合を願うた、大小を取り上げられ、道場に出で暫《しばら》くありて但馬守が

出で来り、肩衣《かたぎぬ》をはね太刀を抜き、

「我が道場の掟《おきて》として仕合を求むる推参者はこれを手討と致す、挨拶《あいさつ》あらば申して置け」

典膳は道場の一方を見ると戸が少し開いて其処《そこ》に一尺八寸ばかりの薪の燃えさしが落ちていた、これを取り上げ、

「然らば、これにて挨拶仕らん」

但馬守初めは軽くあしらっていたるも相手が案外に強いので、今は全力を尽して切り結び汗を流して戦ったが遂に典膳に切り附けることが出来ない、却《かえ》って顔より衣服にかけて散々燃えさしの炭を塗られたので、深くその精妙に感じ刀を投げ出し、

「暫く待たれよ」

と云い捨て、炭の附いたままの服装で直ちに登城し大久保彦左衛門に会い委細を述べて典膳を推薦し、是《これ》より柳生小野両家相並びて将軍家に用いらるるに至ったという。


小野次郎右衛門が膝折村で賊を斬ったという事にまた次のような一説がある。

神子上典膳は、はじめ安房《あわ》の里見が家臣であったが、伊藤一刀斎に就いて剣法を学び、すこぶる堂奥を極め、後に諸国を経歴して江戸に来た時、家康が召してその術を見たが、どうしたものか御気に叶《かな》わなかったので、おのずから門人も離散してしまった、その頃、城下にさる修験者《しゅげんじゃ》があった、人を害して己《おの》が家に閉じこもったが、この者日頃より大剛の聞えあるによって、誰もおそれて近寄るものがない、町奉行何某《なにがし》、典膳の名を聞き及んで

呼び遣わしたが、典膳は丁度病気で引きこもっていたけれど、辞退すべきにあらず、強いて出で立つ、修験者が門前に行きて、己が名を呼ばわると、修験者もこれ屈竟《くっきょう》の相手と思い切って出でて戦ったが典膳やや斬りなびけられ、次第に後の方へ退き、思わず小溝の中へ踏み入り、仰《あお》のけざまに倒れた処を修験者得たりと拝み打ったが、典膳は倒れながら払い斬りにその諸腕《もろうで》を斬落し、起き上って遂に仕止めた、流石《さすが》典膳であると云って誉《ほ》めるものもあり、または、敵に斬り立てられ躓《つまず》いた上に薄手も負い辛うじて相手を仕止めたのは天幸である、剣法を業とするものに似合わないと譏《そし》る者もあったが、このよし家康の耳に入ると、今度は却って受け容《い》れられて云わるるには、

「何程達人でありとはいえ、つまずくことも薄手負うこともなしとは云えない、剣法はただ当座の修業の上を評するのみである、先に余が彼の術を見た時は、あまり奇異にして、妖法かまたは天狗《てんぐ》などが憑《つ》いたのかと思ったが、今度は溝へ陥りしによって我疑念も散じ、はじめて正法の剣法なることを知り得た」とあって、秀忠へ附属させて、剣術の相手を勤めさせた、後に神子上《みこがみ》をあらため、外戚小野氏を冒して、次郎右衛門忠明といい、その名一時に高く、今も子孫その業を伝えている。　（老士語録家譜）

次郎右衛門は性質が率直で諂諛《てんゆ》を嫌った、去る大名が一日忠明を招いて、

「わが藩中貴所の手筋を見たいと願うものがあるが、拝見はならぬか」

と云った、次郎右衛門は真面目に、

「それは仕合を望むのであろう、御遠慮なく御出し候え、対手《あいて》を致すでござろう」と答えた。軈《やが》て仕合う時、木剣を逆に執って相手の者に向っていうには、

「扨《さて》も入らざる酔興のことを望まれたものかな、怪我をするのが気の毒さよ」

といって、ピッタリ構えた、相手も少しく恚《いかり》を含んで青眼につけて、ジリジリと寄来るを下より払い上げると見る間に、敵の木刀を打ち落し、翻めく木剣に両腕を打った。

「見えたか」と云いさま身を引いて、定めし腕が折れたであろうと平然と構えた、相手の者は一時気を失ったのを小姓共が介抱して引取ったが、果してその後腕の自由を失って了《しま》ったということである。

斯様《かよう》な気荒な質《たち》は将軍家へ対しても聊《いささ》かも追従を用いない、或時秀忠公が剣術の事に就いて自説を述べると、

「兎角《とかく》兵法と申すものは腰の刀を抜いての上でないと論は立てませぬ、坐上《ざじょう》の兵法は畠の水練でござる」

と遠慮なく申上げた、御不興の体でその場は済んだ、曽《かつ》て両国橋の辺に剣術無双の看板を揚げ、飛入りを許した興行的の道場が出来た、真剣にて仕合い斬殺さるも苦しからねば、吾《われ》と思わん方は相手に御出あれ、人もなげなる張出しをして客を呼んだ、次郎右衛門、門弟を引連れ桟敷《さじき》にてこの者の業を見物して居たが門弟と共に大笑したのを聞付け、彼は大いに怒り、是非仕合せよと望んだ、天下の膝元《ひざもと》にかくの如き兵法者を棲息《せいそく》さするは不本意

と思って、次郎右衛門は場に下り立った、彼は太刀を構えて立向うを持ったる鉄扇にて一《ひと》挫《くだ》きに脳天を打って昏倒《こんとう》させた、これが上聞に達して次郎右衛門の挙動は天下の師範たるべき行いでない、その身を慎まない下士の所業と御咎《おとがめ》あって、蟄居《ちっきょ》を命ぜられてしまった。

次郎右衛門は柳生但馬守に向って、

「御子息にも不肖の悴《せがれ》にも、罪人中腕利《うでき》きの者を申受けて真剣を持たせ、仕合の相手に立たせて斬って捨てさせたらば、良き修業になり申す」

と口癖《くちぐせ》にいわれた、但馬守は、

「いかにもいかにも」

と挨拶のみして一向その説を実行する気はなかったという。

こんな気性で常に刃引《はびき》を以て稽古《けいこ》し、上様というとも遠慮なしに扱ったので、撓打《しないうち》の柳生流の方が御手直しに採用せられ、天下一柳生流、天下二の一刀流と順序を落されたのは遺憾である。（日本剣道史）

二郎右衛門（二代）は七十余年毎朝の稽古を怠るということはなかったが、将軍家が上覧という仰せ出しのあった日からその当日までは稽古をやめてしまったそうである、その理由《わけ》は平常稽古しているから、敢《あえ》て新たに工夫には及ばぬ、若《も》し取り外して怪我でもあっては却って上覧のさまたげになるといった。（八水随筆）

塚原卜伝

塚原卜伝《つかはらぼくでん》は、常陸国《ひたちのくに》鹿嶋郡塚原村の人、父を新左衛門といい、祖父を土佐守平安幹《とさのかみたいらのやすもと》と云った。

安幹兵法を香取の飯篠長威に学び、新左衛門に伝う、その頃鹿嶋氏の家に杉本（松本）備前守尚武という者があって、長威の弟子で剣法の蘊奥《うんおう》を究めていたが、新左衛門もこの人にも教えを受けたのである。

卜伝は父と祖父との業を継ぎ、十七歳の時、京の清水寺に於《おい》て太刀を以《もっ》て仕合して敵に打ち勝ってからその名が世に知られはじめた、或時《あるとき》、近江の蒲生《がもう》の家で、屏風《びょうぶ》の側を行き過ぎた時、その陰から躍り出でつつ刀をもって打懸かる者がある、卜伝飛びのき様に脇指《わきざし》抜くと見えたが、その者は既に討たれて死んだ、これは落合虎右衛門という者であって、京に在りし頃、卜伝と木刀の仕合いをして負けた事を怨《うら》みての仕業であった、この時、卜伝は三尺計りの太刀をさしていたが、間合いを慮《おもんぱか》って脇指を用いたのだと云った、卜伝は、

「刀は人の長さによりて長さ短さを定めるがよろしい、鍔《つば》の臍を越すようなのは指してはいけない」

と云っていたが、平常は二尺四寸の刀を帯び、事ある折は三尺計りの刀であったそうである、時により処にもよりて長刀《なぎなた》をも槍《やり》をも用いたが、槍はどういうのを用いたか、長刀

は必ず刃の二尺四五寸なのを持った、卜伝戯れに一尺四五寸の脇指を片手に抜き持っている処を人が大太刀で力の極み切っても打ってもいささかも動かなかったそうである。

（塚原卜伝）

卜伝は武州川越に於いて下総の住人梶原長門《かじわらながと》という薙刀《なぎなた》の名人と勝負を決した事がある、この長門は刃渡り二尺四五寸の長刀を以て飛んでいる燕《つばめ》を斬って落し或《あるい》は雉《きじ》、鴨などの地にあさるを自在に薙《な》ぎ倒すばかりか切り籠りや放し打など、幾度となくやって、あらかじめ声をかけて置いて相手の左手、右手、それから首と言葉通りに敵を斬り落す手際の鮮かなことは身の毛もよだつ程であった、仕合のことを聞いた門人は、さすがにこの時ばかりは心配の余り卜伝にこの仕合を思いとまらせようと諫《いさ》めた、卜伝は、

「道理を知らぬ者共かな」

と弟子共を叱って云うよう、

「鵙《もず》という鳥がある、自分より四五倍も大きい鳩を追廻《おいまわ》すほどの猛鳥だが『えっさい』という鳩の半分に足らぬ鳥に出合うと木の葉笹陰に隠れて逃げるものだ、その長門という男は、まだ己《おの》れ以上の名人に出合った事が無いのだろう、卜伝に於ては薙刀は常に使わないけれども、兵法というものは皆同じ理法のもので、薙刀はもとより太刀間も二尺も三尺も遠くにあるのを切る為のもの故、刃が長くなければ用をなさぬものである、三尺の太刀でさえ思う図に敵は打てぬものを、一尺許りの小薙刀で六尺外の人の左右の手を二度に斬り

落すなんどという事は鳥獣の類か、さもなければ武術を知らぬ奴を相手としたからだ、九尺一丈の槍で突き抜かれてさえ、当の太刀は相手を打てるものだ、まして薙刀などで突かれたからとて何程の事がある」

斯《か》くて卜伝は二尺八九寸の太刀を指して仕合の場に赴《おもむ》いた。

梶原長門は例の小薙刀を携えて来合わせたが、両人互に床几《しょうぎ》を離れて近寄ると見る間に、薙刀は鍔もと一尺許り余して斬り落され、長門はただ一刀に斬り伏せられた。

（塚原卜伝）

塚原卜伝が下総の国にいた時分、梶原長門という薙刀の上手が卜伝に仕合いを申込んだ、卜伝の門人共は常とちがって、これを甚だ怖れあやぶんでいた、というのは、長門は聞ゆる上手なる故、殊に薙刀のことであるから（俗に薙刀と太刀とは二段の差があるといわれる）流石《さすが》の我が師も勝負のほども如何《いかん》と心配してまず師の卜伝の許《もと》に行き、

「こんどの仕合、如何《いかが》思い給うや承り度候《たくそうろう》」

と、いうと、卜伝は格別気にもとめない体で、

「長刀と雖《いえど》も身は二尺に過ぎない、我が刀は三尺あるによって何のあやうきことがあろう」

と、いった、さてその日になって見ると、かねてその評判を聞き伝えたものだから見物が雲霧の如く集って各々勝負如何と固唾《かたず》を呑《の》んで見物したが、卜伝は前日の言葉の如く長門が左の腕を斬って落して勝を制した。

このト伝は門人が多きのみならず、国々に豊富の弟子共が多くつきまとっていたから、かりそめに処を移すにも、鷹《たか》を据えさせ、馬を牽《ひ》かせなどして、外より見ると、さながら大名のような体で往来していたということである。（撃剣叢談）

塚原ト伝は、常州塚原の人で父を塚原土佐守といい、飯篠長威斎に従って天真正伝を伝えた、ト伝はその後野州へ行って上泉伊勢守に学んで心要を極め、後京都に至って将軍足利義輝及び義昭に刀槍の術を授けたのであるが、諸大名諸士ト伝に従って武術を習うものが多かった、伊勢の国司、北畠具教卿《とものりきょう》の如きはト伝の門下として、最も傑出していた一人で、ト伝はこれに「一の太刀」を授けた、松岡兵庫助というのも、その道の妙を得たが後家康にこの「一の太刀」を授けて褒賞に与《あずか》ったことがある。

このト伝の太刀の極意、「一刀」を使い出したものは松本備前守である、この人は鹿島香取の仕合に槍を合すこと二十三度、天晴れなる功名の首数二十五、並の追首七十六、二度首供養をして結局首一つ余ったということである。

或る時ト伝が或る上手の兵法使いに仕合をしかけられて承知いたしたと返事をし、それから門下の者共にこんど相手の兵法人がこれまで数度木刀で仕合に勝った作法と様子を尋ねて見ると、

「さ様でございます、構えは左立ちで、さて勝負に相成ると右か左か、必ず片手で勝をとるという仕方でございます」

それを卜伝が聞き取ると、どういうつもりか相手の方へ使を立てて、

「左立ちの片手勝負というものは勝っても卑怯である故に御無用になされよ」

と、十度びも使を立てて云ってやった処が、先方から十度びながらの返事、

「左立ち片手で討つのを嫌と思召《おぼしめ》しになるならば、勝負をしない前に貴殿の負とせられるがよろしい」

といって来た。

が、卜伝はそれを聞き捨てにして仕合に出ながら、

「見て居られよ、拙者の勝利は疑いなし」

といって立ち合うや否や相手の額《ひたい》から鼻、唇を打ち裂いて卜伝が勝利を占めた。


（本朝武芸小伝）


卜伝は諸国修業の後に故郷の常陸に帰り、いよいよ最後の時にその家督を立てようとして三人の子供を呼び、それを試すことにした、まず、木の枕をとってのれんの上に置き、第一に嫡子を呼ぶと、嫡子は見越しの術というのを以てそれを見つけその木枕をとって座に入って来た。

次に次男を呼ぶと次男が帘《とばり》を開いた時に木の枕が落ちて来た、そこで飛びしさって刀に手をかけてから謹んで座に入って来た。

こんどは第三男を呼ぶと、三男はいきなりのれんを開く途端に木枕が落ちて来た、それ

を見るより刀を抜いて木枕を勇ましく斬り伏せて座へ入って来たので、卜伝が大いに怒って木の枕を見てそんなに驚く奴があるかと叱りつけた。

そこで嫡子の彦四郎の挙動が最も落ちついていたので、それに家督を譲ることになったが、その時云うよう、

「父が一ノ太刀を授けたのは天下にただ一人しかない、それは伊勢の国司北畠具教卿である、その方行って具教卿に就いて習え」

と云い終って死んでしまった、つまり彦四郎は家督は譲られたけれども一ノ太刀は終《つい》に伝えられなかったのである、そこで、父の遺言に従って遥々《はるばる》伊勢の国へ出かけたが、自分が長子でありながら伝えられない「一ノ太刀」は如何なるものか教えていただきたいと云いにくくもあり云っては具教卿から拒絶されるか知れないということを慮って、わざと国司に向って言った。

「拙者も父の卜伝から一ノ太刀を譲られましたがあなた様へ父の御伝授申上げたのと異同を比べて見とうございますが」

と云った。

具教卿がそれを聞いて「一ノ太刀」の秘術を見せた為に彦四郎はそれを知ることが出来たということである。（本朝武芸小伝）

卜伝が、江州矢走《ごうしゅうやばせ》の渡しを渡ることがあって、乗合六七人と共であった、その中に三十

七八に見える逞《たくま》しい壮士がいた、傍若無人に兵法の自慢をし天下無敵のようなことをいう、卜伝は知らず顔に居眠りをしていたが、遂に余りのことに聞き捨てにしかねたと見え、

「貴殿もなかなかの兵法家のようでござるが、われ等も若年の時より型の如く精を出して兵法を稽古したけれども、今まで人に勝とうなどと思ったことなく、ただ人に負けぬように工夫する外はなかった」

という、右の男これを聞いて、

「やさしいことを云われるが、して貴殿の稽古された兵法は何流でござる」

と尋ねる。

「いや、何流というほどのことはござらぬ、ただ人に負けぬ『無手勝流』というものでござる」

と答えた、右の男がいうのに、

「『無手勝流』ならばそなたの腰の両刀は何の為でござる」

卜伝これを聞いて、

「以心伝心の二刀は敵に勝つ為にあらず我慢の鋒《ほこさき》を切り、悪念の兆《きざ》しを断つ為のものでござる」

右の男それを聞いて、

「さらば貴殿と仕合を致そうに、果して手が無くてお勝ちにならしゃるか」

と、卜伝が曰く、

「されば、我が心の剣は活人剣であるけれども、相手をする人が悪人である時にはそのまま殺人剣となるものでござる」

右の男、この返答を聞いて腹に据えかねて船頭の方へ向き、

「如何に船頭、この舟を急いで押し着けよ、陸へ上って勝負をする」

と怒り出した。

その時卜伝は、ひそかに眼をもって乗合と船頭に合図をして云うことには、

「陸は往還の巷《ちまた》であるから、見物が群がるに相違ない、あの辛崎《からさき》の向うの離れ島の上で人に負けぬ無手勝を御覧に入れよう、乗合の衆何れもお急ぎの旅にて定めて御迷惑の儀と存ずるが、あれまで押させて御見物されたい」

といって船を頻《しき》りに押させて、さて彼の島に着くとひとしく自慢男は、こらえず、三尺八寸の刀をスルリと抜き、岸の上に飛び上り、

「御坊の真向、二つにいたしくれん、急ぎ上り給え」

と、ののしり立つと卜伝がそれを聞いて、

「暫く待ち給え、無手勝流は心を静かにせねばならぬことでござる」

といって、衣を高くからげ、腰の両刀を船頭に預け、船頭から水棹《みさお》を借りうけ、船べりに立ち、その水棹で向うの岸へヒラリと飛ぶかと見ると、そうではなくて棹を突張って船を沖へ突出してしまった。

島へ上陸した男がこれを見て、

「どうして貴殿は上陸なされぬのじゃ」

と足ずりをする、卜伝これを聞いて、

「どうしてそんな処へ上れるものか、くやしくば水を泳いでここへ来給え、一則授けて引導をしてあげよう、我が無手勝流はこの通り」

と高声に笑ったので、彼の男は余りの無念さに、あししきたなし、返せ、戻せといったけれども、更に聞き容れず、湖水一丁ばかり距《へだ》ててから扇を開いて招きつつ、

「この兵法の秘伝を定めて殊勝に思われるのであろう、執心ならば重ねてお伝え申さん、さらば〳〵」

と云い捨てて山田村にぞ着きにける。

（本朝武芸小伝）

塚原卜伝は前原筑前のように奇特のことはなかったけれども、諸国を兵法修行して廻る間大鷹を三羽も据えさせ、乗り替えの馬を三匹も曳《ひ》かせ上下八十人ばかり召し連れて歩いた、斯様な修行振りであったから皆々一方ならず尊敬するようにもなった、卜伝などは兵法の真の名人というべきである。

山本勘助或はなみあい備前等は長刀を以て我は一人敵は二百人ばかりあるを七八十人斬って、その身は堅固に罷《まか》り退いたことがある。

小幡上総守は兵法を三つに分けて第一を兵法使いといい、これは最初の前原筑前の如きを称し、第二は塚原卜伝の如きを兵法者といって名人に数え、第三の山本勘助、なみあい

備前守を兵法仁と称している、これは実際の兵法にかけては上手でも名人でもないけれども、その臨機応変の働きによって名人以上の手柄を立てたものを云っているらしい。
名人の卜伝は一つの太刀《たち》、一つの位、一太刀と云って太刀一つを三段に分けて極位としていたそうである。（甲陽軍鑑）

塚原卜伝が十七歳の時、京の清水で真剣の仕合をしてより、五畿七道に亘《わた》って真剣勝負十九ヵ度、軍《いくさ》の場を踏むこと三十七度、木剣の仕合等は無数であるが、疵《きず》は一ヵ所も被《こうむ》らない、ただ矢疵は六ヵ所あったが敵の物の具がわが身に当ったことはない、戦場仕合を合せて敵を討取る事二百十二人ということである。

卜伝は何事にても人の芸能の至り顔をするを見ては、いまだ手をつかい申すといったそうである。（武道百首奥書）

関八州古戦録には、卜伝が一つの太刀の極意を伝えたのは伊勢国司北畠権《ごん》中納言具教の外、京都で細川兵部大輔藤孝《ほそかわひょうぶたゆうふじたか》にも伝えたとある、一の太刀というのは、凡《およ》そ一箇の太刀の中三段の差別あり、第一一つの位とて天の時なり、第二は一つの太刀とて地の利なり、是にて天地両儀を合比し第三一ッの太刀にて人物の巧夫に結要とす当道心理の決徳なり――。

とある。

宮本武蔵

宮本武蔵政名《まさな》は播州の人、二刀の名人である、十三歳の時に播州に於て有馬喜兵衛と勝負をし、十六歳の時に但馬《たじま》に於て秋山と勝負をしてこれを撃殺し、後京都に於て吉岡と勝負を決して勝ち、彼船島に於て、巌流を撃殺した、凡そ十三歳より勝負をなすこと六十有余度、一度も後《おく》れをとったことがない。

吉岡と勝負を決した時は当時扶桑第一と称していた吉岡の嫡子清十郎を蓮台野に於て木刀の一撃の下に打ち斃《たお》して眼前にて息が絶えたが、門生達が板に乗せて運び去り療治を加えたので漸《ようや》く回復したけれども、それから剣術を捨てて髪を切ってしまった、その後一族吉岡伝七郎とまた洛外に於て勝負を決するの約束をした、伝七郎は五尺余の木刀を抱えて来たのを武蔵その期《ご》に臨んで彼の木刀を奪い、これを打って地に伏せしめた、たちどころに死んでしまった。

吉岡の門生は、これはとても術をもって相敵するわけには行かぬと、吉岡又三郎は門下数百人に兵器と弓矢を持たせて武蔵を謀殺しようとした、それを敵の意表に出でて武蔵は一人で悉《ことごと》く追い払ってしまった。

中村守和という人の話に、巌流と宮本武蔵の仕合のことを或る年寄から聞いたというところを次に記して見る。

既に仕合の期日になると、貴賤《きせん》見物の為船島に渡るものが夥《おびただ》しい、巌流もしのびやかに船場に来て船に乗り込んだ、そうして渡し守に何気なく訊ねていう。

「今日は大へんに人が海を渡るようであるが、何事があるのだ」

渡し守が答えていうのに、

「あなた様は御存知がないのですか、今日は巌流という兵法使いが、宮本武蔵様と船島で仕合をなさる、それを見物しようとてまだ夜の明けないうちからこの通りの始末です」

巌流がいうのに、

「実はおれがその巌流なのだ」

渡し守が聞いて驚いて、さて小さな声でいうには、

「あなた様が、巌流様でいらっしゃるならばこの船をあちらの方へつけますから、このまま早く他国へお立去りになる方がよろしゅうございます、よし、あなた様が神様のような使い手でいらっしゃろうとも、宮本様の味方は人数が甚だ多数でございますから、どちらにしても、あなた様のお命を保つことは出来ますまい」

巌流それを聞いていう。

「お前のいう通り、きょうの仕合、さもありそうな事だが、拙者は必ずしも生きようとは思っていない、かつ堅く約束したことであるから、たとい死すとも約束を違《たが》えることは出来ない、拙者は必ず船島で死ぬであろう、お前、我が魂を祭って水など手向《たむ》けてくれ」

と、いって懐中から鼻紙袋をとり出して渡し守に与えた。

渡し守は涙を流して巌流の剛勇に感じ、そうして船を船島に着けた。

巌流は船から飛び下りて武蔵を待っていた、武蔵もまた此処《ここ》に来て勝負に及んだ、巌流は精力を励まし、電光石火の如く術を振うと雖も不幸にして一命をこの島に留めてしまった。

この物語をした中村守和という人は十郎左衛門といって侍従松平忠栄に仕え、刀術及び柔術に達した人である、この話によると巌流の器量が却々《なかなか》優れて見える。

もう一つの説に、武蔵が巌流と仕合を約束して船島に赴く時に武蔵は水棹の折れを船頭に乞いうけて脇差を抜いて持つべき処を細くしそれをもって船から上って勝負をしたということである、巌流は物干竿《ものほしざお》と名づけた三尺余の大刀をもって向ったということである。今に船島には巌流の墓がある。

（本朝武芸小伝）

武蔵流は宮本武蔵守義恒《よしつね》（諸書に皆正名《まさな》につくる、今古免許状によって改むるなり）。

武蔵守は美作《みまさか》の国吉野郡宮本村の生れである、父は新免無二斎といって十手の達人であったが、武蔵守もこの術に鍛練し、後つらつら思うには十手は常用の器ではない、我が腰を離さざる刀を以て人に勝つ術こそ肝要であるといって、改めて新たに工夫し、二刀の一流を立てた。

岸流《がんりゅう》というものと仕合した時、船頭に篙《さお》を乞うて二刀とし、岸流は真剣で勝負をし、遂に武蔵が勝って岸流を撃殺したこと、悉《くわ》しくは砕玉話に出ているからここに説かない。

また一説に宮本武蔵、佐々木岸柳と仕合をすることに決ったが、双方《そうほう》の弟子共甚だ恐れあやぶんだ、武蔵の弟子の山田某《なにがし》という者が岸流の弟子の市川というものと話の序《ついで》に双方の師匠の得意の点を物語ったが、武蔵の弟子山田がいうには、

「うちの先生の仰有《おっしゃ》るのには岸流殿は秀れて大太刀を好みなさる由、然らば打ちひしぎて勝とうといって木太刀を拵《こしら》えました」

岸流の弟子の市川がいうには、

「うちの岸流先生は虎切りといって大事の太刀がござる、大方、この太刀で勝負をなさるのでしょう」山田がこの由を帰ってつぶさに武蔵に告げると、武蔵が聞いて、

「虎切りは聞き及びたる太刀である、さぞあらん」

と、いって勝負の日になったが、武蔵は軽捷《けいしょう》無双の男であるから、岸流に十分虎切りをさせて飛び上り、皮袴の裾《すそ》を切られながら飛び下り岸流が眉間《みけん》を打ち砕いて勝った。

また一説に、武蔵は京都将軍の末に、都に上り、兵法の吉岡拳法と仕合し、打ち勝って天下一の号を将軍より賜わったという、この拳法と勝負の時も岸流と仕合の時も、共に一刀で、二刀は用いなかったのだとも云われる、是等の説が真《まこと》であるかどうか、この流儀の免許状などに天下一の印を捺《お》し、また天下一宮本武蔵義恆とも書いているが、武蔵夢想の歌として、

なか〳〵に人里近くなりにけり

あまりに山の奥をたづねて

武蔵流は一般に称えるところであって、この家では流名を円明流と称えるのか免許状等にすべて円明流と見えている。

（撃剣叢談）

古老茶話という書物によると、宮本武蔵が小笠原領、豊前《ぶぜん》の小倉で佐々木眼柳という剣術者と同船したが、船の中で仕合のことを申出し、武蔵は櫂《かい》を持ちながら岸に上る、眼柳は真剣をもって、武蔵が上る処を横になぐる、武蔵が皮袴の裾を凡そ一寸許り横に切った。武蔵は持ったる櫂をもって眼柳を打ってその船の中へ打ちひしいだ、これよりその島を眼柳島と名づけた、「武蔵は一生の間に七十五度仕合して残さず勝っている」と書いてある。

（古老茶話）

京都北野の七本松で宮本武蔵と吉岡兼房とが仕合をすることになった、その刻限を双方朝五時と約束した、兼房は早く起きて刻限に北野に行ったが、武蔵は遅参して昼時に及んでもまだ出てこない、使いを遣って見ると武蔵はまだ寝ている。

「急ぎ出《い》で向き候え」と申すと、

「心得候」といってまだ寝ている、従者が、

「如何でございます」というと、武蔵は、

「勝を考えているとまだ気が満たない、追っつけ出かけよう」

と、いって、漸く袴肩衣で北野に出かけて行った。

吉岡がそれを見て、焦立《いらだ》ったる心持で、

「待ちかねていた」

というと、武蔵が、

「ちと不快にて遅参いたした」

と答えて立ち上って仕合、吉岡は木刀、武蔵は竹刀にて相打ち、吉岡鉢巻のうち左の小《こ》鬢《びん》、武蔵左の肩衣の肩の後のところを打たれた。

これは武蔵がわざと吉岡に気を屈させようと、悠々と時を延ばしたのである。


（古老茶話）

武蔵が吉岡と仕合をした時、武蔵は柿手拭《かきてのごい》で鉢巻をしたが吉岡は白手拭で鉢巻をした、吉岡が太刀、武蔵が額に当る、武蔵が太刀もまた吉岡が額に当る、吉岡の方は白手拭だから血が早く見え、武蔵は柿手拭であるが故に、暫くして血が見えたということである。

また一説には、この時吉岡はまだ前髪で二十に足らず、武蔵より先立って弟子を一人召し連れ、仕合の場に来り、大木刀を杖《つえ》について武蔵を待っていた、武蔵は竹輿《たけごし》でやって来たが、少し前門で輿より下り、袋に入れた二刀を出して袋で拭い、左右に携えて出る、吉岡大木刀をもって武蔵を打つ、武蔵これを受けたには受けたが鉢巻が切れて落ちた、武蔵沈んで払う木刀で吉岡が着た皮袴を斬った、吉岡は武蔵が鉢巻を斬って落し、武蔵は吉岡が袴を斬った、いずれ勝り劣りのあるまじき達人と見物の耳目を驚かしたということである。

また或る説には武蔵は二刀使いであるけれども仕合の時はいつも一刀で二刀を用いない、吉岡と仕合の時も一刀であったと、どれが本当かわからないが聞くに任せて記して置く。

（本朝武芸小伝）


吉岡との最初の争いの時、武蔵、つくづく思うよう、我曩《さき》に清十郎、伝七郎と仕合をした時は、いつも後《おく》れて行った、今度はそれに引きかえ、先に行こうと、鶏鳴の頃一人で出かけて、道に八幡の社がある、武蔵おもえらく、

「幸いに神前に来た、勝利を祈って行かでは」

と社壇に進んで、神前に下っている鰐口《わにぐち》の緒を取り、将《まさ》に振り鳴らそうとして、忽《たちま》ち思うに、

「余は常に神仏を尊んで、神仏を頼まずと心に誓っている、今この難に臨んで、いかに祈るとも神様が受け容れたもう筈《はず》がない、我ながらおぞましい心を起したものだ」

と、慚愧《ざんき》して社壇を下った処が、後悔の念忽ち至り、汗が流れて足の踵《かかと》に及んだ、即ち直に馳《は》せて一乗寺の下り松の処まで来たが、夜がまだ明けず四方寂々、依《よ》って松陰に暫く休んで待つ処に、又三郎案の如く門弟数十人を率い、提燈《ちょうちん》を照して歩み来り笑いながら、

「武蔵はこの度もまた遅れて来るだろう、心にくき彼の松陰、いざや、あれで休もう」

と云い云い近づいて来るを、武蔵、

「やあ又三郎待ちかねた」

と大声に呼ばわり、大勢の中に割って入る、又三郎驚きあわてて抜き合わせんとする処を真二つに斬り殺す、門弟等狼狽《ろうばい》しながら、槍または半弓を以て突きかかり、射放ち、剣を抜いて切りかかるを、武蔵は悉くこれを薙ぎ払い、追い崩し、何れも命からがらにて逃げ去った、この時武蔵は矢一筋を袖に止めたのみで小疵だに負わず、威を震って帰った、武蔵後にこの事を人に向って云うには、

「事に臨んで心を変ぜざるは六つかしい、自分ながらあの時は危くも神明に頼ろうとした」

と云った、これで吉岡家は断絶したのである。

二天記によると、岸流島の仕合は吉岡に勝って後慶長十七年四月二十一日の事である。

そもそも巌流事佐々木小次郎は越前国宇坂の庄浄教寺村の生れで、富田勢源の門人であったが天性非凡に加うるに幼少より稽古を見覚え、長ずるに及んで、勢源が打太刀を勤めた、勢源は一尺五寸の小太刀を持ち、小次郎に三尺余の太刀をもたせて、常に仕合をしたが、小次郎ようようその技熟するに至り後には勢源が高弟等一人も小次郎に及ぶものなきに至り、一日勢源が弟治部左衛門と勝負をしたが、これにもまた打勝ったので、小次郎大いに我が技能の勝れたるを誇り勢源が許《もと》を駆落して、自《みずか》ら一流をたて巌流と云った。

この時の仕合は武蔵の方から細川家の家老長岡佐渡を通じて希望したものであった、斯

くて小次郎（巌流）は太守細川三斎の船で、武蔵は家老長岡佐渡の舟で、決闘の場所向島へ渡される事になったのだが、その前の夜になると武蔵の行方がわからなくなった、中には、さすがの武蔵も巌流に怖れをなして逃げたのだろうなどと噂をするものもあったが、長岡佐渡が心配に堪えず探しに出ると、下の関の問屋小林太郎左衛門という者の家にいた、そこで武蔵は長岡佐渡に手紙を書いて御心配なかるべき由を通じた。

翌朝になると日が高くなるまで武蔵は起き上らない、亭主も心配し小倉からも使があって、小次郎は最早定刻島へ渡ったとの事である。

武蔵はゆるゆると起上り、手水《ちょうず》し、飯を食い、亭主に請うて櫓《ろ》を求めて木刀を削った、そこへまた小倉から急使が来た、武蔵漸く絹の袷《あわせ》を着、手拭を帯にはさみ、その上に綿入れを着て小舟に乗って漕ぎ出た、召しつれるのは宿の僕《しもべ》一人である、さて船の中で紙捻《こより》をして襷《たすき》にかけ、彼の綿入れをかけて寝こんでしまった。

島では警固特に厳重であった、武蔵の舟が着いたのは巳《み》の刻近い頃であった、舟を洲崎にとどめ、着ていた綿入れを脱いで、刀は船に置き、短刀をさし、裳《すそ》を高くかかげて、彼の木刀を提げ、素足で舟から降り、波打際を渉《わた》ること数十歩、行く行く帯に挟んだ手拭を取って一重の鉢巻をした。

小次郎の方は猩々緋《しょうじょうはだ》の袖無羽織に染革の立附《たつつけ》を着し、草鞋《わらじ》をはき、備前長光《おさみつ》の三尺余の刀を帯びて待ち疲れた体《てい》であったが、武蔵の影が向うに見ゆるや、憤然として進み、水際に立って、

「拙者は時間に先立って来ているのに、貴殿は約束を違《たが》うこと甚だしい、わが名を聞いて臆《おく》れたか」

そういうのを、武蔵は聞えぬふりをして黙っている、小次郎益々《ますます》怒り、たまり兼ねたる気色で、刀をスラリと抜き、鞘《さや》を水中に投げ捨てて、猶《なお》進み寄る。

その時、武蔵は水中に踏《ふ》みとどまって、莞爾《にっこり》と笑い、

「小次郎、負けたぞ」

という、小次郎、いよいよ怒って、

「何の理由で、負けたという」

武蔵それに答えて、

「勝つ気ならば、鞘を捨てるには及ぶまい」

小次郎怒気紛々たるままに刀を真向に振りかざして武蔵が眉間を望んで打った。武蔵も同じく打ち出したが武蔵の木刀が早くも小次郎が額に当ると小次郎は立ち所に倒れた、最初、小次郎が打った太刀は、その切っ先、武蔵が鉢巻の結び目にあたって、手拭が二つに分れて落ちた。

武蔵木刀を提げながら倒れた小次郎を見つめていたが、暫くたって、また振り上げて打とうとする時、小次郎は伏しながら横に払った刀で、武蔵の袷の膝の上に重ねた処を三寸ばかり切り裂かれた。

その時、武蔵が撃った処の木刀で小次郎が脇腹横骨を折られて全く気絶し口鼻から血が

流れ出でた、武蔵は木刀を捨て、手を小次郎が口鼻に当て顔をよせて死活をうかがったが、やがて遥《はる》かに検使に向って一礼し、起って木刀を取り、本船の方へ行きこれに飛びのり供と共に棹さして早速下の関へ立ち帰り、長岡佐渡に手紙を送ってお礼の意を述べた、巌流島の仕合とはこれを云う。

（二天記）

ある年正月三日の夜、肥後熊本細川家花畑の邸で、謡初《うたいぞめ》があって、人々が集まったが、武蔵もやって来た、規式はまだ始まらない前に、大組頭の志水伯耆《ほうき》という人が、上座から武蔵を見かけて言葉をかけ、

「貴殿が先年佐々木と勝負ありし時、小次郎が先きに貴方を打ったのだとの風説がござるが、その実否如何でござる」

とたずねた、武蔵は何とも返答をせず、席に立てた燭台《しょくだい》を取り伯耆の膝下ちかく、つかつかと進み坐《すわ》り直して、

「我等幼少の時、蓮根《はすね》という腫物《はれもの》が出来、その痕《あと》がある為に月代《さかやき》がなりがたく、今に総髪にてござるが、小次郎と勝負の時は、彼は真剣、我は木刀でござった、真剣で先に打たれたならば、我等が額に疵痕があるでござろう、能《よ》く能く御覧下され」

と、左の手で燭台を取り、右の手にて髪を掻き分けて我が頭を伯耆の顔に突き当てた処が、伯耆後ろへ反《そ》って、

「いや〳〵一向に疵は見え申さぬよ」

という、武蔵猶もおし寄り、

「篤と御覧候え」

という、伯耆、

「いかにも篤と見届け候」

といったので初めて立て燭台を直し、元の座につき、髪掻き撫《な》でて自若たるものであったが、その時には一座の諸士いずれも手に汗を握って、鼻息するものもなかった。これ伯耆一生の麁忽《そこつ》なりと、その頃の評判であったそうな。

或る者が、武蔵に兵法修行の上達如何を訊ねたら、武蔵は畳の縁《へり》を指して、

「此処を歩き渡って見られよ」

といった、その通りにすると武蔵が、

「若し一間ばかり高い所で今の縁の広さを渡れるか」

とたずねた。

「それはチト難しい」

といえば、

「然らば三尺の幅あらば渡るや」

という。

「それならば渡られます」

と答える、武蔵この時に頷《うなず》いて、

「当時姫路の天守の上から増位山（姫路より南方一里にある）の上へ三尺幅の橋を架けたらば渡れるか」

と反問した。

「これはとても渡れるとは申されぬ」

といえば武蔵合点して、

「さもあらん、剣法もその如し、畳の閾《しきい》を渡るは易《やす》く、六尺高となれば幅三尺の板に安心を止め、天守増位山の高さとなれば間隔一里に三尺の渡にては心許なく、過失を恐るる臆病出で来るが修業の足らぬ所である、始は易く、中は危くそれを過ぎてはまた危し、始中終の本心が確《しか》と備わるときは何の危き所はない、故に精気を練りて畳のへりを能く踏み覚ゆれば一里高も百丈も怖るることなく、三尺の橋桁《はしげた》を踏外ずすことはない」

と、語った。

宮本武蔵が名古屋に在《あ》った時、或る日門弟二三人を連れて外出した処が、一人の武士が前の方から歩いて来る、それを見て武蔵が門弟に向って云うことには、

「この人の歩き方は遅からず早からず、真に活きた人の態度である、俺《わし》は江戸を出てから久し振りで活きた人に出逢《であ》った、これは必ず柳生兵庫《やぎゅうひょうご》であろう、そうでなければ当城下に別に斯様の人がある筈は無い」

と云いつつ進んで行くうちにパッタリ行き会った、そうすると、先方から声をかけて、

「宮本先生ではござらぬか」

と云った、そうすると武蔵は、

「さ様に仰有るあなた様は柳生先生ではござりませぬか」

と答えた、兵庫も武蔵もまだ未知の間であったけれども双方その態度を見てその人を覚ったというのである、この話は怪しいけれども記して置く。


武蔵が名古屋へ来た時に召されて、侯の前に於て兵法つかいと仕合した時、相手すっと立合うと、武蔵は組みたる二刀のまま、大の切っ先を相手の鼻の先きへつけて、一間の内を一ぺんまわし歩いて、

「勝負かくの如くに御座候」

と云った、また一人立合ったが、これも手もなく勝った、(この仕合は城内虎の間であったともいう) 武蔵はその後、長野五郎右衛門が柳生流の達人だと聞いて、仕合をしたいとの内談の為五郎右衛門方へ推参したが、五郎右衛門出迎えて、

「かねがね御意《ぎょい》得《え》度《たく》存じていた処、ようこそお出下された」

とて、もてなし、打ちくつろぎて話す時に、長野は武蔵に向って、

「何と武蔵殿、三十五ヵ条と申す書を一覧致したが、あれは其許《そこもと》の御作でござるか」

と問うた。

「成程、私の作りし書物でござります」

と武蔵が答えると、五郎右衛門が、

「近頃粗忽なる申し分ではござるが、あの書物はお書き損いでござって、嘸《さぞ》かし後悔の事とお察し申す」

と長野から遠慮なく云われて武蔵が、

「さて〳〵、お恥かしき事にて候、未熟の時分作り出し、只今は後悔千万の作でございます、然《しか》し一天下に流布して貴殿まで御覧下さるるようになっては、今更如何とも致し難く残念に候、さても承りしより貴殿は上手、感心仕りました、あの書物を書き損いと申すは天下に貴殿一人、さりとはお頼もしく存じ候」

と云って、仕合の事は申出でず、快く物語して絵などを書いて帰った、それから、やがて名古屋を立ち出でたとの事である、武蔵この時、方々の仕合に勝ち、尾張には兵法遣いなしなどと云われては、心外千万と思った処、長野が一言で雌伏させたことを君公も聞いて甚《はなは》だ悦《よろこ》ばれたそうであるが、斯様な事で、武蔵は尾張には召抱えられなかった。

（近松茂矩著「昔咄」）


武蔵が出雲国松平出雲守の邸に在った時分、この家には、強力の兵法者が多かったが、ある日、出雲守は武蔵に命じて、家士の尤《もっと》も強力の者と勝負をさせた、処は書院の庭上、家士は八角棒の八尺余なるを横たえている、武蔵は常用の木刀二本を提げて、書院の踏段を徐《おもむろ》に降りて来た、この時家士は書院の正面を横身に受け、武蔵が来るを待ち受けている、武蔵踏段の二段目より直に中段の位に構えて、面をさす、家士驚いて八角棒を取り直さんとする処を、左右の腕をひしぎつきて、強く打つ、打たれてひるむところを即時に打ち倒して勝を獲た、出雲守いたくせきて、

「余自ら仕合せむ」

と望まるる、武蔵答えて、

「いかにも自身に成されないと、真に兵法の御合点は成りがたし、一段然るべき儀と存じます」

家人等事容易ならずとおもい、強いて諫《いさむ》れども出雲守聴かず、武蔵に立向う。武蔵二刀を以て、三度まで追い込み、三度目には出雲守を床上に追い上げてしまった、出雲守なおひるまず、木刀を振り直されたのを武蔵直に突入り、ねばりをかけて石火の当りでしたたかに当った処、木刀二つに折れて、一は天井を打ちぬいた、出雲守は驚怖し平伏して門弟となった、かくて武蔵は暫くここに留まりて、剣道を指南したそうである。

（武芸雑話）

ある時、武蔵伊賀国にて宍戸《ししど》某という鎖鎌《くさりがま》の達人に会し、野外に出でて勝負を決す、宍戸鎌を振り出す処を、武蔵短刀を抜き投打に宍戸の胸を貫く、宍戸働かんとすれども働かれず、直ちに斬られた、宍戸の門人等これを見て大勢斬ってかかったが、武蔵は、すかさ

ず斬り崩し、各《おのおの》四方へ遁走《とんそう》するを武蔵追いもせず、悠然として帰り来ったという。

或る時、小笠原信濃守の邸で人々打ち寄り、武蔵の兵法を批判していたが、この時庖《ほう》丁人《ちょうにん》に、少し腕力のある男があったが進み出でて、

「武蔵にもせよ、鬼にもせよ、だまし打にうたば打たれぬ事はあるまじ」

と云った、人々が、

「だまし打でも打てまい」と争う。

「然らば、今夜武蔵が来る筈、打ちて見よ」

と賭物《かけもの》をかけて約束した、庖丁人がそこで時を計って暗い所に隠れてこれを待つに、果して武蔵が入って来て、何心もなく過ぎゆくと、やり過ごさせて、うしろより声をかけつつ木刀をもって、ひしと打った、武蔵はうしろざまに身を以て中《あた》り、右の手に持った刀のこじりで、胸板をしたたかに突いたので、彼の男仰けざまに倒れ、起きんとする処を、武蔵更に刀をぬき、むね打に、右の腕を四つ五つ打ちて、刀を鞘に収め、さあらぬ体で次の間に来て坐った、その後へ大勢立ちよって気付よ薬よと騒いだ、信濃守が聞きつけて、次の間に出で、

「何事であるか」と武蔵を見ていえば、武蔵、

「只今何ものか、御前近く物さわがしき仕方いたしたるにより戒しめて置きましたが、ようも動きは致しますまい」

事である。

と答えた、その時庖丁人は療治を加えたけれども治らず、遂に暇をつかわされたという

武蔵、已《すで》に名をなして、二刀の法を発明し、家芸十手の法に換えて一家を成したは、何時よりだか分明しない、京都に吉岡と仕合の頃はまだ一刀であった、杉浦国友の武蔵伝には、曽て備後鞆津《とものつ》を遊歴の時、海辺の農民夏の炎田に水争いがありて、各村闘争に及びし時、滞留の庄屋何某に頼まれ、援助して木刀を片手に警戒に出張した、路傍に櫂のありしを左に執って待ち受けたる処へ一群の土民得物を執って押寄せて来た、武蔵心得て多勢を迎え左の櫂にて敵の打下す得物を受け止めては右の木刀にて敵を伏せ、一人にて多勢を追い散らし、頗《すこぶ》る左の櫂が頼りになった、爰《ここ》に初めて二刀の形を思いついて工夫研究の結果、一派を立てたのだと記してある。

ある日一人の少年が武蔵の宅に来り、

「拙者父の仇を討たむ事を領主に願いお許しを得ました、既にその場所を設け、竹矢来を結び、勝負は明日の定めでござります、先生願わくば我に必勝の太刀筋を御伝授下さい」

という、武蔵曰く、

「其許の孝義感ずるに余りがある、その儀ならば我に必勝の太刀あるにより、今其許に伝えてあげる、まず左の手に短刀を取り、真向に横にさしかざし、右の手に太刀を持ち、ま

っしぐらにかけこむがよろしい、敵の打つ太刀、我が短刀にがっしと当るを相図に、右の太刀にて敵の胸先を突くがよろしい」と云われた。

　右の伝授を聞いた少年は終夜この太刀の練習をして自得する処があった、武蔵それを賞《ほ》めて曰く、

「決勝疑いなし、また明日その場に至り、腰を掛けるとき、自分の足もとの地を心つけてよく見るがよい、蟻が這《は》い出ることがあれば必勝の兆《きざし》である、かつ拙者は宿に於て、摩利支天の必勝の法を修すによって、旁々《かたがた》以て心強く思われるがよい」

　と云って少年を帰した、少年その場に到り、地面を見ると蟻の出ることが甚だ多かった、いよいよ心丈夫に思い、勝負に及んだが、武蔵の教えた通り、何の苦もなく強敵を殺し、多年の宿望を遂げたということである。

　また武蔵が播州に在った時、夢《む》想権《そうごん》之《の》助《すけ》という兵法使いがたずねて来て仕合を望んだ、武蔵は丁度楊弓《ようきゅう》の細工をしていたが、権之助は兵法天下一夢想権之助と背中に書いた羽織を着、大太刀を携えていたが、武蔵は楊弓の折を持って立合い権之助を少しも働かせなかったという。

（本朝武芸小伝）

　細川家の臣、家角左衛門というは武蔵の弟子であったが、一日、西山に遊びその帰途、農夫の馬を取り逃したのに逢って衣服を破られた、角左衛門大いに怒って直ちにその農夫

を斬殺した、武蔵これを聞き、角左衛門を招いて、

「君は農夫を斬ったそうだが本当か」

と詰問した、角左衛門、

「その通りでござる」

と答えた、武蔵曰く、

「汝《なんじ》は文武の道をわきまえた武士ではないか、東西をも弁《わきま》えざる農夫が誤って馬を逸するならば、どうして速かに兵法によってその傷つくべき道を避けないのだ、また衣を傷つけられたと云って農夫を斬殺することがあるか」

と、角左衛門が答えて、

「彼を打ち果さなければ藩の罰を受ける事でござりましょう」

武蔵が怒って、

「藩の罰とは何だ、馬を逸する罪は軽く、人を殺す罪は重い、兵法を穢《けが》し、武士道を汚す、刀の恥これより甚だしきはない、汝がごときは今日限り名簿を削って再び見ない」

と云って放逐してしまったという事である。（武蔵顕彰会本）

或る時、武蔵が召使の若党に用事を申しつけたが、若党が口返しをした、武蔵が、

「此方《こ》に向って左様な事を申すものではない」

と云った、若党それにも懲りず、また口返しをして慮外な事まで云い出したものだから、

武蔵はそこで持っていた五尺の杖を取り直しただ一撃にその頭を打ち砕いた、若党は忽《たちま》ち息絶えてしまった、このものは髪の毛あつく、月代《さかやき》伸びた男で、頭は砕けたけれども血は流れ出でなかったそうだ。　　　　（武蔵顕彰会本）

武蔵が小倉の小笠原家の家臣、島村十左衛門宅で饗応になって居り、種々物語などあるうち、玄関取次の者が、
「武蔵様へ、青木条右衛門と申す者参上、お逢い下され候ようにと願って居りますが」
という、武蔵そこで青木をその席に引き、一通りの挨拶了《おわ》って後、
「兵法はいかに」
と尋ねると、青木が、
「絶えず致して居りまする」
と申す、さて表など一覧、ことに機嫌よくて、もはや何方へ参り指南しても苦しからずと褒めた、青木は大いに悦び、次へ退かんとする時、袋に納めた木刀の紅の腕貫のつきたるをちらりと認め、武蔵早くも咎《とが》めて、
「その赤いのは何か」
と問う、青木当惑しながら、
「これは諸国を廻り候時、仕合を望まれ、已《や》むを得ざる時に用いる物でござります」
とて、八角の大木刀に、紅の腕貫附けたるをさし示すと、武蔵、忽ち機嫌かわり、

「その方はたわけものである、兵法の仕合などとは思いもよらぬ事だ、最前褒めたのは唯幼年のものに教うるにはよしとおもったまでである、仕合を望む人があらば、早速その処を去るがよい、その方など、未だ兵法の仕合すべきがらではない」

と大いに叱り、さて十左衛門が児小姓を呼んで、飯粒を取りよせ、小姓が前髪の結び目に飯粒一粒をつけて、

「あれへ参り立って居れよ」

と云って、自らも立上り、床上の刀をおっ取り、するすると抜いて、上段より打ち込み、結び目につけた飯粒を二つに切り割いて、青木が鼻にさしつけ、これを見よとて三度までして見せた、青木が甚だ驚歎《きょうたん》し、一座のもの何れも舌を捲《ま》いたが、武蔵曰く、

「この通り手業が熟したりとても、敵には勝ち難いものである、汝等が仕合などとは以ての外である」

と云って、追い返したという事である。（武蔵顕彰会本）

武蔵、門弟が数多《あまた》ある中、熊本の寺尾孫之丞は、多年の功を積みて皆伝を得た、或時、武蔵の打太刀で、小太刀を入れしめ、かえすがえす指南をしていると、小太刀が中より折れて、武蔵の木刀寺尾が頭に中ると見えたが、月代のきわにて打止め、少しも頭に疵をつけなかった、斯様に手業のきいたことの例は常のことであった。（武蔵顕彰会本）

或時、長岡寄之《ながおかよりゆき》が武蔵に向って、

「差物棹の強弱はどうしてためしたらよいか」

と問われた、武蔵、

「竹があらばお出し下さい」

というに、その頃取りよせて置いた竹百本許《ばか》りをさし出すと、武蔵は一々その竹の根を取り、縁端に出て打振ると、皆折れ摧《くだ》けて、完《まった》きもの僅《わず》かに一本だけ残った、そこでこれをさし出して、

「是は大丈夫でござります」

と云った、寄之感賞して、

「いかにも確かなるためし方であるけれども、貴方の如き力量の人でなければ出来ない検定法だ」と云って笑った。

（武蔵顕彰会本）


宮本武蔵は十三歳より人と剣法を試み、勝負を決すること六十余場、一度も不覚を取ったことは無い、必ず前かどに定めて云う、敵の眉八字の間を打たなければ勝とはいえないと、いつもその言葉の通りにして勝っている。

（瓦礫雑考）


宮本武蔵が或る夜、庭の涼み台に腰をかけ、団扇《うちわ》をもって涼んでいた処へ、門弟の一人が武蔵の腕を試そうと思って、不意に短刀を提げて涼み台に飛び上って来た、その瞬間、

武蔵はツト立ち上りざま涼み台に敷いたゴザの片側を掴んでぐっと引寄せると弟子は真逆さまに倒れて落ちた、武蔵は何の騒ぐ色もなかったということである。

武蔵自身五輪の書の序に記していう。

「我若年の昔より、兵法の道に心をかけ、十三にして初めて勝負をなす、その相手新当流の有馬喜兵衛という兵法者に打勝ち、十六歳にして但馬国秋山という強力の兵法者に勝ち、二十一歳にして都に上り、天下の兵法者に逢いて数度の勝負を決すと雖《いえど》も勝利を得ずということなし、その後国々所々に至り諸流の兵法者に行逢い、六十余度まで勝負すと雖も一度もその利を失わず、その程十三より二十八九までのことなり、三十を越えて跡を思い見るに兵法至極して勝つにはあらず、おのずから道の器用ありて天理を離れざるが故か、または他流の兵法不足なる所にや、その後猶も深き道理を得んと朝鍛夕錬して見れば、おのずから兵法の道にあうこと我五十歳のころなり云々《うんぬん》」

武蔵が真に江戸に伎倆《ぎりよう》を試みたとなれば、当時柳生の配下には庄田、木村など錚々《そうそう》たる傑物がある、新陰流には紙屋伝心の如き名人がある、一刀流には小野次郎右衛門が控えている、この他天下の御膝元とあって、各流の名家が雲集しているに拘《かかわ》らず、武蔵はこれを避けて一人も訪問した形跡が残って居らぬ、甚だ不審といわねばならぬ、——武蔵の武者修業が吉岡を除く外大家に接触せぬのは後世より見て武蔵の為め、将《は》た兵法の為め極めて

（山田次郎吉著「日本剣道史」）


宮本武蔵の真価に就いては昔から相当に疑問があった。松平周防守《まつだいらすおうのかみ》の家来に、神谷文左衛門と、心影流の高橋源信斎の高弟で伝信斎という人と或る道場で武芸者の品評をした揚句、宮本武蔵のことになって、文左衛門が、

「宮本武蔵こそは真に剣道の名人である」

と、云ったところが、伝信斎はこれに反して、

「武蔵は決して剣道の奥義を極めたものではない、ただ、術に詳しいだけのものだ」

といったので、文左衛門が大いに怒り、何の理由をもってそういう事をいうと反問する、伝信斎は負けてはいず、自分の研究した処によって、武蔵非名人説を主張する、議論紛々として火花を散し、どうしても納まらない、遂に立ち合っている人達が、

「然《しか》らば論より証拠でござる、術の拙《つた》ないものは評もまた拙いわけで、腕の優れたものは自然そのいう処にも自得しているものがあるに相違ないから、どうです、二人がそこで立合をして勝負を決して見たならば各々《おのおの》の議論の正邪も分るではないか」

そこで両人は是非なく木剣を携えて道場に登って仕合をしたが伝信斎が勝って文左衛門が負けた、武蔵非名人説が勝ったのである。

また一説がある、師の源信斎が、或人の問に答えて、

「宮本武蔵は名人である」


遺憾のことである。

と、いった、そうすると、弟子の一人伝信斎が末席より進み出でて、

「失礼ながら只今のお答えは、拙者には十分に合点《がてん》がなりかねます、門人の暗いのを明るくしてやるのが名人といい、導いて上達せしめるのが上手というと承りましたが、武蔵は左様ではなく、手頃の者を打ちくじき、投げ倒し云い倒し、自分の力の剛強を恃《たの》む癖がある、却々《なかなか》以て上手名人の位ではない、一体武蔵は巌流が慢損に比べると遥かに謙益はあるけれども心底を叩けば覇者であり、郷愿《きょうげん》に過ぎないものだと思います」

と、憚《はばか》る色もなく云った処が、師の源信斎はそれを聞いて、怒りを含むと思うと、却って非常にこの言葉を賞美して、

「これは名評だ、よく武道の本領を得た云い分である、お前のような人に譲るこそ本望だ」

といって、極意印可を授けた上に数百の門人もそっくり譲り、自分は伊豆の奥山に引き籠《こも》って仙境に入ったという話である。

宮本武蔵は尾張へ仕官しようと思って来たものらしいが、尾張には柳生あって意を達し難くして去ったようである、一書に、
宮本武蔵は名古屋を立ちのいて帰りは木曾路を経て何れへか向ったが、尾州家の岐岨《きそ》の領分を見て、同伴の人へ語った言葉は、

「名古屋へ入っては仕合をせず頭から柳生の弟子になって尾張殿へ仕える事にしたらよか

ったものを、無分別で大兵法を遣《つか》い損ねてしまった、生涯の残念である」と云ったそうである、胸中にいかなる工夫が有ったのか、いぶかしい言葉である。（近松茂矩著「昔咄」）

前原筑前

前原筑前《まえばらちくぜん》という兵法家は小幡上総守《おばたかずさのかみ》に召し抱えられていたが、この前原筑前を座敷の隅に置いて五六人の人が二三間隔っている処から扇を雨の如く投げつくるに、前原が木刀か何ぞを手に持っていると、右の雨の如く蝶の如き扇を斬り落して一つも我が身に触らせない、それからまた紙撚《こより》を長押《なげし》に唾でもって吊って置いてそれを前原は竹刀《しない》で幾つにも切り落した、また六十二間の兜《かぶと》を同じく竹刀で打ち砕いた。（甲陽軍鑑）

諸岡一羽とその弟子

天正の頃常陸《ひたち》の国江戸崎という処に諸岡一羽《もろおかいちう》という兵法の名人があった、鹿島の飯篠家《いいざさいえ》直《なお》の刀術を伝えたものであるが、この諸岡一羽の弟子に土子泥之助《ひじこどろのすけ》、岩間小熊《いわまこぐま》、根岸兎角《ねぎしとかく》という三人の弟子があって負けず劣らず稽古を励んでいたが、そのうち師の諸岡は重き病気に臥して（癩風《らいふう》）立ち居も叶わず、岩間と土子とはよく看病したが、根岸だけは師の病気を見捨てて逃げ出した、二人の弟子、さても憎い奴じゃ、師の深き恩を忘れ難病を見捨てて逃げ走る奴、いつか思い知らせんと矢尻を磨《と》いでいたが、二人共貧しい身であるから、刀、脇差、着ている着物まで売り払って師匠の為に医術を尽し、三年が間看護したが、師の諸岡はついにあの世の人となった。

さてまた、師の重病を見捨てて出奔した根岸兎角は相州の小田原へ来て、天下無双の剣術の名人だと云いふらした、この者丈高く髪山伏のように眼に角があって物凄く、常に、魔法を行い、天狗《てんぐ》の変化だといわれ、夜の臥所《ふしど》を見たものが無い、愛宕山《あたごやま》太郎坊が夜な夜な来て兵法の秘術を伝うるのだといって、微塵流と称して人に教えているうち、弟子共が多くなった、その勢で、武州江戸へ来て大名小名にも弟子が多くあって、上見ぬ鷲《わし》のような羽振りである。

常陸に師を看病していた土子泥之助、岩間小熊の両人はこの風聞を伝え聞き、憎い奴、愈々《いよいよ》以て許し難き奴、師に対しての不仁非義のみならず、師伝の流儀を埋め私流を構え微塵流などとよばわること、先師も草葉の陰にてさぞや憎いと思召さるでござろう、さらば木刀にて打ち殺し、彼が屍《しかばね》を路頭に晒《さら》し、恥を与え天罰のほどを思い知らせてくれよう、ただし、彼一人を二人して討つはうれしくないこと、世間への外聞もある、われわれが手並は根岸奴《め》もかねてよく知っている筈、二人が中で籤《くじ》をとり、その籤に当った者が一人江戸へ行って彼を討つであろう、と、二人はそこで籤をひいたが、岩間小熊がその籤に当って江戸を指して行くことになった。

泥之助は国に止まっていたが、時を移さず鹿島明神に詣でて願書を奉った。

敬白願書奉納鹿島大明神御宝前、右心ざしの趣は、某《それがし》土子泥之助兵法の師匠諸岡一羽亡霊に敵討の弟子有、根岸兎角と名付この者の恩を讐《あだ》を以て報ぜんとす、今武州江戸に有之《これあり》、私曲をおこない逆威を振い畢《おわんぬ》、是に依って彼を討たん為相弟子岩間小熊江戸へ馳せ参じたり、仰願くは神力を守り奉る所也、この望足んぬに於ては、二人兵法の威力を以て日本国中を勧進し、当社破損を建立し奉るべし、若《もし》小熊利を失うにおいては、某またかれと雌雄を決すべし、千に一つ某まくるに至っては生きて当社へ帰参し神前にて腹十文字に切り、はらわたをくり出し、悪血を以て神柱をことごとくあけにそめ、悪霊と成りて未来永劫《えいごう》、当社の庭を草野となし、野干《やかん》の栖《すみか》となすべし、すべてこの願望毛頭私願にあらず師の恩を謝せん為なり、いかでか神明の御憐《あわれ》み御たすけなからん、仍如件《すなわちくだんのごとし》。

文禄二年　癸巳《みずのとみ》九月吉日　　　　　　　　　　　　土子泥之助

と書いて鹿島明神の御宝殿に納めてわが家へ帰って来た。

さてまた、岩間小熊は夜を日に次いで江戸へと出て来たが、本来小男で色が黒く髪はかむろのようで頰髭が厚く生えた中から眼がきらめき、名にしおう小熊の面魂《つらだましい》であった。江戸へ来ると根岸の方へは何とも沙汰《さた》をしないで、お城の大手、大橋のもとに先札を立てた、その札の文句は、

兵法望みの人有之《これある》に於てはその仁と勝負を決し、師弟の約を定むべし。

日本無双　岩間小熊

文禄二年癸巳九月十五日

と書いた、根岸兎角の弟子は数百人あったが、この札を見て、

「憎ッくき奴めが札の立てようかな、今天下に隠れなき我等の師、根岸兎角先生が江戸においでになることを知って立てたのか、知らないで立てたのか、この先札を打ち割って捨て、小熊という奴をわれわれ寄り合って只棒にかけて打ち殺せ」

といって罵《ののし》っている処を、兎角が聞いて、

「おろかな奴、飛んで火に入る夏の虫とは、この岩間小熊とやらが事じゃ、拙者がただ一討に討ち殺して諸人の見せしめにして呉りょう」

と、言い放ち、奉行所へその仕合のことを申し出でた。

そこで、日を定めてこの大橋で両人の仕合が行われるということになった。

奉行は双方の手に弓、槍を持って警護し、両人の刀脇差を預った、さて両人は橋の東西へ出て来た、その様を見ると根岸兎角は大筋の小袖に朱子の目打ちのくくり袴を着て白布を撚ってたすきにかけ、黒はじき草鞋《わらじ》を履《は》き木刀を六角に太く長く造り、鉄で筋金をわたし、処々にイボを据え、これを携げて悠々として出て来た。

さてまた、一方岩間小熊は鼠色の木綿袷に、浅黄の木綿袴を着、足半《あしなか》をはき、余りあがらぬ風采《ふうさい》で常の木刀を持って立ち出でた。

さて、両方より進みかけて討ち、両の木刀はハタと打ち合い、互に押すかと見えたが、小熊は兎角を橋ゲタ（ランカンの事なるべし）へ押しつけるや片足を取って倒《さか》さまに川へかっぱと落してしまった。

小熊は相撲も上手だという評判であったが、成るほどそれに違いないと皆々評判した。川へ落された兎角はぬれ鼠の姿になってその場から何処ともなく逃げのびた。

この時のこの勝負は一代の人気を沸したと見え、徳川家康も城のうちにあって、これを眺めたということ、見物の人も多かったが岩沢右兵助という人の言葉に、

「その節、拙者も奉行のうちに加わって橋許にあって勝負をたしかに見ていた、小熊が出足早く、西から出て、兎角は東から出向ったが、拙者の近くに高山豊後守という老人がござったが、この両人が出会い頭、まだ勝負もない以前にずわ、兎角が負けた兎角が負けたと二声申されたのを拙者は不審に思い、その後右の老人にその理由を尋ねた処が、豊後守が申されるに、小熊は右に木刀を持ち、左で頭を撫《な》で上げ『如何に兎角』と言葉をかける、兎角は『されば』と云って、頰髭を撫でた、これでもう、高下の印が現われたのである、その上兎角はお城へ向って剣を振う、どうして勝つことが出来よう、これぞ運命の尽きる前表である、されば兎角は大男の大力である上に小熊をあなどってただ一討と上段に構えた、小熊は小男でありかつ無力であるけれども巧者であるが故に合討をしてはかなわないと速妙に機を見て下段に持っている、案の如く、兎角が一討と討つ処を小熊はハタと受け止めて兎角を橋ゲタへ押しつけた、橋ゲタは腰より下にあったから兎角は川へ倒さまに落

ちたのである、すべて兎角は強力を頼みとして是非の進退をわきまえぬ血気の勇である、小熊は敵強く傲《おご》れども吾《わ》れは傲らず、敵によって転化すという三略の言葉も思い当るのでござるといわれた」

日夏能忠《ひなつよしただ》が云うのに、

「根岸、岩間が勝負のことを拙者も昔老翁から聞いたが、小熊は小男、兎角は大男であったが、根岸笠にかかって小熊を橋桁《はしげた》へ押しつけて働かせず、小熊あやうく見えたが、どうしたことか、小熊が反対に兎角が片足を取って橋の下へ落し、脇差を抜いて、『八幡これ見よ』と、高声に呼ばわって欄干を斬った。この太刀あとが明暦三年正月の大火の前までたしかにあったのを見たそうである、またこの勝負は家康公も櫓《やぐら》の上より見物したということである」

この前後の話、少し相違するけれども前の老人の説の方が確かであろうといわれる。

（本朝武芸小伝）

一説に、家康公関東に入らせ給いし時、江戸に小熊某、渡辺某という二人の剣法を教うるものあり、その門流二つに分れて、互に相競《あいきそ》う事あり、ある日台徳院殿を伴《ともな》わせ給い、二人の術を大橋の上にて御覧あり、小熊は長袴《ながばかま》、渡辺は赤き帷子《かたびら》きて、両人共に木太刀をせいがんに持ちて打合い、橋の上を追いつ返しつするほどに、小熊やや勝色になり、渡辺を橋欄におし付け、そが足とって川中へ投げ落せしかば、渡辺は水を多く飲み、辛うじて

岸に上ることを得たり、人々小熊の捷妙をほめぬものはなかりき。（見聞集）

ある書には、根岸兎角の門人がその後岩間小熊に向って師の仇《あだ》を報ぜんとして相謀りて小熊を浴室の中に入れ、周囲を閉し、熱を加えて生気を失わしめて、小熊、漸《ようや》くにして浴室を這《は》い出たが、出でると同時に倒れるところを兎角の門人が寄ってたかって惨殺したということが書いてある。

富田勢源

富田勢源は越前の国宇坂の荘、一乗浄教寺村の人で中条流の名家であった。眼病の故《ゆえ》で父の遺蹟を弟に譲って髪を剃《そ》って勢源と号して隠居の身となったが、永禄三年中夏の頃、美濃国へ遊びに出かけた。

美濃国のその時の国主は斎藤山城守義竜《よしたつ》であったが、国中に大分兵法が流行《はや》っていた、その師匠は常陸の国鹿島の住人、梅津という者であった。

この梅津は関東に於《お》いて隠れなき神道流の名人であった、折柄越前国に名だたる富田勢源この地に来ると聞いて弟子共に向って云った。

「勢源が来ているそうだが、一つ出会って中条流の小太刀を見たいものだ、勢源が旅宿へ行って一つ所望して見ようかしら」

弟子がこれを聞いて、勢源の方へ行ってこの事を伝えると勢源が答えていうには、

「愚僧は兵法未熟でござるから、その御所望に応じかねる、強《た》ってお望みなれば越前へおいでになるがよろしい、また中条流には曾《かつ》て仕合ということはないものでござる」

梅津がこの返答を聞いて云うよう、

「我が兵法は関東に隠れもないもので、三十六人の同輩が一人として我が太刀先きに及ぶ者なく、皆んな拙者の弟子になった、先年この国へ来た時、吹原大書記、三橋貴伝は随分の師匠でござったが、それも拙者が太刀には及ばなかったものでござる、勢源も越前に於てこそ広言を吐け、この梅津には及ぶまい」といった。

斎藤義竜は梅津が高言をほのかに聞いて此奴《こやつ》は一番勢源と出会《でく》わせたいものだと武藤淡路守、吉原伊豆守二人を使として勢源が旅宿なる朝倉成就坊《あさくらじようじゆぼう》の宅へ遣わして梅津との仕合を所望させた。

朝倉成就坊というのは、越前の朝倉殿の叔父坊子であったが、その頃斎藤の武威が盛んなるによって朝倉殿から成就坊を美濃国に詰めさせて置いたものである。

さて両使が館へ来て勢源に主人の所望を申伝えると、勢源が答えていうことには、

「中条流には仕合というものが無いのでござる、その上無益の勝負は嫌うところでござる」といって、承知をするけしきも見えないから両名の使は帰って、主君義竜にこの趣を申上げると、義竜が云う。

「勢源が申す処尤《もっとも》であるけれども、梅津が過言他国までの嘲《あざけ》りとなる儀であるによって、ひとえに頼み度いものだともう一遍申伝えて来るがよい」

そこで両人がまた勢源が許《もと》へ行って主君義竜の再度望むところを申聞かせると、勢源がそれを聞いて、

「この上は辞退いたす儀ではござらぬ、斯様《かよう》の勝負は人の怨《うら》みを受くることであるによって拙者に於ては曾て致さぬところであるが国主の命背《そむ》き難し」

と答えた、両使が急ぎ帰って義竜へ伝えると義竜大いに喜んで、

「然らば武藤淡路守宅にて仕合を致させよ」

そこで七月二十三日辰《たつ》の刻と時刻を定められた、勢源は検分の者を望むにより義竜は武藤、吉原を検士に申付けた。

梅津は国主の一家大原という者の宅にいたがその夜からゆがかりをして信心を始めた。勢源がその旨を聞いて、心直なれば祈らずとも御利益はある筈《はず》だといって成就坊が方から供人四五人を召し連れ、淡路守の宅に行き、売買黒木の薪物の中で如何《いか》にも短い一尺二三寸の割木を見出してこれを皮で巻いた。

梅津は大原同道で弟子数十人、木刀の長さ三尺四五寸なのを八角にけずり錦の袋に入れて持たしてやって来た、見た処、器量骨柄優れているから誰しも必ず勝は梅津のものであろうと云った。

梅津は検士に向って、願わくは白刃にて仕合を致し度いという。

検士がその希望を勢源に告げると勢源が云う。

「そなたでは白刃にてせらるるとも、勢源は木刀でよろしゅうござる」

と答えるによって、梅津も大木刀に定めた、梅津はソラ色の小袖《こそで》、木綿袴で木刀を右脇に構えた、その気色竜の雲を惹《ひ》き、虎の風に向うが如く、眼《まなこ》は電光に似ていた、勢源は柳色の小袖、半袴を着て立ち上って板縁より歩行して、かの割木木刀を提げて悠然として立つ風情《ふぜい》、牡丹《ぼたん》の花の下の眠り猫とも見える。

その時、勢源、梅津に言葉をかけ、進んで勝負を試みたが、梅津どうしたものか小鬢《こびん》から二の腕まで打たれ、頭を打ち切られ、身体中悉《ことごと》く朱《あけ》に染まった、梅津は木刀を取り直して振り上げて打つと、勢源騒がずして、梅津が右腕を打つ、梅津勢源が前に倒れて持ったる大木刀勢源が足下に当るのを一足に踏み折って飛ぶ、梅津起き上って懐中の脇差を抜いて勢源を突かんとするを勢源は木刀を打ち上げて打ち倒した。

その時に検士がその間に入ってこれを扱い梅津を武藤が宅へ入れて養生し、大原が旅宿へ帰した。

勢源は淡路守の処に届け、武藤、吉原の両人が勢源が木刀と梅津が折木刀を義竜の一覧に供し、仕合の様子を悉細に申述べると義竜が甚だ賞美して末代の物語にとて割木木刀を留め置き、鵝眼《ががん》万疋、小袖一重《ひとかさね》を勢源に贈られた、勢源が申すには、

「中条流は斯様の勝負差止めでござるけれども国主の命背き難きことでござるによって、敢えてこれを為した儀故御賞美とあって下さるものは受納なり難い」

と云って返納してしまった、使者再三申したけれども終《つい》に受納しなかった、義竜は甚だ勢源の志を感じて対面をして見たいということを申し送られたけれども辞退して行かず、

この国にいて梅津が弟子にうらみをうけてはならないと翌朝越前へ帰ってしまったそうである。

この勢源と梅津の仕合のことについては、また別に一説がある、それは勢源が兵法修業の為京都へ出て、黒谷《くろだに》に住んでいたことがある、この時、梅津という剣術家が黒谷へ来て勢源に会って、富田流の小太刀は物の役に立つものではないとそしった、勢源がいうに、「兵法は何も太刀の長短によるべきものではない、大太刀だから必ず勝つというのはヒガ言である」

梅津が怒っていうのには、

「然らば仕合をしてその勝負を定めよう」

と、勢源辞すること能《あた》わず、検士を乞《こ》うて日限を定め、人をして黒木の一尺四五寸もあるのを尋ね出し、皮でまいてこれを携えることにした、既にその日になると、梅津は弟子共を多く召し連れて、三尺四五寸の大木刀を携え、勢源よりは先きに来て見物の輩《やから》にその剛勢を見せようとて、かの大太刀を打ち振っていた、勢源は弟子なく、すごすごと黒木の木刀を持って来た。

さて、検士が立ち会って、いざ勝負ということになると、梅津は大木刀を打ちかたげて出で、ただ一打ちと勢源に打ってかかった、勢源は受け流して梅津が真向をしたたかに打ち破った、ただ、額から血が走り出した。

検士がいう。「勢源が勝だ」と。

梅津がいう。「いや〳〵拙者の太刀の方が先きに向うへ当っている」

勢源がいう。「いや少しも当らない、拙者が十分の勝である」

といって、匆々《そうそう》旅宿に帰って、湯あみをしている処へ、検士がやって来て、

「梅津の太刀の方が先きに当っているといってどうしても聞かぬ、果して然らば貴殿の何れかに創《きず》のあとがあるであろう、それによってあらために参った」

勢源が答えて、

「幸い丁度、ゆあみをいたしている処でござる、これへおいであって篤《とく》と御覧候え」

という、検士が行って見ると、身体の何処をあらためても創というものがない、そこで勢源が勝ということに決定したということになった、実をいうと、梅津が木刀も勢源の左の甲にしたたか当っていたので黒くあとがついていたのであるが、検士が見た時に右の手でその左の手の甲をおさえて置いて身体中を験《しら》べさせた為に流石《さすが》の検士も遂に発見することが出来なかったのだという。

また一説には、黒木ではなくて鉄扇で勝負をしたのだと。

是等の説、皆それぞれ違っているが、最初の富田伝書の説が最も正しいだろうといわれている。（本朝武芸小伝）

富田重政

前田《まえだ》利常《としつね》が或《あ》る時富田越後守重政に向って、

「その方が家の芸に無刀取という秘術があると聞いたが、これをとって見よ」

と佩刀《はいとう》をスラリと重政の面前に突き出した、重政はかしこまって、

「無刀取は秘術でござります故に他見を憚《はばか》ります、御襖《おふすま》の陰から此方《こなた》をうかがうものがござるによってお叱りを願い度い」

といったので利常は思わずうしろを顧みた、その隙に利常の手を強く握って、

「無刀取はこれでござる」

といったので、利常もなるほどと感心してしまった。

重政が、或る日家僕に髯《ひげ》を剃らせていた、家僕は心ひそかに思うよう、

「如何なる天下の名人と雖《いえど》も斯うい場合に刺したら一突きだろう」

重政はフト僕の面を見て、

「その方の面色は尋常でない、然《しか》し、思ったことをする勇気はあるまい」

と云われたので縮み上った、この重政は中条流で武名を四方に輝かし将軍秀忠の上覧を経て名人越後と呼ばれ、中条流というものはなく、富田流の祖と呼ばれた人である。

戸田清玄

戸田弥六左衛門清玄は福島正則《ふくしままさのり》の家臣で、戸田流の達人であったが、この人は人と仕合をする時には殊更に長袴を着けて、一尺九寸の木刀を用いるので門人達も皆これを真似ていた、清玄がいうのに、

「武士は礼服を着て威儀を整えている場合に異変が起って刀を振うことがないとも限らん、そこで常に用心して長袴をつけた時にも狼狽《ろうばい》しないようにしているのだ」

吉岡建法

慶長十六年六月二日、禁裏お能の節、町方の者にも南庭にて見物をお許しであったが、その頃までは町人は脇差、武士は両刀で参上して御門の切手ということもなく、自由に出入が出来たのである。

その頃、京都西洞院《にしとい》三条の末、しゃむろ染屋の中、吉岡又三郎というものが一流の染物を発明して吉岡染といって売り出していたがこの又三郎断髪して建法と名をつけた処から建法染ともいわれていた、この又三郎職業柄にもにげなく自然と剣術に名を得て吉岡流という一流を開いて、京都中にその名が聞えていた。

その剣術は染物の形をつける紺屋《こうや》糊《のり》の引切りようで太刀の打ち込みを発明して一流をとりたてたということである、この吉岡建法がその日お能見物に禁庭へ入り込んで来た処、係りの雑色《ぞうしき》が来て、

「あたまが高い」

と、いって持っていた金棒で建法の頭を叩《たた》いた、これは日頃建法が町人のくせに剣道に秀いで名声が盛んであることを快からず思っていたのが打って出でたものと見える。

そこで、建法がじっと我慢していれば何のことはなかったのに、これを怒って、差して

いた脇差でその雑色を斬ったからさあ大変になったのである、庭中が遂に騒動し、建法を捕えんとする、こちらは腕におぼえの達人だから当るほどの者を斬りつけて、南門の方の塀を乗り越えて逃げようとした時に、着ていた袴が塀に引っかかり、働きかねている処を引き下し、捕えて処刑せられたということである。

（古老茶話）

吉岡又三郎が慶長十九年六月二十二日朝廷の猿楽興行《さるがくこうぎょう》を見物に行った時、雑色があやまって杖《つえ》を吉岡に当てたが、吉岡が怒ってひそかに禁門を出で刀を着物の下に隠して来て入るや否《いな》や右の無礼なる雑色を斬り殺した、その席騒動して雑色等は大勢で吉岡を殺そうとひしめいたが、吉岡は敢《あ》えて騒がず、舞台に登って息をひそめ雑色等が群り進んで来ると飛び下りてはこれを斬り、また舞台に飛び上り、また進んで取り囲んで来ると飛び下りてこれを斬る、斯《かく》の如くすること屢々《しばしば》、多数の雑色がこれが為に命を落した。

後、袴のくくりが解けた為にあやまってつまずき倒れた、そこをすかさず多勢かかって遂に吉岡を斬り殺したということである、その時に吉岡の一族は多くその場にあったけれども敢えて騒がず、皆手を束《つか》ねてその働きを見ているだけであった、事が終って所司代板《いた》倉勝重《くらかつしげ》は吉岡一族があの際よく鎮まっていたことに感心して敢えてこれを罪にしなかったということであるが、事実彼等が気を揃えて又三郎を助けた場合には大変な騒ぎになってしまったろうという。

（本朝武芸小伝）

太田忠兵衛

吉岡拳法が禁庭のお能見物の時に雑色と喧嘩をしでかし、拳法に斬られて手追い死人が数多《あまた》出た時の物語にまた一説がある、その時誰も拳法の手なみに恐れて近寄るものもなかったが処司代板倉伊賀守勝重の臣で太田忠兵衛という者が薙刀《なぎなた》の上手であったがこの騒動を聞いて駈《か》けつけ、薙刀をもって拳法と渡り合い、しばし勝負も見えなかったが、どうしたものか拳法があやまって踏みすべり仰向様《あおのけざま》に倒れた、忠兵衛それを見て声をかけ、

「倒れたものは斬らぬぞ、起き上って尋常に勝負せよ」

と、いった、さしもの拳法もこれを聞いて、こちらが起き上って尋常に立合うまで待つとはやさしい心得だと安心して足を踏み直し、半ば起き上ろうとした処を、忠兵衛がすかさずふみ込んで斬り伏せて勝を得た、それを見ていた人々の評判に、

「太田殿は大したものだ、拳法が倒れたところこれ幸いと斬った処で相手は拳法のことだからこちらの名折れにはならない、それをわざわざ起して斬るというのは腕も腹も十分の勝である」

といってほめた、忠兵衛がこれを聞いて大いに笑って云うよう、

「それは拳法を知らぬ者の云うことじゃ、その時拳法は倒れたけれども、こっちをキット見て太刀《たち》を構えた気にはなかなか近寄って勝てるわけのものではないと思ったからそこで右の如く声をかけた処、拳法ほどのものであるけれども少し油断して立ち上ろうとする虚

を斬って勝ったまでである、ゆめゆめ我が腕の勝れたる故ではない」と。（撃剣叢談）

京都の吉岡建法（或は拳法）騒動のことを常山紀談には次の如く書いてある。

板倉伊賀守勝重が所司代の時分、慶長七年禁裏に猿楽《さるがく》があって、貴賤《きせん》群集した、吉岡建法という染物屋は剣術の名人であったが、無礼の事があったというので、雑色《ぞうしき》から咎《とが》められた、建法はそのまま外に出て羽織の下に脇差を隠し、もとの処へやって来て、先きの雑色を一刀の下に斬り殺し、それから縦横に駈け廻《まわ》ったが固《もと》より飽迄《あくまで》手利きである、手を負うものが数を知らなかった、所司代勝重は御前《ごぜん》間近い出来事に大責任を感じたと見え、御門にいたが自から眉尖刀《なぎなた》を取って走り向って来た、太田忠兵衛がそれを見て、

「あなた様がお手を卸し給うはよろしくござりませぬ」

と遮り止めて、自分が建法に馳《は》せ向うを、勝重は、

「然らば、この眉尖刀を持て」

と与えられた、太田忠兵衛は吉岡に向い、

「悪逆無礼の男、首をのべよ」と走りかかる。

吉岡は紫宸殿《ししんでん》の階《きざはし》に息をついでいたが、それを見ると、

「この建法に向って太刀打をしようというものはお前でもなければ」

と云いながら階を下りて立ち向った、太田忠兵衛は、

「眉尖刀は無益なり」

というままに刀を抜くと吉岡は走りかかったがどうしたはずみか打ち倒れて了った、その時太田忠兵衛は大音を挙げて、

「倒れたのを斬るのは武士の恥である、立って勝負をせよ」

と云った、吉岡が立ち上る処を飛びかかって一刀のもとに斬り殺してしまった。

板倉勝重は大いに喜んで忠兵衛に禄《ろく》を増し盃を与えて後云った。

「その方が吉岡が倒れた時に斬らなかったのは、勇気余りある処ではあるが気象に少し驕《おご》りが見えるようだ、吉岡はたとい身分賤《いや》しき商人であるとはいえ、剣術にかけては無双である、倒れしこそ天の与えであるものをそこを斬らなかったのは虚を打つ道理を知らないのではないか、成功したからいいが、やりそこなえば……」

と云った。忠兵衛はそれに答えて云った。

「まことに有り難い仰せでございますが、ここには一つの所存がございます、かかる場合に普通敵が倒れたのを起しも立てずに斬ろうといたしまする故に我が身を忘れて却《かえ》ってこちらが斬られて、倒れた方が勝となるものでござります、倒れようには虚と実とがございまして、吉岡が倒れたのは虚でございました、たといまた実に倒れたといたしましても、容易《たやす》く斬られる男ではございません、倒れた時は身を防ぐことに気を取られて虚の様に見えますけれども近寄らば斬ろうとする心持は実でございます、虚にも実にも倒れた者の起き上らぬということはござりません、その起き上りまする瞬間は身を防ぎ敵を斬り払わんとする心が虚になりますので、そこを打って容易く斬り止めました、斯様のことは小さい

業、匹夫《ひっぷ》の仕事でござりますから、殿様などの御承知になるべき筋合でもござりませぬが、大軍を率い、軍馬のかけ引きを致す道にも幾らか共通したところがござりまするかと、憚《はばか》りもなく申上げるのでござる」

と云ったので、勝重が大いに感心したとのことである。

なお吉岡が剣法に就いては、享保年間に出た漢文の「吉岡伝」という書物には吉岡家の剣術を称揚し朝山三徳という九州第一の天流の名人を仕合で撃殺し、その事を伝え聞いて仕合に来た鹿島村斎という荒法師をも撃殺し、宮本武蔵も来て仕合をしたが眉間《みけん》を打ち破られ、改めて仕合をやり直すという約束の日に至って武蔵は迹《あと》を晦《くら》まして逃げ去ったと書いてある。

斎藤伝鬼

斎藤判官伝鬼坊《でんきぼう》は相州の人である、北条氏康《ほうじょううじやす》に仕え、天流或《あるい》は天道流という一流を開いたものであるが、常陸国真壁郡下妻《ひたちのくにまかべごおりしもづま》の城主、多賀谷修理太夫《たがやしゅりのたいふ》重隆に刀の術を教えていた、なお諸大名、諸士の入門するものが甚だ多かった。

その頃、この地方に霞という神道流の達人があって、その弟子一味も甚だ多かったが、伝鬼に向って勝負を決せんことを申込んで来た、伝鬼は直ちに承諾して立合ったが、忽《たちま》ち霞を撃殺してしまった、霞の一党が密《ひそ》かに伝鬼を殺して讐《あだ》を報いようとした。

或時、伝鬼は鎌槍《かまやり》を携えて弟子一人を連れて道を通りかかると霞の一党が数十人不意に

来《きた》ってこれを取囲んでしまった、伝鬼はもう遁《のが》れられない処だと観念して弟子に向い、

「お前はここで死ぬに及ばぬ、早く立去れ」

弟子が聞かない、伝鬼は強いて弟子を逃がしてしまって、それから道の傍らに不動の祠《ほこら》があるのを見かけ、その祠の中へ入ると霞の一党は急にこれを囲んで周囲から矢をあびせかけた。伝鬼はそこで鎌槍をもってその矢を切って庭上に落すこと数十、それから霞の一党が進んで攻めて来て乱戦となり、遂に衆寡及ばず、そこで伝鬼は一命を落したが、その勇敢筆舌の及ぶところではなかった、その怒気が後に至るも消えず、奇怪の祟《たた》りがあるというので土地の者がこれを祭って判官の祠と称し今も真壁郡に存している。

（本朝武芸小伝）

また一説にこんなのがある。

斎藤伝輝坊は常州真壁郡井出村の産である、塚原卜伝に就いて剣術を学んだが、後鎌倉の鶴ヶ岡八幡宮に百日参籠《さんろう》して、天正九年十一月二十一日の満願の日霊夢を蒙《こうむ》り妙境に達しそれより天流と唱えて諸国を修行し、京都に至って紫宸殿《ししんでん》の庭上へ召されて天覧を蒙り一刀三礼と号し左衛門尉に任ぜられた、ここに於て井手判官伝輝坊と名のり、五畿内中国を遍歴して、本国常州へ帰り、なお関八州を徘徊《はいかい》して、北条家の幕下《ばっか》をはじめ、無数の弟子を持っていた、小松一卜斎というのを第一の高弟とし、多賀谷修理太夫、真壁安芸守《まかべあきのかみ》、同姓掃部助《かもんのすけ》、益子筑後守、笠間孫三郎、結城《ゆうき》の城主采女正《うねめのしょう》 伊野弥太夫と云ったような大

名株もこれに就いて修業し、当世これに過ぎたる術はなしというほどに見えた。

時に真壁に暗夜軒道無というものがあった、やはり塚原卜伝の弟子であったが、この道無が打太刀の高弟に桜井大隅守というものがあって、これが漸く熟練し、伝輝坊の剣術を誹謗《ひぼう》するに至った、伝輝坊、これを聞いて腹に据えかね、

「然らば仕合の勝負を決せむ」

と申送って、真壁の不動堂を約束の処とし、日限に至り伝輝は弟子二人をつれて約束の処に待っていた、暗夜軒がこの仕合の事を聞いて、

「桜井は、おれが取立てた秘蔵の弟子である、彼に勝負を望むのは即ちこの暗夜軒に仕合を申込むのと同じことだ、本来、あの伝輝めは当家領分の郷士であって、わが譜代の家の子にひとしい者であるに、近ごろ術に慢じて推参の振舞い奇怪千万、憎い奴、大勢出向いて彼奴を暗討《やみうち》にしてしまえ」

と馬廻りの侍十余人に弓鉄砲足軽を添えて指し向けた。

その時、伝輝は十文字の鑓《やり》を下げ、不動堂の中央に腰かけている、弟子二人は縁側に控えていたが、さすがに高名の手利《てきき》であるから、寄手《よせて》も左右よりは懸り兼ねていると、斎藤万黙というものが弓に矢をつがえて、伝輝にさし向け、

「いかに伝輝、御辺《おへん》は日頃矢切の太刀という秘術を持って居られるそうな、併《しか》しながら斯うなっては最期《さいご》――是非に及ばず一矢受けて見られよ」

伝輝坊これに向かいて微笑し、

「同姓万黙ござんなれ、心得たり」

弦音高く放たれた矢を十文字でかけ落す、つづいて射る矢を三本まで切って落したが、これを相図に寄手が一同に雨の如く射かけたので、伝輝もはじめは防いだが、その身金鉄にあらざる故に遂に射伏せられてしまった、生年三十八歳、惜しまぬものはなかったそうである。


（関八州古戦録）

村上吉之丞

二階堂流兵法は相州鎌倉の中条兵庫助が末流松山主水《もんど》から出たものであるが、その子孫が、また松山主水を名乗って、肥後の細川越中守忠利《ただとし》に仕えた。

忠利朝臣《あそん》は強力で甚《はなは》だ剣術を好んでいた故に、この松山主水を寵遇《ちょうぐう》した、主水が剣術は初めに一文字を伝え、次に八文字、十文字を極意とする、また「心の一法」といって、敵を働かせない伝がある。

忠利の近習に村上吉之丞《きちのじょう》という者があったがこの者がまた兵法に心力を注ぎ、抜群と称せられ、主君忠利と両人一緒に八文字を伝えられたがその時は人払いをして一間の間を堅く囲み、そのうちで伝授したのであるが、外で聞いていると、何か知らんどっと倒れるような物音がしたが、そこで早速伝授が済み外へ出た処を見ると越中守も吉之丞も汗びたりになっていたので、人々疑い怪しんだという事である。

その頃、越中守忠利と父三斎入道との間がとかく面白くなかった、家来達も隠居附き当殿附きと分れて、さながら仇敵《きゅうてき》のようであったが、或時、松山主水が隠居附きの侍と舟の中で口論し、下駄をもってその侍を川の中へ叩き落した、隠居三斎、これを聞いて大いに怒った、忠利も秘蔵の主水ではあるけれども、流石《さすが》人情国法を破るわけには行かず、当分勘当して近き在郷に蟄居《ちっきょ》せしめて置いた。

三斎これを聞いて、愈々《いよいよ》安からず、近侍の士に云いつけて、主水を殺してくるものには望み通りの恩賞を遣わすということにまで立ち至った、併し、一人や二人で打ち取れる主水ではないから、皆猶予してお受けするものがない、処がただ一人の家来が、

「如何に名人と雖も永い間様子を窺って居るうちには隙というものが無いこともございますまい、その隙を窺って彼を討ち、御憤りを晴しまいらせようと存じます」

といって、主水が住んでいる辺に行って一心に窺っていたが、討つべき隙とては更になかった、そのうちにその年も過ぎ翌年の夏に至り、或る日の事真仰向《あおむ》きに前後も知らず寝入っているのを見た、丁度あたりに人もなし、時節はよしとひそかに近づき寄って主水が胸を刺し通して了った、刺された主水は起上り、そのまま心の一法で詰め寄り、相手を短刀で刺し貫いていうことには、

「貴様は我が寝ている処を刺したけれども、この主水を殺そうと思う心はエラい、豪傑だ」といってその身も其処《そこ》で息が絶えた（肥後物語には尚《な》お異説がある）。

主水が死んで了うと吉之丞に及ぶ者はなくこれが門人となるものも多かった、その頃、宮本武蔵が、自分の流儀を拡めようとして九州を経巡《へめぐ》り、熊本の城下近くの処の松原で稽《けい》

古《こ》をして見せたが、丁度夏のことであったので武蔵は伊達《だて》なかたびらに金箔《きんぱく》で紋を打ったのを着て目覚しく装って、夜な夜な出でては太刀打をした、武蔵は固より軽捷《けいしょう》自在の男であったから縦横奮戦する有様が目覚しく、愛宕山の天狗《てんぐ》などは斯うもあろうかと評判であった。

村上吉之丞がこれを聞いて人を以《もっ》て勝負を望んだ、武蔵はひそかに吉之丞が芸の様子を聞くと却々《なかなか》自分が敵《かな》いそうもないということを悟ったのでそれとなく他国へ行ってしまったそうである。

しかし武蔵の名は天下に高いけれども吉之丞は知る人もない、これは一方は諸国を周遊して芸を拡め、一方は国中だけで終った相違であろう。（撃剣叢談）

松林蝙也

松林蝙也《へんや》は通称左馬助《さまのすけ》、常州鹿島の人であったが、弱冠より剣術を好み、精妙に達し、伊奈半十郎忠治に事《つか》えて武州赤山に居り、一流を立てて願流と云った。

後、仙台侯忠宗《ただむね》（義山）伊奈氏を介して三百石を以て左馬助を招かんとしたが左馬助千石ならばという、仙台侯笑って、初めより希望に随《したが》うわけにはいかないが、折を得て――ということで出でて仙台侯に事えた。

三代将軍家光が武術台覧の事があった時、左馬助は、将軍の前で阿部道世入道を相手として仕合を試みた、その時彼が妙手身体軽捷飛動縦横にして、衣服の裾《すそ》が楣《ひさし》に当ること両三度、その様さながら蝙蝠《こうもり》のかけ廻るに似ている、将軍からお褒《ほ》めの言葉があったので、それ以来「蝙也」と称することにした。

蝙也が年期三年と定めて一人の侍婢《じひ》を召抱えた、この婢に向って云う事に、

「何でもいいから、お前がこのわしを驚かす事をしでかしたならば、その時には三年分の給金をやった上に、勝手に暇をくれてやる」

と云った、婢もその気になって心得ている、或時、蝙也が泥の如く酔って家に帰り閾《しきい》を枕にして酔い倒れて寝てしまった、婢はここぞとばかり頭脳も砕けよと障子を立てきって見るが障子は動かないで蝙也が目をさまし、平気な面《かお》で、

「そんな事では、とても三年分の給金は取れぬぞ」

という、敷居の溝に鉄扇を入れて寝ていたのである。

ある時、また蝙也がよそから帰り足を洗おうとして、婢に「湯を持って来よ」と云った、婢はまた心得て、わざと熱湯を桶《おけ》に満して持って来た、蝙也油断せずそろそろと湯加減を試みて、

「こんな熱い湯を持ってくるようでは三年分の給金は取れないぞ、水を持って来てうめろ」

と云った、そこで婢が水を取って来て、ざんぶと桶の中へうめて、

「これならば加減がよろしゅうございましょう」

と云った、そこで蝙也が両足を桶へ入れたが、どうした事か、

「あっ！」

と云って飛び上った、これには蝙也もやられた、水をうめたと思ったのは、更に熱湯を加えてつぎ込んだのであった、そこで蝙也が歎息して、

「誠に敵となって覘《うかが》われていると、婦女子にさえも討たれる事がある」

と云って、直ちに約束の如く三年分の給金を婢に与えて暇をとらせたということである。

仙台城下の染屋町の水辺は蛍の名前で涼み客と見物とが群がるのであったが或年の夏、蝙也も二三の門弟をつれて、涼みに行き、さて集《つど》う人々の賑《にぎ》やかさと、蛍の飛び交いて水にうつる風情等をながめて余念なかったが、その時、一人の門弟が、蝙也の背後からだしぬけに肩をついてかかった、これは前同様、いつ如何なる場合にても我を驚かして見よ、との予告があって、今《こ》宵《よい》こそは、この隙にと門弟がやったものであるが、蝙也は忽ち前の岸に飛びついて、また悠々寛々《ゆうゆうかんかん》としゃがんで見物をしている、その川の飛び越しっぷりというものが、いかにも神速軽易の妙用で、譬《たと》うるに物が無い位であったという。

それから、ゆっくり愉快に遊んで謡などをうたいながら家に帰って上機嫌で居ったが、その翌朝、右の門人が抜からぬ面をして訪ねて来て、

「昨夜は実に先生のお伴《とも》で愉快な涼みを致し忝《かたじけな》い事でございました」

とお礼の言葉を述べると、蝙也が取り敢えず、

「君、何か遺失物は無かったかい」

とたずねる、門人が、

「いかにもその事でございます、大切なものを遺失して残念千万でございますが、いつどうしてどこで遺失したか、どうしても心覚えが無いので弱って居ります」

と答える、蝙也がその時、褥《しとね》の下から白刃を取り出して、

「落し物はこれだろう」

と投げ与えて、油断大敵の教訓をした、つまり、これは昨夜、師の余念なきを見すまして後ろから突き倒そうと試みた途端に、中味を奪われたのがわからないで、家へ帰って見ると鞘《さや》ばかり差していたというわけであった。

南部で有名な剣術の士があったが、それが藩でなかなか身分のある家の娘をそそのかして仙台につれ出して来て国分町の旅籠《はたご》に泊っていた、本国から捕手が十名やって来たが、その男、それは賤《いや》しいものであるが、腕は並々ならぬものであった、南部侯からも仙台侯あてに、貴国をお騒がせして相すまぬ事ではあるが、家柄の者の娘である為に是非捉えたいものであるとの手紙まで来ていた。

そこで、南部の捕手につかまえさすよりは、蝙也《へんや》に命じて捕えさせた方が隣国への面目もあり本意でもあると思って、蝙也にその事が命ぜられた、蝙也はそこで、人を縛ることに妙を得た一卒をつれ自分の懐《ふところ》には一塊の鉛を入れて、件《くだん》の旅籠屋へ行った。

隠れていた南部の剣士は、蝙也が上って来たならば一討と真向に斬りかかる処を、蝙也は懐中していた鉛丸を白刃目がけて投げつけて刃に当てた、剣士は手ごたえがあったので斬留めたと少し油断をしている処を、間髪を入れず、蝙也は剣士の足をさらって楼の下に

落してしまったので、待ち受けた一卒が手早く縄をかけて、それから南部へと引き渡した。

蝙也が門に集まるものは、男子の門人ばかりではなく、婦人少女までが夥《おびただ》しく、蝙也を仏菩薩《ぼさつ》の如く信仰して門前市を為すが如くであった、神変無量の奇特があるというので切支丹《キリシタン》だとか戸隠明神《とがくしみようじん》の権化だとか云われるようにまでなったそうである。


（揚美録）

また一書に、
蝙也斎、名は永吉、信濃の人とも云い鹿島の人ともいう、諸州を経歴して遍《あまね》く豪傑に交わり師伝に由らずしてその妙を極め、自ら一派を立てて願立という。

慶安四年正月二十五日、将軍家光武術台覧の時に阿部道是（或は道世或は道豊）を相手にして仕合を試み大いに将軍の賞讃を蒙《こうむ》り、安芸右京亮《あきうきようのすけ》の手で時服《じふくみかさね》三襲を賜わったが、そのうちの一枚は紅絹《もみ》の裡《うら》がついていた、これは特賞のしるしである。

昔、源義経は柳の枝を切って、八断したがまだ水に墜《お》ちなかった、その云い伝えを聞いて、蝙也が試みにそれをやって見ると、水に墜つるまでに十三に切ったので、見る者が激称した。

毎日の日課として、刀を抜くこと千遍であったが七十五にして死する時までこれを廃さなかったという事である。


（東藩野来）

林田左門

黒田家の臣林田左門は西の国には隠れなき剣術の名人であった。

或時、同家の者五六人寄り合いの時信田大和守なども来ていたが、武術談が出ると、そのうちに一人血気盛りで力も馬鹿に強い男があったが、それがいうには、

「兵法は武士のつとむべき道には相違ないけれども、強《あなが》ちこれを習わなければ武道が成就しないという限りもあるまい、一心さえ臆していなければ、仮令《たとえ》兵術を知らなくても功名は出来るだろう」

と、威丈高になって云い出した、左門はこれを聞いて、

「何如にもその方の申す処は一応の道理はあるが、心が剛なる上に兵法が優れていれば鬼に金棒だろう」という。

右の若侍はなお承知しない。

「いや〳〵一心さえ動かなければ、たとい木刀仕合であろうとも、そう負けることはござるまい、ちと、仕合を致して見たいものでござる」

という、左門それを聞いて、

「それはよい心掛けじゃ、然《しか》らばいざまいろう」

という、血気の若武者、

「心得たり」

と早くも座を立って庭に飛び下りあたりを見ると庭木に添え木として結びつけた長さ一間ばかりの小丸太があったのを、

「これにてお相手を仕《つかまつ》ろう」

と引き抜いて、土のついたのを拭《ぬぐ》い二つ三つ振り試みて待っている。

左門も座敷を立って縁を見ると、小木刀があったのをおっ取って提《さ》げ、庭に下り立って云うことには、

「随分根《こん》限りの精を出し、出来るだけ大力を振って打ちかかって見られい」という。

「仰せまでもござらぬ」

といって、彼《か》の丸太を打ち振り廻し、左門も小木刀をさげ、そろそろと近く寄って来たのを、問合いはよしと、彼の若者が一打ちと力一杯打ち込んで来たのを左門は引き外し、飛びちがいざまに木太刀の先きで、彼のものの額を少し打って、

「まいったかな」と声をかけた処が、若者、

「如何にも木刀が当りましたようでござる、思ったよりも早いお太刀でござる、却々《なかなか》どうも」と云って丸太を投げ捨ててしまった、その時左門は、

「残り惜しくござらばもう一仕合まいろうか」といった処、

「いや〳〵もう沢山」

といって若者は止めてしまった、双方座に帰ってから、左門が、

「向後は我《が》を通しなさることはやめ、我を折るようになさるがよろしい」

というと、若者は、

「如何にも心得ました」

と最初の勢に似ず悄気《しょげ》返って答えたので一座の人々も皆打ち笑った。

ところが、彼の若者の額が見る見るうちに少し腫《は》れ上って来て血もにじみ出して来た、うわべにはそれを見せなかったけれども内心にはよほど痛くもあり、無念でもあり、面目も踏みつぶされたわけだが、どうしようもなくてその座を立ち去った。

右の次第を主君の黒田《くろだ》長政《ながまさ》が夜話の折聞くところとなって、早々この若者をよび出して、

「その方はこの間左門と木刀仕合をして負けたということだが、果してその通りか」

と尋ねられて、

「御意《ぎょい》の通りでございます」

と答えた、長政その返答を聞いて、

「若い者にはその位の勇気がなくてはならぬ、左門であろうとも、打ち込んでやろうという勇気は感心なものだ、若い時その位の勇気がなければものの用には立たない、してまたその方が仕合に負けたからといって、少しも恥にはならないぞ、あの林田は世間に許された兵法の名人である、その方が素人《しろうと》であるによってなんと焦《あせ》っても勝てる筈はない、負けたのは道理であるけれどもいざ合戦となれば剣術の上手が必ず勝つというわけのものではなく、剣術が下手でも功名は出来るのだからそこは格別のものである、我も昔は柳生但馬守、疋田文五郎に就いて剣術を習ったがその方同様の我意をたてて打たれたことが度々《たびたび》あったぞ、併しながら武芸を修行しなければ武士の家に生れた道理に背《そむ》くこと故《ゆえ》、その方もこれから左門の弟子となって兵法剣道を学ぶがよろしい」

と教えたので、彼の者は有難涙をこぼした、それから直ちに左門の処へまいって右の次第を申し、子弟の契約をなし昼夜出精したところから後に上手になって主君長政の教示をむなしくしなかった。（良将言行録）

松平筑前守忠之の家士林田左文（或は左門）は戸田派刀術の妙手であった。鉄砲二十挺《ちよう》の頭となった、一日足軽六人で人を殺して相共に出奔する事があった、左文はその折馬に乗っていた処へこの事を告げ来る者があったので直ぐ様《さま》馬で追いかけ途中で追いついた、足軽共がそれを見て心に思うには、いかに左文と雖も六人一緒になってかかられてはたまるまい、彼を返り討ちにするのは容易《たやす》い事だが、今まで頭として立てて来た人ではあり、無事に帰してやろうという気になり、

「折角お出でにはなったが、ここでお目にかかったという事は他国へ参っても人には語りませぬ故に、このままお引取り下さい」

と云った、左文は静かに馬から下りて、

「その方達六人同じく人を殺すといえども必ず罪に軽重《けいちよう》があるだろう、六人悉く同罪という筈はない、拙者がここへ来たのはその是非を糺《ただ》さんと思うが故である」

と云って歩みよる処を一人刀を抜いて斬りかかる、林田刀に手も掛けず、色をも変えず、足をも動かさず、

「その方率爾《そつじ》な振舞い致すな」

と云って間近くなる時、
「無分別者哉《かな》」
と云って抜くや否《いな》や手の下に斬り伏せ、
「その方達鎮まって我が言を聞け、敵対する故に斬ったのだ、敵対さえせねば斬りはせぬぞ」
というを、また一人斬ってかかる、
「馬鹿者奴《め》が、死物狂いをするか」
と云ってわざと後じさりにしさる、踏込む処を飛び違え、またこれをも斬伏せた、これは皆に気をゆるめさせ、一度に切ってかからせないようにした作略であった、斯くして三人斬伏せて今残る三人、これはもう物の数でもないとまた一人斬伏せ、一人に手を負わせ、一人を蹴《け》倒し、手負せたる者と蹴倒したる者とはその帯を以て縛り馬に乗り先にたてて帰った、是程の者なれば一国の士多くは林田に刀術を学んだが、ひとり馬爪源右衛門と云う者は鉄砲に熟練して百発百中の名手であり、総《すべ》ての武芸を好んでいたが林田が刀術を学ばなかった、人にその故を問われたが笑って不応《こたえず》、後林田が罪ありて切腹をした、馬爪が後ひそかに親朋《しんぽう》に対して云う事には、
「林田には姦邪《かんじゃ》の性格がある、何事をしだすかわからない男であった、その刀術はエライもので学びたいには違いないけれども、已《すで》に師とたのんでしまっては難に臨んで居ながら見て居られない事も出来るに相違ない、見捨てては道にそむき見捨てない時は義を失うと

いうような場合もないとは云えぬ、あらかじめ交《まじわり》を結ばずに置くことが拙者如き愚人の一得である」と。（続武将感状記）

家光と御前仕合

「寛永御前仕合」と云って講談等に於ても有名であるが、勝伯等の著した陸軍歴史にもその記録として次の如く出ている。

三代将軍家光公御代寛永十一甲戌《きのえいぬ》年九月二十二日に於吹上御覧所剣道仕合の面々左の通り

下谷御徒町住人
井場泉水軒
浅山一伝斎
播州住人
竹内加賀助
仙台藩
由井直人
負
芝高輪住人
佐川蟠《はん》竜斎《りゅうさい》
肥州郷士

負　関口弥太郎

鎧勝負

大久保彦左衛門

負　加賀爪甲斐守

荒木又右衛門

合打豊前小倉

宮本八五郎

初鹿野伝右衛門

負　朝比奈弥太郎

仙台黄門正宗

負　秋元但馬守

和州柳生之住人

柳生市之丞

負　石川又四郎

江戸小石川

石川軍東斎

御取立之御旗本

負　松前帯刀

上州之郷士
樋口十郎兵衛
合　打　甲府中之郷士
中条五兵衛
備中之郷士
芳賀一心斎
遠州之郷士
難波一刀斎

右之通上覧

併し右は史実としては疑いがあるが、「大猷院《だいゆういん》殿御実記附録」に次の如くあるは信憑《しんぴょう》するに足るべし。

慶安四年春の頃より何となく御病気勝ちにおわしければ、御心地慰ませ給わん御為めにとて、諸人の武技御覧あり、二月二十六日に、越後の処士山本加兵衛久茂が無遍流の槍法を御覧ぜられ、その後奥殿にて大番頭《おおばんがしら》池田帯刀長賢、先手頭《さきてがしら》久世三四郎広当、書院番組頭岡野権左衛門英明、筒持頭坪内半三郎定次、持弓頭兼松又四郎正尾等が剣法をも見給う、三月二日、また加兵衛久茂が槍法及び船手頭溝口半左衛門重長、柳生内膳宗冬が剣技を御覧あり、同じ六日には肥藩の剣士木村助九郎、居合抜き多宮平兵衛を御座所に召して御覧じ、両人に時服、銀かずけらる、十日、また肥藩の石野市蔵、原田多右衛門が槍法を見給い、是《これ》も賜物例の如し、同じ十四日には諸家の陪臣槍剣に達せるものの姓名註記《ちゅうき》して奉るべしと仰下され、十八日には水藩伊東孫兵衛、木内安右衛門が剣法を見そなわし、その頃剣法に妙を得し尾藩の柳生兵庫が子二人封地より召寄すべしと仰下され、二十四日には藤堂大学頭高次が家士内海六郎右衛門、沢田甚右衛門が槍術、永井信濃守尚政が家士山崎兵左衛門、同源太郎、桂原四郎右衛門が剣法御覧ありて、各服、銀下さる、二十五日、松平陸奥守忠宗が家人松林左馬助が剣技ありてその敵手せし道与にも賜物あり、四月五日には先に召されし尾藩の柳生兵庫が二子茂左衛門、兵助が剣法見給いし後、両人に服、銀かずけらる、同じ六日にも重ねて両人の技を御覧あり、十一日には小笠原大膳太夫忠真が家人高田又兵衛その子斎宮、弟子和光寺七兵衛の槍術を御覧に供え、例の如く下さる、斯く御大故に近くならせ給うまでも、武道を忘れさせ給わで、その技を見そなわし、もてはやさせ給うにぞ、下が下までも自ら奮励して怠慢する事能わざるに至らしむるは、実に治に乱を忘れ給わぬ御心掟にていと畏《おそれおお》き御事にぞ。

武将と武術

徳川家康

徳川家康は個人武に於ても当時第一流の中に加えらるべき資格を持っていた、東照宮御実記の附録に、

姉川の戦に、奥平九八郎信昌《のぶまさ》敵二騎斬って、その首実検に備えしかば、御感の余り、汝《なんじ》若年の小腕もて、奇功を奏せし事よと宣《のたま》えば、信昌うけたまわり、凡《およ》そ戦闘の道は剣法の巧拙にありて、筋力の強弱によらずと申せば、汝は誰に剣法を学びしとお尋ねあり、信昌、奥山流を学びしと申す、さらば汝が家臣急加斎にならいしならむ、我若かりし頃その流を学びしが、近頃軍務のいとまなきに、久しく怠りぬ、こたび帰陣の上は、必ず彼を召して対面せんと仰せらる、この急加斎といえるは、奥平貞久の四男にて、孫七郎公重と称し、甲斐の上泉伊勢守秀綱が門に入りて、神陰流の剣法を学び、その奥義を極め、三河国奥山明神の社に参籠して、夢中に秘伝の太刀を授かり、これより奥山流と唱えけるとぞ、先にしばしば岡崎に召して御演習ありしが、この後天正十年十月、信昌もて召され、重ねて学ばしめ給い、御誓書をなし下され、御家人に召し加えらるべしとの御書をも給いしなり、また、三河にて有馬大膳時貞といいしは、新当流の剣法に達

せし由聞かせられ、これも召してその奥義を伝わらせ給い、青江の御刀下され、采地《さいち》を給わりしが、後に大膳死して嫡流絶えければ、庶孫豊前秋重をもて家を継がしめ、紀伊家に附属せられしなり。（奥平譜、貞享書等）

疋田《ひきた》豊後《ぶんご》といえる撃剣の名を得し者を召してその秘訣《ひけつ》ども御尋ねありし後、人に語らせられしは、彼は成る程名手なれどもこの技の人によりているといらぬけじめを弁《わきま》えず、天下の主たるもの、または大名などは、必ずしも自ら手を下して人を斬るに及ばず、もし敵に出逢いて危急の時は、その場を避くれば、家人ら馳せ集りて敵を打つべきなり、さる故に貴人は相手がけの事はいらぬなり、かく大体を弁うるをもて、第一の要とすべきなりと仰せけり、また台徳院殿の剣法を学ばせらるるを聞召《きこしめ》し、大将は自ら人を斬るに及ばず、危難のとき、避けん様を心得らるべし、人を斬るに、何ぞ大将の手を労せんやと仰せられき、かかる御心用いにや、御一生の間、あまたたびの御合戦に一度も御手ずから人を斬らしめられしことはなかりしと申伝えたり。（三河物語、君臣言行録等）

御放鷹《ほうよう》のおり、伏見彦太夫某が、三尺五寸の大太刀に、二尺三寸の差添《さしぞえ》を十文字にさし違え、山路を走り廻ること平地のごとし、君御覧じ、汝が剛勇比類なし、その太刀抜いて見せよと宣いしかば、彦太夫直ちに抜き放ちて、二振り三振り打振りしに、太刀風りんりんとしていとすさまじ、仰せに、汝は尺の延びたる刀の利を知るかとあれば、ただのべかけて敵を一討に仕るばかりにて、外に心得候わずと申せば、いやとよ寸の延びたる刀は鎗《やり》にあてて用いんが為なり、向後わすれまじと教え給いしなり。（感状記）

君には予《か》ねて海道一二の健脚にておわしますとて、その頃世にかくれなく申伝えけり、小田原陣の折丹羽《にわ》宰相長重《さいしょうながしげ》、長谷川藤九郎秀一、堀久太郎秀政の三人、秀吉が先陣打って御金越より小田原に押寄せんとて、小高き所より谷際を見下してありし折しも、こなたの御陣押なれば、みな打寄りて、海道一の馬のりが乗りざま見んとてたたずみ居たり、谷河二条ながれ、細き橋架けたる所に御人数行きかかると、みな馬にて渡ること叶わず、下馬し歩行《かち》になりて越えたり、君にも橋詰までおわすと、同じく馬を下り給い、御馬をば橋より上の方二十間ばかりの所を、口とり舎人《とねり》四五人して引過ぎ、君は歩行の者に負われ給いながら、橋を過ぎ給いぬ、かの三人の士卒共は、はじめより目を注して、いかがし給うと思い居たりしに、この御さまを見て、これが海道一の乗りざまかとて笑わぬ者なし、流石《さすが》三将は、さて〳〵斯くまでの御巧者とは思わざりき、実に海道一の馬乗とはこの事なるべし、馬上の巧者は危き事はせぬものぞとて、大いに感じけるとなん。（紀君言行録）

浜松におわしませし時、櫓《やぐら》の上に鶴の居しを御覧じ、これよりあわい何程あらんと近臣に尋ね給えば、五六十間と申す、さらば常の小筒にては及ぶまじ、稲富外記《いなとみげき》が製せし長筒もて参れとて取りよせ給い、暫くねらいをつけて放し給えば、あやまたず鶴の胴中に中《あた》りぬ、後に近臣等その筒取りてためしけるに、二十人ばかりのうちに十分にためし得しものは一人もなかりき、これにて人々はじめて御力量の程を測り知りけるとぞ、また慶長十六年八月、浅間山に御狩ありて、鉄砲を打たせらるるに、みな的の中心にあたりぬ、近臣等はいずれもあたることを得ず、また鳶《とび》三羽をつづけ打にうち給えば、二羽は地に落ち、一羽は足を打切りて飛び去りしなり、いずれも御術の精妙なるに感じ奉る。

（武徳大成記その他）

武田信玄

甲斐《かい》の信虎《のぶとら》は侍二百二十人の中から手柄の場数あるものを七十五人すぐり、またその中から三十三人すぐって身を離さず召し連れて歩いたが、その中に白畑助之丞という勇士が一人あった、この白畑が或時一人のかせものを折檻《せっかん》し、そのかせ者が逃げて行くのを後ろから刀を抜いて追いかけた、そうして白畑の刀がかせものの背中に触るるほどになった時かせ者は不意に刀を抜きながら引返し、跪《ひざまず》いて片手討に払うと、追って来た白畑の両腕を添えて首諸共にその一刀で打ち落してしまった、あたらの勇士白畑助之丞がムザムザと下僕の為に斬り殺されてしまったのである。

その時原美濃は若盛りであったが、長身の槍を持って右の曲者を突き殺すと曲者は寝ながら槍を取って原美濃が腕を少しずつ二ヵ所斬った、斬られたけれども美濃のことだから少しも去らず、つきつけて動かぬようにしていると、多田淡路が来かかって、まず曲者の片腕を斬りそのあとで止めを刺した、意外の豪敵なので後で質《ただ》して見ると、この曲者は鹿島の松本備前守が外戚腹《がいせき》の孫であったということである、白畑は大豪の者であったが対手《あいて》を侮った為に自分の下者に斬り殺されることになったのである。

武田信玄はこの例を引いて臣をいましめて、

「他所ではどうともあれ、信玄の家では逃げ行くものに追いつかぬからと云って、卑怯《ひきよう》とは申さぬぞ」と云った。

（甲陽軍鑑）

北畠具教

塚原卜伝《つかはらぼくでん》が、唯授一人の「一の太刀」は伊勢の国司北畠源中納言具教卿《とものりきよう》に伝えただけであるが、卜伝の死後嫡子彦四郎が、わざとあざむいて具教卿から伝えられたということがある。この具教卿は天正四年十一月二十五日、家中の者が織田信長にかたられて裏切りをし三瀬の御所を囲んで攻めたてた故、具教卿自ら太刀を取って防ぎ戦い、近づく者十四人を手の下に斬り伏せ、遂に衆寡敵せず打たれてしまったけれども、この最後の働きによっても平常の修練のほどが推し計られる。

（撃剣叢談）

本多忠勝

本多平八郎忠勝《ただかつ》は槍をとっての戦場に於ては古今無双の勇将ともいわれていたが、槍術は甚だ下手であったということである、併し、個人的には下手であっても戦場に出でて敵

と戦う時は、その槍の働き古今無双と称せらるるは知らぬ人が見ると意外と思うより外はなかったという。（甲子夜話）

馬場信房

或る剣客が、武田信玄の許へ行って、仕官を希望した、体格群を抜いて却々見事である上に仕合をさせて見ると勝つ者がない、そこで信玄もその男を召し抱えようとしたが、その時信玄の旗本馬場信房が、どういうつもりか信玄に向って、さ様なものはお召し抱えあるなと云って差し止めた。

そこで右の剣客は甲斐を去って相模へ行って北条氏康《ほうじょううじやす》に仕えたがその後信玄と氏康との和睦が破れて合戦がはじまると氏康の陣中から姓名を名乗って馬を馳せ出して来るものがある、信玄方の将士がこれを見ると以前仕官を求めに来て馬場信房によって諫止《かんし》された剣客であることがわかった、皆々その手並みを知っているものだから敢えて進んで太刀打ちをして見ようというものがなかった。

その時馬場信房は、信玄の止めるのも聞かずに徐《おもむ》ろに馬を進めて右の剣客に近寄って行ったが、やがて駆け違いながら太刀を一振り振ったと見ると忽ち剣客の首を刎《は》ねてしまった。

大河内政朝

大膳太夫《だいぜんだゆう》大河内《おおこうち》政朝《まさとも》は家康の名臣善兵衛政綱の子であるが、まだ若かりし時、大久保玄《げん》蕃頭《ばのかみ》の処へ行った時に、その頃柿沼一甫入道という新当流の兵法者があって、徳川家の旗本の面々を数多く弟子に持っていて、木刀、韜《しない》の袋に天下無双一甫入道と書きつけていたが、丁度玄蕃頭の処へ来合せたのを政朝が見て玄蕃頭に向い、

「新当流の兵法はもっての外ゆるい剣術である故に稽古は御無用になされよ」

と云った、一甫がそれを聞くと腹に据えかねて、

「あなた様は何がし様でいらせられるか存ぜぬが、新当流の兵法を不足に思召《おぼしめ》さるるならば一太刀仕合を仕りたいものでござる」

政朝はその早業に於いては如何なる兵法の達人なりとも必ず相討ちにはすべき自信を常々もっていたから直ちに答えて、

「仕合所望ならば早々に立て」

と云って、自分も韜を取って立ち上った、その座席にいた大久保荒之助忠綱が一甫に向って、

「年若なる者をその方が相手には不似合である、勝ったとて益がない、要らざることだ」

と叱ったけれども、一甫は聞き容れず韜をとって立向ったが、政朝は身軽く走り寄ってしたたかに一甫を打ったので、まさかと思った座中の人々が大いに驚き、かつ感心した、

一甫は打たれて赤面したが、それからいずくともなく出奔して行方知れずになってしまったということである、政朝の豪勇に就いてはなお驚異すべき数々が家記の中にある。

（大河内家記）

徳川光友

尾州家二代光友《みつとも》は連也《れんや》を師とし新陰の正統第六世を嗣《つ》いだ人であるが、連也と度々仕合をし、後々は全く同格の処まで行って、互にしないを取って立合い、じっと見合せているうち連也の方から、

「いや御負け申し候、及ばず」

と云い出ずる時もあり、また光友の方から、

「ならざるぞ、みえたみえた」

と、言葉をかけることもあって、なかなかしないを打合せるまでに至ったことは無かったそうである、この光友（瑞竜院）はまた生来の大力であって、七十歳の頃、八人がかりの石の水鉢に水を満たしたのを少しもこぼさず、きりきりと置き直した事があり、琵琶《びわ》の新線を四筋も合せて一時にぷつりぷつりと断ち切ったそうである。

（昔咄）

津軽信政

津軽中興の名主と称せらるる津軽信政は剣術を最初梶新右衛門に就いて一刀流を究《きわ》め、

その後天下の兵法所と謂《い》われる小野次郎右衛門に就いて皆伝《かいでん》を受けたものだが、その頃天下に小野次郎右衛門の弟子が三千人あるうちの三人の一人に数えられたということである。次の信明も代々流儀の一刀流を学び、小野次郎右衛門に就いて修業、これも皆伝を得た。

（玉話集、無超記）

徳川吉宗

徳川八代将軍吉宗《よしむね》は、紀州に在《あ》った時分から岡村弥平直時《やへいなおとき》という者に就いて弓馬拳法の業を学んだが、その後将軍となり江戸城に移って後も召して近習の人々に習わしめた、この弥平が父弥五八直行というのは関口柔心の高足の弟子であった、吉宗の父紀伊中納言光貞は柔心を聘《へい》して拳法を学び常に、

「拳法は諸芸の父母のようなものである、凡そ武芸を学ばん者はまず拳法より入るがよろしい」

と云って近習の人々にも学ばせ、吉宗も幼少より深くその言葉を信じて各近臣にも習わせたのであるが、弥平一人では多くの人々を教習し難かったので重臣が孫の万右衛門氏一《うじかず》に云ってやって、秦《はた》直左衛門武善という者を呼んで二人して拳法を教えさせた。

斯く吉宗は材芸ある者を喜び迎えたことにより多くの武術家が集まった、剣術は木村左衛門、山田新十郎、槍術は小南市郎兵衛達寛（これは紀州大島雲五郎の流儀として）大筒は斎藤十郎太夫、兵学は松井勝右衛門、射芸は安富軍八、馬術は岩波沖右衛門（これはもと

諏訪因幡守の家来）依田佐助、熊谷平内等錚々《そうそう》たるものが集まった。（享保盛典）

松平定信と鈴木清兵衛

松平定信《まつだいらさだのぶ》（楽翁《らくおう》）は起倒流鈴木清兵衛邦教《くにのり》に柔術を学び諸武術の中殊に心力を尽して研究した、初め朋友の中、津侯、三田侯等が鈴木清兵衛の勝《すぐ》れたる事を定信に吹聴《ふいちょう》し、人の上に立つ者が学んで修身の助けとなる事少くないと、再三勧めたのだけれども、彼の鈴木の術余りに奇怪なりと云うものもあったので、委《くわ》しく探索させて見ると別段怪しむべき事も無かったのでこれに入門して業大いに進んだが、或日鈴木は病気だといって来ない、弟子の秀いでた者二人を代りによこしたがこの二人は代る代る立合って遠慮会釈なく定信を投げつけ起しも立たせもしないから、定信もいろいろ工夫をこらして立合い直して見たけれどもどうしても歯が立たず、尚激しく投げつけられて了《しま》った。

元来師匠の鈴木は立合い中に、「あれは悪い」「これは無理だ」と一々親切に教えるのを常としていたから、定信もその例に習って、当日の二人に向って、いろいろ質問を試みたけれども、二人は何の答えもなさず、

「ただ自分の腕一杯に努めたばかりでございます」

というばかりだから、定信甚だ不愉快で、昼の膳を出しただけで彼等を帰した。

その後で、定信は早速家来の水野早苗《さなえ》を呼んで今日の稽古場の顚末《てんまつ》を語り、

「如何に余が術の未熟である故とはいえ、今日の彼等の仕打ちは余りのことと思われるに

よってこれより鈴木の宅に赴いて事の次第を詰問しようと思う」
と、いった処が、早苗は大いに驚いて、
「殿様が御自身でおいでになっては、鈴木も大いに迷惑を致すことでございましょう、拙者がまず出向いてこの事を問い質して参りましょう」
と、いって座を立ち上った、そこで定信は日頃の沈着なるにも似合わず、早苗の帰りを待ち切れないで、数名の家来を従え、本所なる鈴木の宅へ押しかけて行った、門弟が出て来て、
「折悪《おりあ》しく主人不在でございます」
定信曰《いわ》く、
「では暫く待ち合せていよう」
と、座敷に通って一時間ばかりも待っていると、やがて鈴木が頬笑みながらまかり出で、
「斯様な茅屋《ぼうおく》へお越し下されたお志の厚さ、御熱心のほど今の大名方には全く見られぬ御殊勝さ」
と云って、喜色溢《あふ》るる如く感泣して平伏し、さて、
「今朝よりの不遜、お詫《わ》びの申上げようも無き儀でござるが、何分寛大のお許しを蒙《こうむ》りたく、如何にも本日の稽古に門弟二人を代りに差上げたのは、心中聊《いささ》か思う仔細《しさい》があってのことでございます、その理由と申しますのは門弟のうちに理と法とがよく分っていて、技に拙《つたな》いものがございます、技に長《た》けていて、理と法とがよく分らないものとがございます、

ところが、その後なるものは、多く卒業しますけれども、前なるものは大抵途中で止めてしまいます、あなた様の如きはお聡明《そうめい》なるが故に却《かえ》って理と法とに長じて技に拙なき前の者のお仲間でありまして、それではこの術を卒業なさることが覚束ないと存じましたから、わざとあの二人の門弟をやって手強くお稽古をなさせた次第でございます、一度お業《わざ》を崩してより、また導きまいらする一術がござりまする、いざお立ち下さい」

と、それより打方をしながら、何くれと教えたので、定信も豁然《かつぜん》として悟り、種々質問し、太《はなはだし》く歓んで帰ったということである、是より事理一致して、大いに進歩し愈々《いよいよ》深く学んでその後皆伝を受けたが、清兵衛の物語に、数百人の門弟の内（三千人の弟子なり）皆伝を許したる者十人に過ぎず、その中殊に勝れしは、ただ三人にして、その三人のうち一人はこの定信であったという、退職の頃は清兵衛の嫡子や杉山七左衛門（田安家用人）を呼び、その後は水野若狭を相手として互に研究し終身怠《おこた》る事が無かった、子息松代侯幼年の時、また昵近《じっきん》の輩へも自ら教えて定信から奥儀まで授かった者が三人ある、年寄ってからは、合離の術というのを深く工夫し一流儀を発明した。

（御行状記料）

地の巻

日置弾正

日置弾正正次《へきだんじょうまさつぐ》は大和の人で、我国弓術中興の始祖としてその名古今に傑出している、葛輪という弓の上手と京都に於《おい》て勝負を争って勝ち、それより名人の名を得たのである、内野合戦の時、この人の矢先にたまる者が無かった、矢種《やだね》が尽きた時、土居陰にかくれていて、敵が襲い来ると、ふっと出て弦打ちをして「えい」と云えば、敵がその声を聞いて逃げ散ったという事である。（本朝武芸小伝）

吉田重賢

吉田重賢《しげかた》は江州の士、日置弾正「唯授一人」の弟子であって吉田流弓術の祖である。

片岡家譜に曰《い》う。

吉田重賢は江州蒲生郡《がもうこおり》河森の里に生れた、母が夢に三日月が胸に入ると見て懐妊し、この子を生んだということである、七歳の春にこの母がわが子の天才を見込んで、「お前はお月様の助けがあって生れた子供である、三日月は弓の形をしている、お前が弓を学べば必ず名誉の人となれる瑞祥《ずいしょう》であろう」

といって小弓を与えて朝夕学ばせたそうである。

長ずるに及んで益々《ますます》射芸に力を尽しその道の達人があると聞けば遠きをいとわずして行って学んだ、併《しか》し上達はするけれども未だ不測の妙所を極めるというわけには行かなかった、そこで明応八年の秋、吉田の八幡宮に一七日《ひとなぬか》参籠《さんろう》し神に祈っていると、満願の暁の夢に白髪の翁が一本の矢をもって忽然《こつぜん》と現われてその手を上げて、

「是《これ》を」といってかき消すが如く去ってしまった。

重賢は深き感激をもって天文博士の処に行ってその夢を話して意見を尋ねると、博士がいうのに、

「夢に現われた白髪の翁が矢を上げる手というのは、上手の二字を示すことである、また右の老翁が『是を』といった『是』という字は日一と人を合せた字である、だから君は弓にかけては日本一の上手となるべきよき夢を見たのだ」

といわれて重賢喜びの思いをなし、故郷に帰って尚《なお》一層の勉強をしているとその翌庚《かのえ》申《さる》年正月の十九日ふと年齢五十余りの人が来て重賢に向っていうことには、

「そなたが弓を学ぶ志の深いことはわしはよく知っている、わしはこの道にかけて奥儀を極《きわ》めているものだ、今そなたにすっかり伝授しようと思って来た」

重賢は喜び甚だしく、その人の姓名を聞くと、

「日置弾正」

と答えただけで、何処の人だとも、何処から来たとも云わない、併し言葉つき形容《かおかたち》、泰然として世の常の者でないことが分るから、礼儀を極めてこれに仕えた、嫡子の出雲守、その頃は十六歳であったが父子共に昼夜親炙《しんしゃ》してその人に就いて学ぶこと七年、永正四年正月中旬に至って悉《ことごと》く秘術を極め印可を受け畢《おわ》った、そうして同じ年の九月中旬になると日置弾正と名乗った人はいずくとも無く去ってしまった。（本朝武芸小伝）

宝蔵院胤栄

宝蔵院覚禅房法印胤栄《いんえい》はもと中御門《なかみかど》氏であった、南部の僧であるが、刀槍《とうそう》の術を好み宝蔵院流の槍を創始した人である、その門下に中村市右衛門尚政がある、胤栄は身僧都《そうず》でありながら武術を学ぶことの非なるを悟り、寺中へ兵器を置かず、皆纏《まと》めて中村に授けた、慶長十二年正月二日に享年八十七で胤栄は亡くなったが、その後継禅栄房胤舜《いんしゅん》は時に年十九歳であった。

後を継いだ胤舜が思うには、

「この宝蔵院という寺が有名なのは仏教に於て有名なのではない、槍術に於て有名なのだ、だから矢っ張り自分もその術を極めて置いた方がよい」

といって、宝蔵院の傍らに奥蔵院というものがあり、そこに日蓮宗の坊さんが一人いて、その坊主が先師胤栄に従って槍《やり》の精妙を極めていたから、胤舜はそれを招いて稽古《けいこ》を始め、遂に入神の技を得るに至ったが、年六十で慶安元年に死んだ、その後を継いだ胤清法印は矢張り槍術の妙を極めたが、元禄十二年四月四日六十二で亡くなった。

穴沢という長刀《なぎなた》の達人が、胤栄と仕合をしようと思って、姿をやつして奈良へ来て宝蔵院の下男に住み込んだ、ところが胤栄が、そのけしきが並々でないことを見て取って、こっそりと呼んで尋ねた処が、果して穴沢は宝蔵院流の宗家と仕合をしたい為めに推参したものだということを自白したので、胤栄は大いに驚いて座敷へ連れて行ってそれから望み通り勝負をして見せた。

奥蔵院という小僧が傍らに在ってこれを見ていたそうである。　（本朝武芸小伝）

穴沢盛秀

右の穴沢というのは穴沢流薙刀《なぎなた》の祖、穴沢主殿助盛秀《あなざわしゆでんのすけもりひで》の事であるか知らん、そうだとすれば、武芸小伝に、
　穴沢主殿助盛秀は薙刀の達人にしてその術神の如し、諸州を修行して後秀頼公に奉仕し、その術を秀頼公に教ゆ、慶元両年浪花《なにわ》に於て戦功を励み、終《つい》に討死、その芳誉児童もこれを称す。
とある、その人である。

宝蔵院派門下

将軍家光は、越前家の士、中村市右衛門という者が、宝蔵院流の名人であると聞し召し

てその術を見た、この市右衛門は、元来南部で酒を商《あきな》っていた者であるが、その術に於ては賤《いや》しからぬ者であるが、流石《さすが》に将軍の前の事とて、その晴れがましさに臆《おく》して見えた、その時上意で近習の中から大久保求馬が進み出で、彼が相手になり、暫《しばら》く挑んだけれども、雌雄が分らなかった、そこでまず休まんとした時、中村が門人高田又兵衛という者が馳《は》せ出で、求馬を突伏せ、勝を取った、これによって又兵衛に御褒美を下される、又兵衛は小笠原右《う》近《こん》太《だ》夫《ゆう》家より出でた者である処から、その節右の働きを以《も》って、又小笠原家へ召出され段々昇進して、子孫代々相続している、斯《か》かる仕合で、又兵衛も宝蔵院胤栄が直弟子《じきでし》となり、その子もまた上覧の時首尾よく勤めた。

然るに家元の胤栄が子胤舜、その子胤清の代に至って、槍術の業を止めた、その仔細《しさい》は、凡《およ》そ治世にも武を忘れずしてたしなむことは武門の所為、我等は元来僧徒の身として、斯《か》く太平の世に武術を心掛けるは無用の事、時宜知らずであると云って、槍術を止めて、僧業を専《もっぱ》らとし、その上唯今まで妻帯であったのをも改め、清僧となった、然るにその弟子胤風という者、先師より代々伝来せし流儀なれば、私に止むべきにあらずとて、また槍術を興し、専らに師範をつとめたという。

(良将言行録)

高田又兵衛

寛永中から寛文の時代十文字槍の名人、高田又兵衛は小笠原右近太夫の家来であったが、紀州の南竜公がその高名を聞き及び、

「若《も》し又兵衛が使者にでも来たならば引止めて一つ彼の槍を見たいものだ」

と、いわれていたが、程なく或時《あるとき》又兵衛がやって来たので、早速大島流の槍の上手を出して試合を所望せられた、又兵衛も是非なく承知して槍をとって向うと、直ちに相手の拳を突きとめてしまった、余りの呆気《あつけ》ない勝負と思ってか、

「今一槍所望」

と、申出でると又兵衛が答えて、

「右近太夫家にては死人と槍を合せることは仕《つかまつ》りませぬ」

と答えた。


(古老茶話)

二代又兵衛

二代目高田又兵衛が、入道して後のこと、水戸の一家の松平大学頭《まつだいらだいがくのかみ》がまだ若かったが、又兵衛に向い、

「われ等と仕合候え」

と所望した、又兵衛已《や》むを得ず、

「御所望ならば仕るべし」

といって直ちに槍を合せるや、たちどころに三本まで叩《たた》きつけてしまった、そうして置いて又兵衛が大学頭に申すには、

「私も槍をもって千石の知行《ちぎよう》をいただき、只今《ただいま》右近太夫の家老を仕り居る身分、お手前が

お勝ちになって私をお潰《つぶ》しになってもまたあなた様がこの様にお負けになってもどちらもよろしいことではございませぬ」

といったので、大学頭一言もなかった。

（古老茶話）

関口柔心

紀州関口流柔術の祖、関口弥六左衛門入道柔心翁は武芸修行に心を入れ、専ら刀、槍の業に達していたが、尚天下の良師に会わばやと諸国修行して肥前国長崎に至った処、もろこしの拳法に習い、捕手という業をする老人を見つけ出し、これに従って学んだ、この老人捕手から柔《やわら》のとり方を工夫し、一流を開いたものである、諸侯争ってこの人を招かんとしたが遂に紀州の南竜公に聘《へい》せられて日本に於《お》ける柔術の祖となったといわれる。

南竜公は自身柔心に就いて日々稽古するのみならず、若殿にもすすめて学ばせた、紀州家では吉宗公に至るまでこの柔術を学び、近侍小姓の面々にまでも稽古をさせた。

（柔話）

関口流柔術の関口弥左衛門は紀州に仕えていた、猫の屋根から落ちて来るのを見て柔一流を工夫し、請身《うけみ》当身《あてみ》の妙を極めた、また居合太刀をも工夫して広く世に伝えた、或時剣術の勝負を望み来るものがあった、弥左衛門が庭に下りて立ち合って見るに、これは如何《いか》にも勝ち易《やす》い相手であると思ったから、傷をつけても大人気ないと思って、庭の隅に池が

あったので、詰め寄せ詰め寄せそこへ追いつめるとその男は仰向《あおむ》け様に池に陥って這々《ほうほう》の体《てい》で這《は》い上がった。（撃剣叢談）

関口氏行

関口柔心の嫡子八郎左衛門氏行《うじゆき》も父の苗字をうけて斯道《しどう》に熟達し、文学の才もあったが、江戸に逗留《とうりゅう》していた時分は、芝の浜松町に道場を建てて指南をしていた、その時分、虎蔵という童《わらわ》を一人召し使い、外へ出る時はこの虎蔵に刀を担がせ、自分の前へ立てて歩かせ、虎蔵には伊達染または大島の着物などを着せ朱鞘《しゅざや》の脇差を一腰差させて、大童の勇ましい装《いで》ちをさせ、自分は丸ぐけの帯に脇差を差し或《あるい》は鉄扇一本などを差して歩行したそうであるが、そうしているうちに虎蔵の稽古が上達し、十八九歳にもなると却々《なかなか》の腕になったが、どうも心術がよろしくない、斯《こ》ういうものが芸が上達したところで、末々身を立てる見込が無いのみならず、どうやら悪人となるらしい、その時はこの芸が却《かえ》って世の中の人の禍となり、これは関口が門人であると云われるようになっては当流の恥辱であると思って、或夜出歩く時、例の如く伴《とも》につれて青山の新坂という処へかかった時に、虎蔵を討ち果してしまった、その時刀を拭《ぬぐ》った紙は信州松代の真田侯から貰《もら》ったものだという、そこで、虎蔵の屍《しかばね》を吟味の時にこれは若しや真田《さなだ》家のものの仕業ではあるまいかと云われたものである。

そこで八郎左衛門が真田侯へ指南に参った時、真田侯が、

「虎蔵はひどい目に遭ったそうだが不憫《ふびん》のことだ、聞く処によると、虎蔵を殺した奴が刀を拭った紙はこちらから出たものだと聞いた故、若し我が家中の者の仕業ではないかと大いに心配してひそかに詮議《せんぎ》をして見たけれどもどうも手がかりがない、先生さぞお力落しの儀と察し入る」

といわれたので、現在自分が殺しているのだからちょっと返答のしようがなかったけれども体《てい》よく挨拶《あいさつ》して帰ったということである。（柔話）

真田伊豆守はこの八郎左衛門（魯伯《ろはく》）に入門して稽古されたのであるが、或時伊豆守が申されるには、

「武芸の名人は壁を渡り歩くとのこと、先生にも壁を横に走り歩きまわることがお出来なさると承り及びました、斯様《かよう》に懇意にしている以上は、どうかその事を見せて貰いたいとわしの周囲の者がその願いをわしに所望して見よとのことであった、どうぞそれを一つやって見せて貰いたい」

といわれたので、魯伯は笑いながら、

「何ぞうまきものを御馳走《ごちそう》して頂きたい、そうすればその術をやって御覧に入れましょう」

そこで大名のことだから早速結構な御馳走を取り出して振舞われたので、そこで八郎左衛門は壁際によって壁に添って子供がするようにしゃちほこ立ちをし、

「さあ、これでよい」と云った。

伊豆守をはじめ、不満足で、

「いや、そうではない、壁を立って走って見せてもらいたい」

といわれた、その時氏行が席をかえて威儀を正して云われるには、

「殿には格別なる武辺のお家柄であって三軍の将をも承り給う御身でありながら、さ様なる胡《う》ろん、不吟味のことなどは仰せられるものではござりませぬ、正道の武士は私なき武芸修行を心にかけるもので、右様のことをして人を誑《たぶら》かすことはあってはならない、真の武士の道を学ばん者にはさ様な妖術《ようじゅつ》の類があるべき筈《はず》がござりませぬ、我が父柔心、塚原《つかはら》卜伝《ぼくでん》、神子上典膳《みこがみてんぜん》などよく世間のものを知らぬ者共が畳をくぐり、壁によって身を隠したなど、もの知り面《がお》に鼻をうごめかして説く人もござるが、この名人たちがどうして斯様の妖術をなすべき筈がござりましょう」

といわれたので、真田殿も恥入って先生の厳しき教えを有難く謝し申したということである。　（柔話）

この魯伯先生が若い頃、天王寺の塔へ登って窓から出で、屋根の端に出で飛び下りたということで、人々それを見物して感心して門人になったものがあったということである、いやいやそうではない、氏行殿が屋根へ出て下を見られたが、思わず踏み外して落ちたのである、落ち際に体が正しくなったから、飛んだように見えたのであるという者もある。

魯伯は或時、屋根から猫の狂い落ちるのを見て、猫のような小さいからだでさえも高い処から落ちて直ぐに馳け走りをする、人間もそれが出来ないこともなかろうと云って夜具蒲団《ふとん》を下にだんだん高く積んで怪我をしないようにしてそうして屋根から転げ落ち転げ落ちして、体の扱いを覚え、だんだんに下の敷物を減らして後は直ちに落ちて走られるようになったので高い天王寺の塔から飛んだというようなことはないことである。

氏行が常に云うには、

「多くの芸、師をとることは大切である、はじめ悪《あ》しき師に学べば、それがこびりついて一生の病いとなるのである、よって、それほどでもない師匠について三年学ぶよりは、良い師匠を選んで学び努めようと、師匠を求める為に三年を費した方がよろしい」

といったとのことである。（柔話）

関口氏英

氏行は嫡子《ちゃくし》ではあるが、次男（弟）の万右衛門氏英《うじひで》の業には及ばないと云って自らへり下って、兄ではあるが愚魯であるとの意味から魯伯と名をつけられたということである。

この氏英は「柔聖」と兄貴達からいわれた位であるから、非常の天才であったらしい。

この人了性先生といわれ、老いて稽古を見て居らるる時、安藤帯刀《たてわき》の家来に某《なにがし》という者が稽古が上達し、自力もなかなか強かったものであるが、或時了性先生に向い、

「今日は先生にお願いがござる、拙者鬼身を突くにより、悟るように御指南を願いたい」

と云ったので、了性先生が、

「出でよ」といって自ら立ちしなに具足の刀を杖《つえ》に「ヤッ！」といって立たれて行かるるように見えたが、どうしたものかその者が仰向けに倒れて絶え入った、各々《おのおの》寄って水を注ぎなどして漸《ようや》く息を吹き返させたが、歩いて帰ることは出来ないで、駕籠《かご》に乗って帰ったということである。

また或時、了性先生が杖をつきつつ歩いて行く途中向うから、

「泥棒泥棒、止めて下さい止めて下さい」

と呼んで追いかけて来る者がある、そこで了性先生が突いていた杖を走り来る者の先きへふっと突き出すと、彼《か》の者がその杖に手をかけるのをそのまま下を払うとくるりと打ち返される、そこを直ちに杖でおさえて、

「そりゃ」といって渡された、その型をあとでいろいろの人がやって見たけれども、どうしても出来なかったということである。（柔話）

斎藤節翁

仙台の家士斎藤節翁は高禄《こうろく》の人で東軍流の剣術に於て無双の名があったが、早く隠居して東国を周遊して武を講じて楽しみとしていたが、この人の伝に耳に視《み》て目に聞くという秘伝がある、この秘伝を聞くとその術が進むことを覚えるという、この節翁の昔話に真《まこと》に心掛けのある侍というものは、天下に稀《まれ》なもので、我れ武勇を好むに任せて人を試むるこ

と度々ではあったが、早速に応ずるものとてはなかったが、或時晴れた月夜に下総《しもうさ》の小金のあたりを通った処が侍が一人馬でやって来るものがある、一見したところこれはさるものと思ったから行き逢《あ》いざまに鐙《あぶみ》を返して蹴《は》ね落した処、未《いま》だ地に落ちない先きに抜きうちにこちらの肩を斬りつけて来た、節翁も刀を抜いて、伏している相手の上を一太刀斬って手ごたえがあったからそれまでにして別れた、あたりに人は無し、後年に至っても尋ねる由はなかったが、年経て下野《しもつけ》の宇都宮の城下に至り処の者に、

「御当地に有名な剣術者があるか」

と尋ねた、処が如何にも某という名高い先生がある、それではその方をお招き申して話をしたいものだがどうだろう、宿の者が先方へ左様伝えたところが、その人も早速に尋ねて来てそこで酒を酌《く》み交して節翁と二人武術の話に興がのったが、そのうちに節翁が尋ねていう。

「今まであぶない目にお遭いなさったことはありませんか」

彼の者が答えて、

「如何にもその事でござる、或年下総小金の辺を通った処が、斯様斯様の首尾で鐙をかえされ腰に手をおわせられたことがござる、その時手綱《たづな》を解いて強く腰に巻き、腰にはさんだ撃縄を手綱として乗ってかえり、ひそかに創《きず》療治をして癒《いや》したことがございます」

節翁がそれを聞いて、手を打って、

「さてはその時の相手は貴殿でござったよな、某若気《それがしわかげ》の余りこの頃まで諸方で人を試した

ことが幾度もござりましたが、貴殿の如く早速に応ずる人は他に一人もござりませんでした、これがその時の記念でござる」

といって肩の創を出して見せた処、彼の侍も腰の創を示して互に歎賞《たんしょう》し合って別れたということである。

この節翁の芸は、なかなか凡人とは見えない、世の常の上手だなどといわれる人が立ち合って見ると、更に打とうと思うきっかけもなく、自ら屈服して了《しま》う、相手には太刀を持たせて、節翁を無刀であいしろうにたしかに打ったと思う太刀も悉く抜けて身に当らない、遠近の位が甚だ明かなることであるから如何《いかん》ともすべきよしがなかった、斯様な妙手故に野総の間に巡遊して安心していられたのであって、この辺の土地は人の心が強堅にして武芸に長ずる者が多い、この辺で尊ばれる師匠は何処の国へ行っても人の下に居るということはないということである。

（撃剣叢談）

庄田喜左衛門と三夢

庄田流《しょうだりゅう》の庄田喜左衛門は柳生宗矩《やぎゅうむねのり》の高弟であって自ら一流を開いたのであるが門人が甚だ多いうちに市輔《いちすけ》という者があって、修練の功現われ多数の門弟中一人もこの市輔に及ぶ者がなかった、そこで市輔が天下に我に及ぶものあらじと自慢して、或時、師の喜左衛門に勝負を願い、十本を定めて立ち合いをした処が悉く打たれて市輔が太刀は一度も喜左衛門に当らなかった。

この時市輔が思うよう、日頃の修練も最早これまでである、自分が常に腰に佩《お》ぶる刀をさえ思うままに為し得ない位ならば佩びない方がよろしいといって、その日に髪を剃《そ》って「三夢」と名を改め一本の杖をついて諸国行脚《あんぎゃ》に出かけてしまった。

さて奥州を巡っているうちいつどうということなく、ふと槍で人を突くべき理を豁然《かつぜん》として悟り得て了った、自らも驚き怪しんで、仙台の城下に至り、或る槍術家の処を訪ねて見物し、さて仕合を乞《こ》うて我が術を試むると敵するものが一人もなかった、その槍術家が甚だ感心して家に留め置くとそれを聞き伝えて芸を試みる人も多かったが鑰長刀《かぎなぎなた》、十文字等に出逢っても三夢の槍は速かに敵に当って遂に敵は何物をも容《い》れることが出来ない、その後諸国を遍歴したが三夢が槍に執心して弟子とならんことを乞うものが多かったけれども、三夢が槍は自然に得たのであるから教えることも学ぶことも出来ないで終《つい》にその道を授得したものは一人もなかったという事である。　（撃剣叢談）

柳生連也

尾州柳生家は柳生の大祖但馬守宗厳《たじまのかみむねよし》には孫、江戸の柳生但馬守宗矩には甥《おい》に当る処の兵庫助利厳《としよし》に始まるのであるが利厳の三男厳包《よしかね》が傑出し中興と称せられた、厳包は後入道して連也斎と云った、この連也は幼時、故《ゆえ》ありて姉婿三州御油林五郎太夫という者の方で成長し、十歳許《ばか》りの時に名古屋に来て剣術を修行し、毎日稽古が終って人々がかえった後になると父兄の侍、若党奴などを集め、銭を持ち出して、

「我を叩きし者には取らせん」

と賭《かけ》にして毎晩たたき合ったが、余りに強くたたかせた時は、仕舞うて寝間へ入るに腕がいたんで帯が廻《まわ》らないものだから母に頼む、母、

「これでこそ上手にはなれるであろう」

と締め直してやっては涙を流したこと度々であったという、その後同格の弟子があって、いつの仕合も互角の勝負であったが、或夜連也はふと自ら発明する事があって、父の如雲利厳に向い、

「どうも不思議の事がありました、今晩何となしに自分がずんと強くなったように覚えます」父から、

「そうか、では明日仕合をして見よ」

と云われたばかりであったが、その翌日例の互角の弟子が来るのを待ち合せて、仕合をして見ると十本が十本、みんな打ち勝ってしまった、すると彼の弟子が大いに立腹して、直に如雲の前へ出で、

「わたしは只今まで師弟の礼にそむいたことはござりませぬつもりですが、これでは余りに依怙《えこ》なる取り立て方、堪忍が出来ませぬ、切腹を仕りますからさ様に御承知を願います」

と云った、如雲さわがず、

「それはどうしたわけじゃ」その弟子答えて、

「昨夜迄《まで》相討のこなた様に、今日は十本に一本も勝たれ申さぬ、一夜の間にかくの如くちがい申すべき筈はござりませぬ、これは御子息故に御贔屓《ごひいき》がありて格別の大事御相伝にちがいないと存じますから、堪忍が出来ませぬ」

という、如雲が聞いて、

「さて〳〵それは大変な事じゃ、実は昨晩倅《せがれ》が何か発明した様に申す故今日仕合をして見よと申しつけたばかりじゃ、こういう事が中々一朝一夕の口伝相伝でなるものか、この間中からの仕合ぶりを見ていると、兵助（連也幼名）はもはやこの地位に至るべき事がわかっていた、そなたは今三年はかかるであろうと思っていたが、案の如くであった、そなたは今より三年怠りなく稽古をして、今日の兵助が段に至らなかったならば、その時腹をお切りなさい」

と云われたので彼の弟子は信服してそれより猶々《なおなお》出精したが、三年目に漸く自得したそうである、然《しか》し連也ははやその中に、また復《また》その上の段に至った事故終《つい》に生涯勝つ事は出来なかったという事である。　（近松茂矩著「昔咄」）

兵庫介の子が茂左衛門厳方《よしかた》でその子が兵庫厳包《よしかね》で隠居して連也斎と号した、尾張の人は今日でも単に連也と称し、却《かえ》って本名を知る人は少ない位である、連也は柳生支流中出色の名人で学問も広く弁舌も爽《さわや》かに、胆力も据っていた、躯幹《くかん》は普通で背は稍《やや》高く瘠肉《やせじし》の方であった、眼光は炯々《けいけい》というほどではなし温和なところもあったが、一種清爽《せいそう》の気が眉《び》宇《う》の間に溢《あふ》れ、犯すべからざる威厳を備えていた、平素門弟を教える事に極めて懇切でよく変化を示したが稽古中少しでも惰気を生ずるものがあると命を遣取りする稽古ぞと叱ったそうな、仕合の時は刀を取って立ち上るやヤッと一声かけると共に直に勝を取ってしまうので、対手《あいて》の者はいつも呆気《あっけ》にとられる、余程の達人でなければ四五合に及んだことはなかったそうである。

連也の高弟のうちに松井某というものがあって、連也は中年以後碁を好んでこの男と碁を囲んで楽しんでいたが、碁の方では松井の方が数目強かった、この松井は散々我が師をためそうと心懸け、或日、また碁の対手となって非常に師を悩まし、連也は苦心惨澹《さんたん》盤面を見つめ工夫を凝《こ》らしている、この機逸すべからずと竊《ひそか》に盤の陰で拳を固めると連也がヒョイと顔をあげて松井を見たので、松井は素知らぬ顔して拳を解いたが連也が顔をあげたのは此方《こちら》の意思を悟ったのであるか或は偶然であったのか判然しないから松井は今一度試そうとわざと連也の石の置き方を非難してまた困らせて置きながら、

「まだお考えがつきませんか」

と催促し、拳を固めあわや拳が盤の側面から躍り出そうとする途端、連也は忽《たちま》ち反身《そりみ》になって、

「オイ串戯《じょうだん》はならぬぞ」

と云ったので松井は悟られたと思ったか、

「イヤ、ナニ」

とごまかしながら更に碁を打続けたとのことである。

その後一年余、もはや連也が前のことを忘れたであろう時分——秋草を賞する為に連也は俳諧《はいかい》師並びに門弟二三を連れ松井もその中に加わり、野遊びに出かけた、程よき場所に弁当を開き皆々そこで火を焚《た》き食事の用意などをしている、連也は川の方に行って何気なく小便をしている、その隙を見た松井は今日こそと連也のうしろに忍び寄り、力を極めて連也の腰のあたりに突きかけたが、ヒラリと横へかわされた為に松井は空を突いて川の中へ飛び込んでしまったが連也は平気で小便をしている。

後で一行はなぜ川の中へ飛び込んだのかわからない、連也から、

「また串戯をしたな、もうやめぬか」

と云われたので事が露顕し、狂歌や狂俳の材料となっていいもの笑いに供された。

連也がその後松井を呼んで云いきかせることには、

「その方が度々余を試そうとするのは武芸の真意が分らぬからである、立合には相方の間に必ず機というものが生ずる、その機に乗ずることは勿論《もちろん》だが、機に乗ずるというだけでは未だ足らぬ、その機をこの方で自由にするようにならねばならぬ、武術が上達すれば機は我から開くことが出来る、我から開くというのは敵をわが思う壺《つぼ》へ惹《ひ》きつけるのである、また事には『きざし』というものがある、これは機といってもよいのであろうが機よりも今少し早く極めて微妙なものである、その方が碁を打ちながら余を打たんとした時も、川端で突き飛ばさんとした時にも、その日その方の顔を見た時に、今日は何かやるなと悟っ

た、これが即ち『きざし』でその方の心の動きが顔にあらわれて余の心に響いたのである、尤《もっと》も突き飛ばさんとするをかわしたのは術であるが、既に何かするなと悟った上十分に気を附けているからその方は不意に出る積りでもこの方では不意でも何でもない、元来心は恰《あたか》も鏡のようなもので不断曇らぬようによく磨いて置けば他より来る事が善悪共に我心の鏡に映るものである」

松井が或時、

「人から不意打をかけられる場合も甚だ多いものでございますが最も防禦《ぼうぎょ》のしにくいのが夜間熟睡の時であることを誰でもよく知って居りますが、その場合の心得方は如何でございましょうか、幸いに御教示に預かりたい」

とたずねた、連也が答えていう。

「イヤ、熟睡中のことは我とても別によい防ぎ方はない、誰でも知っている通り、第一に戸締めを忘れぬようにすること、第二に仰向けに寝ぬことだ、仰向けに寝ることは敵に此《こ》処《こ》を突けと示しているようなものだ、横に寝れば、たとい少しの手疵《てきず》を受けても防禦の出来る場合が多い、第三に枕刀を蒲団の下に置くは勿論であるが、いつも同じ処に置いて場所を変えぬがよい、イザという時に直ちに其処へ手が行く、第四は鼾《いびき》をかかぬこと、鼾をかくは敵に不覚を示すのである、口を塞《ふさ》いで寝れば鼾はかかぬものだ、その外に大酔した時、遠足した時、働き過ぎた時、空腹の処へ飽食した時の類、これらのことのあった後に寝につけば必ず熟睡して死人同様になる、斯様な場合には平生家人に言附けて置いて気をつけさせるより外はないが、武士として一身の守りを他の者に頼むというのは恥ずべき事である故、御用の外はなるべく饑《き》飽《ほう》労逸を平均にすることを心掛けねばならぬ、尚余が多年の実験によれば、常に心を練って、気を安静ならしめて置けば熟睡しても事があれば目が覚め易い、その他は心に油断せぬ癖《くせ》をつけること、行住坐《ざ》臥《が》苟《かりそめに》も耳に聞き眼に見る事は何事にも気をつける、毎日同時刻に聞く寺の鐘さえも同様、是は甚だ煩雑に似てはいるが、その瞬間だけであとは滞りさえしなければ何でもない事、毎日か様にして行くうちに漸く心に油断なき癖が出来る、これを熟睡中に試みると、少しの物音、少しの気色にも目が覚める、そうして目が覚めても事がなければ直ちに睡《ねむ》られるから、養生の害にはならぬ、これで多少万一の場合に間に合うであろうと思う、この外には熟睡中に来る敵の害を避ける仕方はない、心を練って物に動ぜぬように修行することが第一である」

（楠正位著「武術系統講話」）

高田三之丞

柳生兵庫介利厳が、はじめて尾州家に仕えた時分は天下に兵法修行の者が甚だ多く、兵庫の許へも大勢やって来たが、誰れが来ても高弟の三之丞《さんのじょう》が立合って勝った故、兵庫が自身に立合われたことはなかったそうである、或時帯刀《たてわき》（号称朱念）という遣い手が来り、

「御太刀筋を拝見仕り、御門弟になりたき願いでござりまする」

といい入れたので三之丞が挨拶仕るべしとて進み出で、

「それは御殊勝のお心がけ、拙者御立合申すべし」

と云ったが先方が聞かず、

「御自分とは望みなく候、兵庫殿にこそお立合いが願いたいのでございます」

という、三之丞、

「いや兵庫が手を下す者は天下にこれなく候、まず斯く申す三之丞に勝つ者さえ覚えず候」と云ったので、先方も是非なく立ち合い帯刀は木刀、三之丞はしないであった、いつもの通り三之丞は手をちぢめ、袖口元へ引付けて、小をたてに持って出たが、するするとしかけ、

「おいとしおや」

という より早く眉間《みけん》を打ったので先方では切出すことも出来なかった、二本目するするとしこむと、小を捨てて取って投げ、三本目も手もなく勝った。

この「おいとしおや」という懸け声は三之丞のくせであったそうである。

兵庫は、のぞいて見て居たが、

「一生の出来だ」

と云って賞《ほ》めた、相手の帯刀は殊の外信服して直に弟子入りを望みし故、三之丞は兵庫に向い、

「只今まで参った他国者のうちでは第一の遣《つか》い手、後の用にも立ち申すべき人と見受け申すによりお弟子になされたが宜《よろ》しかろうと存じます」

と云うと、兵庫が、

「その方の手際にたたき伏せた事であるから、その方弟子にするがよい、稽古は一同にさせよう」

と云った故三之丞の弟子とし、稽古は兵庫へも出でた。

三年滞留しているうちに、帯刀は余程よく遣うようになった頃、三州吉田の城主より兵法指南の者ほしき由を申し来ったにより、

「帯刀事、もはや他国にたたくものはなく候、遣わされ候え」

と、三之丞の世話で、吉田へ仕えるようになったが、その後三之丞が江戸上りの時であったか、または使者に行った折であったか、帯刀の処へ立寄ると、殊の外馳走し、岡崎矢《や》矧《はぎ》の橋の上迄、帯刀が馬の口を取って来たから、三之丞は橋の上で下り立ち、昔黄石公《こうせきこう》は下邳《かひ》の土橋にて張良に一巻の書を授けた由、我はそなたにこの橋の上で神妙剣を伝えんとて相伝した、帯刀は涙を流して別れたという事である。

この三之丞は若い時は至極男だてにて、喧嘩《けんか》闘争度々のことであった、或時銭湯へ行ったが、あばれ者共二三人一時に入込んで来て、三之丞へ無礼をしかけたにより、三之丞は右の者共を取ってさんざんに打ち擲《な》げると、ほうほうの体で遁《に》げ出でたが無念の思いで大勢かり催して待伏し、三之丞が町の木戸口をくぐり出でる所を斬りかけた、三之丞抜合わせ大勢に渡り合い、二三人太刀下に斬りしき、その外大勢に手負わせたによって、皆々遁げ散じ、その身は一ヵ所も手を負わなかった、但しこの時三之丞毛《け》雪踏《せった》をはいていたが、

余りに烈《はげ》しい場合で、これを脱ぐ暇なく、辷《すべ》りそうになって難儀をし、已《すで》に一代のおくれを取ろうとした処から、それより雪踏、革草履類をはかず、子孫、門弟にも必ずはくべからずと遺言したそうである。

老年に及んでも、この三之丞早業など少しも違いはなかった、或時奥の間へ入った処、向うから十二三歳になる孫の三右衛門が帰って来るのを見ると、ふところへ両手を入れていたので、

「さて不心得なやつじゃ、日頃ぬき入手は武士はしてはならない事と教えて置いたのに不届な仕方じゃ、その腰の扇子をぬいて見よ、ぬかれまいに」

と叱った、そこで三右衛門袖口《そでぐち》から手を出したのではとめられてしまうと、素早く振袖のわれ目から手を出して扇子を抜こうとする所を、三之丞かけつけて差しとめてしまったそうである、子供ながら充分に仕込まれている三右衛門も呆《あき》れて祖父が立っていた所からの間を測って見ると九尺余あったという事である、三之丞が門人共に云う事には、

「仕合をする時は真剣勝負の心ですべきものじゃ、我は数十度勝負を争ったが今仕合をする毎に昔の白刃を以《もっ》て戦いし時の情になり、白刃をしないに替える事のみである、爰《ここ》を以て仕合に一度も負けた事はない」

（近松茂矩著「昔咄」）

林崎重信

林崎甚助重信《はやしざきじんすけしげのぶ》は奥州の人である、林崎明神に祈って剣術の精妙を極めたが、この人は中

興居合の祖である、その門下に田宮平兵衛重正という者がある、これが入神の技があって田宮流を創始したのである、刀を抜いて人を斬るに、傍《かた》えの人にはただ鍔鳴《つばなり》の音だけが聞えて、鞘《さや》を出入する刃の色は見えなかったけれど、相手の首は既に下に落ちていたというような逸話がある。

浅田九郎兵衛

浅田九郎兵衛は宝山流の名師で、作州森家に仕えて二百石を受けていた。

或時、東国浪人の三間与市左衛門という者が作州に来《きた》って居合を指南したが弟子も多くついた、この与市左衛門は十六歳から十二社権現の神木を相手にして二十年居合を抜いたが遂にその神木が枯れたということである、流名を水鷗流と名づけて世に広めていたが作州で剣術を好むほどのものが大抵勝負をしたけれども皆三間の居合に負けて一人も勝つ者がなかった。

この上は九郎兵衛でなければ相手になるものはなかろうというので、人々がすすめて三間と勝負をさせることに決ったが、九郎兵衛の弟子共が心のうちに危ぶんで、師匠に向い、

「三間が居合は東国のみならず、諸国の剣術者で勝てる者が無いということでございますが、先生にはどうして勝とうと思召《おぼしめ》されるや承りたし」

と、いうと、九郎兵衛が答えて、

「居合に勝つことは何もむずかしいことではない、抜かせて勝つまでじゃ」

と、いった、三間がこの由を伝え聞いて、

「浅田は聞きしに勝る上手である、その一言で勝負は知れた、我が及ぶ処ではござらぬ」

といって立合わなかったとの事である。

「抜かせて勝つ」という意味は、つまり居合は鞘の中に勝をもって太刀下で抜きとめて勝ち、或は詰めよって柄にて止める業等がある、抜かせてしまわぬうちに勝ちを含んでいる、抜かせてしまえば勝が我にあるという道理だが、必ず相手を抜かせるようにするにはまた妙境を極めなければ出来ないことである。

この浅田九郎兵衛は十七歳の時讃州金光院に寄宿していたが、宮本武蔵の門人沢泥入という者と立合って勝ったことがある、島原陣にも功名したということである、森家に仕えたのはその後のことであった。


（撃剣叢談）


この浅田九郎兵衛の門人に都築《つづき》安右衛門という者があった、多年宝山流に身力をゆだね浅田門下では及ぶもののなきほどに至ったが、別に一家を樹《た》てることを所望したけれども九郎兵衛が許さない、そこで大いに失望して宝山流を止め、林太郎右衛門という新陰流の師匠と謀《はか》って一流を始め、宝山如水を改めて新陰去水流といって人に伝授した。

九郎兵衛がこれを聞いて大いに怒り、人をもって去水一流を見たいものだと云い遣わした、安右衛門が様々に辞退したけれども承知しない、そこで、日を期して都築、林と出会うことになった。

別に双方から仲に立てた人を扱い人としてその場に出合ったが、九郎兵衛が、

「いざ去水の手合い見申さん」と、いう。

太郎右衛門が、まず出でたるにより九郎兵衛が高弟で安右衛門と肩を並べる各務源太夫《かがみげんだゆう》という者を出した。

側《かたわ》らの人がしないを取って出すと九郎兵衛が、さえぎって、

「しないでは勝負はわかり兼ぬるものである、木刀で致さるるがよい」

木刀は真剣に類する、危険を慮《おもんぱか》って皆々が止めたけれども九郎兵衛が聞かない、そこで仲人が、

「然らば相方《そうほう》木刀にて金面をつけられたがよろしかろう」

九郎兵衛はそれも不同心であるけれども已《や》むなく双方金面を着せて立ち合わせたが源太夫が勝って太郎右衛門が金面の篠二本打ち折った。

その時九郎兵衛が立ち上って、

「いざ、安右衛門と一本まいらん」

と、いう、傍らより各々《おのおの》が押し止め、安右衛門もだんだん詫言《わびごと》して日頃の過《あやまち》を謝したるによりようよう少し納得して、

「然らば宝山流の燕飛の構え、今日より出すこと相成らず」

安右衛門もこれをもって詫言の印とした、去水流には燕飛の構えを左の手に持つことになっている、然しながらこの都築、林両人ともなかなか上手は上手であったから門弟も年

を追って多く集り、流れを広く伝えている。（撃剣叢談）

新之丞

柳生家の弟子に新之丞《しんのじょう》というものが紀州へ召し出され、お目見えにお盃を下された時、殿様が、

「柳生流に無刀取ということがあるということだが、本当か」

新之丞、かしこまって、

「ございます、私もそれを習いました」

紀州公、

「果してその方無刀取が出来るか」

新之丞、答えて、

「武士というものは偽《いつわ》りを申さぬものでございます」

紀州公、

「それ」

と合図をする、お酌《しゃく》の者が抜き打ちに斬ってかかるところを新之丞がひしとその刀を取ってしまった、また一人抜き打ちに横なぐりに斬りかけたのを新之丞がひしとその刀を取ってしまった。

新之丞がその後尾張へ行った時、尾州の剣術の達人が仕合を望んで来た、そこで先方の

弟子が大勢で矢来を結んでその中で仕合をすることになった。

先方の剣士は大木刀で矢来の中に入って来る、新之丞は柳生流の枇杷《びわ》木刀を以て立ち向ったが何の苦もなく先方の剣士の眉間を一打に打ち割いてしまった、弟子共がそれ討ち殺せと騒いでいる隙に矢来をくぐって新之丞は退いたがその時木刀を落して帰った、それから、新之丞の方では敵の眉間を打ち割いたというし、先方ではこっちが勝った印に木刀を取ったと云い争う、そこで今度は新之丞の方より再勝負を申出でて再勝負をすることになったが、その時新之丞がいう事には、

「前度の勝の印として今度も他の事はしない、前に打ち割いた処をまた同じ様に打ち割いて見せよう」

と云ったが、果してその言葉の如く、試合になると同じ処を同じように打ち割いたということである。

（異説まち〳〵）

内蔵之助

梅田流の槍の上手柳生内蔵之助《くらのすけ》に向って高野貞寿が或時問うていう。

「貴殿でも思いもよらぬ時に人に斬りつけられたらばハッと思われますか」

内蔵之助答えて、

「それはハット思う、併し、そのハットが直ぐに先《せん》になるのだ、ハットと声を引くのではない、ハット先を打つのだ」と、また曰《いわ》く、

「こっちが二つになる処でなければ先きも二つにはならない、こっちの先きを打つところを先きより先を打って、その先の先を打つがよい、これがよい先々の先というものだ、併しこれは理窟《りくつ》だけであって術の修行をしなければ、その先の時太刀が出ないものだ、諸道業より入るというのが本当である」

この内蔵之助は兵法使いとは見えぬ男で、あたり前の人のようで、試合をする時に竹刀を担いでスウッと行って打つのが成る程先々の先になっていたという、気合を込めて打つ時は、竹刀の先きがふくれたということである。（異説まち〳〵）

渋川父子

板倉甲斐守《いたくらかいのかみ》が或時柔術《やわら》の渋川友右衛門に向って云うことには、

「わしは、そなたに就いて柔術を学ぶこと久しいが予《か》ねて聞く処に依《よ》ると他流には当身《あてみ》ということがあって、四五年も習っているうちには如何様のものでも自由に投げることが出来る、その上種々《いろいろ》と伝授の奥儀もあるということだが、その許《もと》の流儀に於ては当身ということもなく、人を投げる術もなく、十年習う者も、二十年習うものも何の伝授沙汰もない、いつ迄習っていても許しの沙汰《さた》もない、この理由を篤《とく》と聞きたいものだ」

友右衛門答えていうよう、

「御不審御尤《ごもっとも》でございます、併しながらまだ御修行が足りないからその御得心が行かないのでござる、この方のあて身と申すのは差向いて腕ずく力業ばかりのあて身ではござりませぬ、処によっては脇差或は刀、今少し遠い勝負には槍薙刀を用い、また敵の多少によっては、この方よりも人数を加え、弓鉄砲或は長柄と備えを立て列を正し、歩行《かち》武者、騎馬、時に応じ、変に従ってこれを当てるのでござる、また伝授の書き物といっても他事はありません、国家がおさまる時には経書を読んで礼を学び、乱るる時には孫呉の術を用います、さ様でござるから別に書物を作るに及びません、経典、諸子、百家の書までおさめ読まなければなりません、これが即《すなわ》ち我が術の秘書でござります、ゆるし允可《いんか》のことも御尤の仰せではございますが、これは凡そ師匠の授ける許しというものは、その師匠ぎりで用に立たないものでございます、世間の人が許して名人といってこそ、これが天下の許しというものでございます」

甲斐守これを聞いて、

「柔術というものはむずかしいものかな」

といって、その後は何の話もなかったそうだ。

或人この友右衛門に従うこと八九年同学のもの数百人あったけれども趣を得たものは六七人に過ぎなかった、その教え方は一生懸命にこれより上は幾ら習うても力が出ないというところまで身を使わせ、人に負けないようにこらえる道を教え人に勝つという道は教えなかった。

それ故大方のものは途中で止めてしまった、或人、相当に稽古して漸くトリデ(捕手)とやわらの差がわかったという、渋川も末になって斯ういうことを知る人が少くなり、つまらないものをもてはやすようになったのは残念で、今の人はトリデを知ってやわらを知らない。

この友右衛門は京都の生れで柔術のみならず、伊藤仁斎先生の門人であり、その子の伴《ばん》五郎《ごろう》も東涯《とうがい》先生の門人である。

友右衛門の子の伴五郎は関口柔信の弟子で、別に一家を建てた豪傑である、世の人よくその名を知っている、この渋川伴五郎が若い時団十郎の芝居を見て、

「あの団十郎のあらごとの時、橋がかりから怒って飛び出るのはなかなか組み止められないだろう、役者自身ではわかるまいだろうが我が道から見てもあそこに当り難い鋭気がある」

と話したことがあるそうだが、役者の悲しさにはその芸の瞬間だけで、後にこの団十郎は半六という者の為に刺し殺されてしまった。（八水随筆）

朝比奈半左衛門

小栗流《おぐりりゅう》という剣法は、家康の臣小栗又市の次男仁右衛門政信から起った、仁右衛門政信は大和正木坂の柳生宗厳の門人として極意を得たのであるが、その伝統を山田家の臣朝比《あさひ》奈《な》半左衛門可長《よしなが》というものに伝えた。

小栗の弟子となって剣法の極意を受けたのは明暦三年で、或時小栗方に参じて談話の後辞して帰らんと衝立《ついたて》を廻る所を師匠の小栗が急に、

「半左衛門参る」

と、声を掛けて脇差を抜いて斬り付けた、半左衛門振返りながら、慌《あわ》てず手元へ飛び込んでその小手を押えたので、師匠はその胆の据り方を賞して印可を与えたという。

この半左衛門、老後に東国の家中町に夜々辻斬《つじぎり》が出ると聞いて出で向った処が、大手広小路を忍頭巾《しのびずきん》に面体《めんてい》を裹《つつ》んだ武士が来るよと見る間に、一行逢いさまサット刀を抜いて打ちかかるを半左衛門携えたる杖を構えて左右に払いのけ附け入れば、敵は愕《おどろ》いて刀を引いて逃《に》げ行くを一あて打叩いて徐《しず》かに歩を返して家に戻った、これより四年の後、道場に門弟が集って雑談中に、一人の者がいうに、

「イヤこの四五年以前、家中町に辻斬が出るという噂が立ったことがあろう、今は何を隠そう、あれこそ実は自分の仕業であったのだ、刀を抜いておどしかけると武士といわず町人といわず、いや皆臆病揃《おくびょうぞろ》いで、一人として敵対して来る者はない、あまり他愛がないので面白く思い毎晩出掛けた、或晩のこと、頭巾真深《ずきんまぶか》の老人らしい侍が来たので、すれ違いざまに斬り付けた所、持ったる杖で散々にあしらわれ、逃げる背をしたたかに打たれたので、それ以来恐ろしくなって止めてしもうた」

と語った、計らずそれを洩《も》れ聞いた半左衛門は、

「それは多分何年何月何日の夜何時頃の事であったろう」

と星を指したので、話の本人は呆《あき》れ返っていると、半左衛門は威容を正して、

「武士の刀は心の剣という、一度び鞘を払えば敵を斬るが武士の魂である、人が逃げ行く

から面白いと云って、妄《みだ》りに心の刀を棒扱いにして振廻すとは、已《すで》に腐った魂で刀をも腐らせるのである、左様の人は以後出入無用」と云って破門したそうである。

（日本剣道史）

戸ヶ崎熊太郎

戸ヶ崎熊太郎は武州清久《きよく》の人、神道無念流を称《とな》えて当時（安永の頃）江戸第一と称せられた人であったが四谷にその頃有名な剣術の師があって評判が甚《はなは》だ高かった、熊太郎が聞き及んで尋ねて行って勝負を所望した処、彼の師匠は忽ちに仕負けてしまった。

熊太郎が辞して帰ると、彼の師匠は余りのもろい負け方を無念の余り、後より追いかけて斬りかかけた、熊太郎ふり返って抜き合わせ斬り結んだが、終に彼の者をむね打ちに打ち倒して帰ったということである。

（撃剣叢談）

寺田、中西、白井

一刀流の中西忠兵衛子正の門下に寺田五右衛門、白井通という二人の組み太刀の名人があった、何れも劣らぬ豪傑で一見識をたてた人々であるからその門に居ながら師家中西氏の教え方とは違って、一つ道場に於て寺田派、白井派、中西派と三派に分れ、もみ合って稽古し、その都度稽古が一致しないで議論が沸騰して来たというから面白い。

寺田氏は、自分の構えたる木刀の先きからは火焔《かえん》が燃え出ずるといい、白井氏は我が木刀の先きからは輪が出ると云っていた。

寺田は韜打《しないうち》の稽古は更にやらない人で組み太刀ばかり稽古をした人である、或時師家中西の門人が寺田に向って、

「先生一つ韜打の稽古を願いたい」

といらと寺田は、

「拙者は何れも御承知の通り仕合は好まない、然し、強《た》って望みとのことならば是非に及ばず、拙者は馴《な》れたる素面素籠手《すめんすこて》で木刀をもってお相手をする、お手前たちは、面籠手身を堅め、こちらに隙があらば少しも遠慮に及ばぬ故、頭なり腹なり勝手次第に充分に打ち給え」

と、云い放ったので、何れもその広言を憤り、寺田に重傷を負わしくれんものと一人手早く道具をつけ韜を打ち振ってたち向う、寺田は素肌で二尺三寸五分の木太刀を携《さ》げしずしずと立ち出でて来た。

スワ、事こそ起りたれと、師の中西氏をはじめ手に汗を握り勝負如何《いかん》と見詰めているうち相手は寺田の頭上真二つに打ちおろさんと心中に思う時、寺田が声をかけて、

「面へ打ってくればずり上げて胴を打つぞ」

という、そこで相手がまたこんどは寺田氏の小手を打ち折ってやろうと思う途端、寺田は、

「小手へ打って来れば斬り落して突くぞ」

と、悉く相手の思うところ、為そうとするところを察して、そのことを一々機先を制して云い当ててしまうにより、相手はなかなか恐しくなり、手も足も出しようがなくなり、すごすごその場を引き退いて感服するより外はない、その後へ二人三人入り代り、吾《わ》れこそ寺田を打ち据え呉《く》れんと、代る代る立合ったけれども何れも同様で寺田に一度も打ち出すことが出来なかったということである。

ここで一刀流の組み太刀というのは、他の流儀で型ということである。（撃剣叢談）

伊岐遠江守

伊岐流の槍は、伊岐遠江守《いきとおとうみのかみ》から出でたのであるが、この人は柳生但馬守の許で剣術を修業し後に直鑓《すぐやり》の一流を立てたのであるが、信長、委吉、家康、秀忠に及んで切り組み仕合の術を上覧に供え、殊に家康よりは上意を蒙《こうむ》って下野《しもつけ》国やないそうという深山に三ヵ年引《ひき》籠《こも》り、九尺柄、欛槍《つかやり》の勝術を工夫して鍛錬成就した上、駿府に於て家康の前に上覧に供え厚く賞美されたのである、その以後、切組仕合、共に他見を許さず、平素の稽古も免許状相伝も非常に正しく厳かに行われた。（甲子夜話）

和佐大八郎

紀州泰山公の時、吉見大右衛門が射術の名家であった、三宅伴左衛門、和佐《わさ》大八郎の両人が門下で傑出していた、伴左衛門が故あって江戸へ立ち退くことになった後で大八郎が三十三間堂の通し矢を仰せつけられることになった。

その以前堂前の通し矢をやったものは、それが済んだ時力がたゆんで帰り途《みち》には疲れがありありと見えたということだが、大八郎はそれでは用に立たないといって馬に乗って帰ったという、千万人に秀れた男である、然《しか》るに別派の者は謗《そし》っている、大八郎堂前の時は射る度に少しずつ前へゆすり出た、だから間数も大分近くなったという、嘘かまことかわからないが、それにしても二間とは延びないであろう、それで一万三千余本を射出して八千百三十三筋の通り矢で馬に乗って帰ったというのは却々《なかなか》凡人には出来ないことである。

(異説まちまち)

市橋恕軒斎

慶長十七年に大鳥逸平という悪者があった、彼は喧嘩を好み、辻斬をなす悪党であった。逸平が京都に行っていた時分に江戸から市橋恕軒斎《いちはしじょけんさい》という剣術家が召捕りに向ったが、彼等が遊んでいる茶屋へ乗り込んで、

「御上意」

と声をかけた処が、逸平が心得たりと刀を抜いて斬りつけたがその太刀筋が酒樽《さかだる》を斬って柱まで斬り込んだ、併し、恕軒は有名な手利きであったから逸平を生捕って江戸へ曳《ひ》いて来た、逸平もこの恕軒の腕には恐入って自分の差料の刀は恕軒に譲り度き由を申して恕軒に伝えたが、はちまきという名の刀であった。

この市橋如軒の免許剣術の巻物を見ると六字流柔術と書いてある。

この如軒斎の弟子、野村玄意はまたその頃隠れなき柔気一流の名人であって宮本武蔵なども懇意であった。


（青楼年暦考）

竹村与右衛門

宮本武蔵が慶長年間に於ける時代には、その刀術の流名を円明流と称した、その頃の門人で優秀な人に、青木城右衛門、竹村与右衛門等がある、渡辺幸庵対話に、宮本を竹村といっている、この与右衛門は、名を頼角といって、無双の遣い手であった、讃岐《さぬき》侯《こう》に仕え、諸州を遊歴し、二刀流を拡めた、川の中へ桃を浮かせて、一尺三寸の刀で打斬るに桃の種まで割ったという。

（日本剣道史）

九鬼長門守

摂州三田の城主九鬼《くき》長門守《ながとのかみ》は柳生家の高弟であったが、同門で免許を受けたものと勝負をして見るに長門守を打つ人は一人もなかったが長門守の打ち出す太刀は必ず中《あた》った、どうかすると長門守が、

「今の太刀は来たぞ」

と申されることがあるけれども、それは飾り言葉でこちらの太刀が中ったとは思われなかったそうである。

上の好むところによって、三田には剣術の芸能の士が多かった、中に一人の異人があって、一人行厨《わりご》を腰につけて深山に入ることを好んでいたが、或日また山に入って千仞《せんじん》の絶壁の上に坐《すわ》り、握り飯を取り出して食べていると空から一つの鷲《わし》が来てその食物を摑《つか》み取ろうとする、右の侍これを見て、抜き打ちに丁と斬ると片翼を打ち落し羽は岩の上に止まり鷲は谷底に落ちた、その羽を取って帰宅したということである。

また三田には町の真中に或る部落の者の剣術稽古場まであって盛んに稽古を人に見せていたということである、もってその盛んなことを知るべしである。

（撃剣叢談）

正木利充

美濃の大垣侯の臣で正木太郎利充《としみつ》は、一刀流であるが、また先意流の長刀の奥義を極めて剣術と合せて伝えていた。

或年大垣侯江戸城大手の御門を預って居り、太郎太夫も番を勤めていたが、つらつら思うのに、今ここに不意にあぶれ者か狂人が現われたとして一刻に斬って捨てては後難がある、棒などというものは、足軽以下が手に手にとって出合うであろう、さりとて自分は居ながら見物しているわけにも行かない、何か可然《しかるべき》工夫はないものかとそれが因《もと》で「玉ぐさり」の術を思いついた、これは袖にも懐《ふところ》にも隠して持っていることが出来、十手、鼻捻《はなねじ》、鏁鎌《くさりがま》などの器と用い方が同じである、この太郎太夫は信仰者で、この鏁を人に施すにも一々祈禱《きとう》をして精を入れて施したということである。

（撃剣叢談）

磯又右衛門

天神真楊流の祖、（磯又右衛門《いそまたえもん》柳関斎正足）は伊勢の松坂の生れで、紀州の藩士であった、本名は岡山八郎次と云って、曾《かつ》て江州草津に両三年足を止めて柔術を指南していた時、人の為に僅《わず》かに西村という門弟と二人で百余人の悪者を相手としてこれを追い散らし、人命を救ったことがあるが、その時初めて当身《あてみ》のことに就いて大いに悟った処があるという。

古来戦場に於ては組打ちを専一とし、また敵によって当身の術を行うことは諸流師家は皆知っているけれども、未だ真の当身をもって修業することはなかったが、又右衛門は人命を救わんが為に諸所で真剣の勝負をしたことから真の当《あて》をもって修業しなければ勝つことは出来ないということを悟り、それから、当身の修業に心を用い、そこで楊心流と真の神道流とを合して別に一派を立て、百二十余手を定めて天神真楊流と称した、後江戸に出でて幕府の臣となった。

渋川友右衛門

宝永より以後柔術では渋川友右衛門が傑出している、その弟子に伊藤柔順が有名であった。

友右衛門の子伴五郎が同じく人に柔術の指南をしていたが、これは関口伴五郎という者に学んで関口流といった。

本家は紀州にあって関口伴五郎といったがこれが元祖である、三代目の伴五郎は柔術が甚だ不器用で父祖の業を継ぐことは出来まいとの評判であったが、それでも修行少しも怠らなかった為に、フト二三年の間にはたはたと上達し、家名に恥じず優れたものになったという。（異説まち〳〵）

渋川伴五郎

渋川流は関口弥左衛門の高弟、渋川伴五郎の一流である、この流の柔は相撲に似て羸《るい》弱《じゃく》の人などは修行することがむずかしいというたということである。（撃剣叢談）

竹内守次郎

竹内守次郎は柔術の名人である、松平三五郎は大力無双の人である。三五郎以為《おもえ》らく、「守次郎何程柔術が上手なりとも首か腕を我れ攫《つか》みなば、その儘《まま》攫み殺さん」とこれを常に広言して居《お》ったが、三五郎は或時、守次郎を招き、先《ま》ず試みに家僕に大力なる者あるを呼び出して、

「御手合せを拝見申し度」

と乞うた、家僕は主人より予《かね》て内意を受け相手を殺しても苦しからずとの事であった故、守次郎を攫み殺そうと思い、仁王立ちに立って待ち構えた。

守次郎やがて立合ったが、その大力なる家僕を何の手もなく傍へ投げ出し気絶せしめた、

これは彼が自分に力を入れ過ぎし故、却って気絶したのである、三五郎驚き入り、

「さて、聞きしにまさる御手際感じ入り申し候、柔術には活を入れるとか申す事これある由聞き及び居り候、何卒《なにとぞ》あの者を活かし給わるべし」

といった、守次郎、

「さ様なることは存じ申さざるも殺そうと思って投げたわけでないから、死にはしないだろう」

と云いながら気絶した家僕に寄添い、軀《からだ》に手を掛けると見えたが、家僕は忽《たちま》ち気が付いた、併しこの僕は背骨を痛め、一人前の業ができぬようになった故、三五郎は一生扶持《ふち》し置いた、三五郎はこの技に恐れて立合を思い止まり、この時より守次郎が弟子となった、この守次郎は小男で、平生の事には至って手ぬるき者であったという、彼は寛文、元禄頃の人である。

（武道極意）

加藤右計

明和の頃であったか、加藤右計という柔術の達人があった、或る時他の柔術家が仕合を所望して来た処が、右計がいうのに、

「それは無用なことだ、とても柔術での仕合は勝負をして一人死ぬより外はない」

と答えた、然るに相手方は是非是非といって退《ひ》かないものだから右計も已むなく、

「さらば」

といって立合ったが彼の男、組みつくと直ぐ投げつけられたが、壁を打ち抜いてその身は外へ飛び出して即死してしまった、右計が云うには、

「要らざることである、是非是非というから立合ったもののこの態《ざま》である、併し彼も達したものである、我が投げた時彼は当身をした故に拙者のあばらをこの通り蹴破っている」

といって肌をぬいで人に見せたところ、その肋骨《ろっこつ》が一本折れていたということである。

(甲子夜話)

海我東蔵

秋月の藩士に、海我東蔵というやわらの達人があった、形は如何にも小さくて、見すぼらしいものであった、或時、この東蔵が用事あって田舎に行き、夜更けて帰り途森林の中を通ると一人の大男が躍り出でて立ち塞《ふさ》がり、

「金を渡せ」

と脅《おど》かしたので、東蔵はカラカラと打ち笑い、

「泥の中へ捨てる金はあっても貴様達に施す金はない」

といった処、右の男が、

「ほざいたりな此奴《こやつ》、金が無ければ貴様の命をよこせ」

といって東蔵の帯ぎわを取るより早く軽々と眼よりも高く差上げてしまった、差上げられながら東蔵はちっとも騒がず、

「この城下にありながら海我東蔵を知らないか」

といったので、大男の盗人はこれが有名なやわらの達人かと顫《ふる》え上ってしまったが、さてどうすることも出来ない、そこで東蔵は、

「さあ、投げれば蹴るぞ、おろせば当身を食わすぞ」

といったので、投げることも卸すことも出来ない、とうとうそのまま東蔵を城下まで担いで行って芝生の上にそっと置いて後をも見ずして逃げ去ったということである。

また東蔵が家に予《かね》て出入をしている相撲取りがあったが、或時東蔵に向っていうには、

「旦那《だんな》様がどんなにやわらの達人でござっても、若し不意に出て後ろから抱きすくめて了えばどうすることも出来ないでしょう」

といった、東蔵がこれに答えて、

「柔術というものは、そんな浅はかなものではない、けれども、お前が若し、嘘だと思うならば論より証拠これから略々《ほぼ》一ヵ月ばかりの間拙者は夜な夜な出歩くによってどうでもお前のするようにして見ろ」

と云い聞かせて置いた、けれども相撲取りは、それから後、何の音沙汰もなかったからあれは一時の冗談だと思って、東蔵も気にかけないでいた。

処が或日東蔵が大変酒に酔っぱらって火鉢によりかかって、うとうとと居ねむりをしている処へ彼の相撲取りが不意に出て来て背後から力の限り抱き締めた、東蔵は少しも騒がず、

「今一しめ」

と、叫んだと見る間に相撲取りは二三間向うへ投げ飛ばされていた。

これには力自慢の相撲取りも閉口し、

「どうして斯うまで早くやれるものか」

と、訊ねた処が、東蔵が打ち笑いながら、

「どうしてというわけはないけれども、今一しめと言葉をかけた時、お前の手に少しゆるみが出来たから、そいつを利用したまでだ、すべて武芸の奥儀は斯ういうものだ」

と、語ったところが、相撲取りは、まだ残念でたまらないものがあったと見えて、

「では、こんどは正面から立派にお立合いを願いたい」

「それは容易《たやす》いことだ、さあ来い」

と、東蔵が引受けたから、相撲取りは有らん限りの力をこめて東蔵の胸倉《むなぐら》を押して来る、東蔵はまたまた声をかけて、

「今一押し」

と、叫ぶと相撲取りは勃然《むっ》として、

「何の小癪《こしゃく》」

とおしかくるのを、東蔵は得たりと真捨身に弾《は》ねて五六間彼方へ、逆背打に投げ捨てたという。（限元実道著「武道教範」）

上泉権右衛門

上泉権右衛門《かみいずみごんえもん》は新陰流の宗師上泉伊勢守の実子であったが、新陰流の兵法はなかなか暁得すべきものでないと云って、父の伊勢守は自分の流儀は伝えずして林崎甚助の流れを汲《く》む長野氏の弟子として居合を修練させたのであった。

そこで権右衛門は精心を砕いて居合を学び遂にその道の名人となり、後に諸国を修行して名古屋の柳生如雲（兵庫介）の許に来た。

名にし負う上泉伊勢守の実子ではあり、己《おの》が父祖の宗師たる人の正系であるから、如雲は、斜ならずもてなしどうかして尾張へ留めて置いて居合の指南をさせたいと思った。

そこで、先ず高田三之丞と仕合をさせた処が、初めの一本は三之丞が勝って権右衛門は抜くことが出来なかった、暫く工夫してまた立合ったが、二本目からは三之丞が勝つことが出来なくなっていう。

「扨々《さてさて》神妙なるお手の内でござります、私さえこの通り勝てる術が無くなって見まするとと恐らく天下に勝つものはございますまい」

と、そこで、柳生一家の人をはじめ、国中その指南を受けるものが多く、間々《まま》免許を受けるものさえ出来た、その中で若林勝右衛門というものが最も傑出していた、この者にも門弟が多かった、藩主光友《みつとも》へも指南した。

やがて隠居して是入と称し、無刀になってしまった、ある日小山了斎という隠居を訪ね

たが了斎がいうのに、

「貴君は居合抜きでありながら、無刀なのは何故ですか」

是入曰く、

「いかにも拙者は居合抜きでござるが、もはや居合が役に立たないことを知った故に隠居をした、居合が用に立つほど達者ならば、まだ御奉公を仕るのである、されば用に立たざる両腰をたばさんでも何にもならぬ、扇子一本こそ心安く候え」

と云ったのを了斎が聞いて感心し、

「さて〳〵我等も誤まりました、今日よりお弟子になりましょう」

と云って、これも無刀になった。　　（近松茂矩著「昔咄」）

深尾角馬

深尾《ふかお》（前姓河田）角馬《かくま》は因州の人、池田日向の馬廻りで二百石の士であったが、井蛙流《せいありゅう》の祖である、井蛙流は新陰より起り丹石流を祖とし寛文天和の間に最も盛んであった。

その昔、戦国時代には武者修行の来訪に備うる為に剣術を業とする家々では、必ず特に「仕合太刀」という方法を工夫して置いて他流の人に知らせないように秘蔵しているのが習いであった、宮本武蔵の「小くらい」巌流の「おみなえし」と云ったようなものがこれである、角馬が学んだ丹石流にも「かまえ太刀」というのがあって、角馬はその「かまえ太刀」を以て如何なる天魔鬼神と雖も面を向けることが出来まいと云われるほどの荒い兵法を使っていた、然るに井蛙の一流を使い出してから、以前とは打って変って、やわらかにすらすらと向うへ行くばかりで、目ざましい事は一つも無かったという。

高弟の石川四方左衛門というものが或時角馬に向って、

「全く丹石流のかまえ太刀を使えば手の出されるものではござらぬ」

と云った、角馬はそれを聞いて、

「いかにも、名人のこしらえて置いたもので一利の無いというものは無いが、さりながら、これもあしらい様で、かまえ太刀の方から一寸も手の出せぬ仕方があるものだ」

と云って、その仕方をして見せた、また或時の話に、

「二刀というものは畢竟《ひっきょう》用に立たないものだが、初心のものは目ざましく持ちあつかいたがる、これにもあしらい様がある」

と云って、その仕方をして見せ「二刀くだき」と云った、また、

「すべて一つの業を用うることを他人に知らしめれば、それをさせぬ事を仕かける事が出来る、業を好む兵法には決定の勝というものは無いようである、こちらの仕方を向うにすっかり知られても、何の仕方も無いのが上手芸である」

と云った、角馬は何かの座興の時に、竹刀《しない》を掌《てのひら》の上に載せ、放下師のするように立て、

「誰でも宜しい、如何なる方法を以てしてもよいから拙者を打って見給え」

と云った、入り替り立ち替り、色々にして打って見たが、却って角馬が掌にのせた竹刀を向うへ倒しかけたのに打たれないものはなく、弟子一人として、この落ちかかる竹刀を

留め得るものが無かった。

孫兵衛忠一

孫兵衛《まごべえ》忠一《ただかず》は痩軀《そうく》短身《たんしん》の小男であった、初めて水戸へ赴いた時、二十八九歳であった、誰も剣客として相手にしない、時に水府では井田喜太夫という者が天流の遣い人で弟子も多かった、門人の誰彼が斡旋《あっせん》で、この喜太夫と孫兵衛の仕合を井田の邸内ですることになった、忠一は一刀流の作法として用具は刃引《はびき》の刀でなくしては応じ難いといった、井田は心得て数本を取出し自ら長いのを執った、これを見た忠一は心に北叟笑《ほくそえみ》して、はや必勝を期していた、庭内二間四方位の所で互に立向ったが、気合詰となってジリジリと寄って井田が後ろへ退ると、其処には塵坑があった、思わず片足をこれに落した所を附入って押えられた、残念とばかり今一度勝負を望んだので、忠一は唯々として今度は自分が塵坑を後ろに背負って立った、井田は主客の地位を更《かえ》て存分働き、前の反対に追落そうとした所、却って我にもなく追廻されて最前の穴へ再び陥った、忠一は莞爾《にっこり》として笑って控えた、井田は立上がると一礼し、無言で居間へ赴くと天流の伝書巻物を忠一の目前に持って来て引裂いて捨て、実に子の術は神に入ったものである、今日より直ちに門下となって修業したいといった、並み居る門人も惘《あき》れて師の非を悛《あらた》むるに促され、尽《ことごと》く伊藤の門下に属した、これより一刀流水戸に流行して忠一の名遠近《おちこち》に振るったという事である。(日本剣道史)

福島松江

福島松江《ふくしましようこう》は儒者である、巌村侯《いわむらこう》に仕えたが、若い時、射、術、御、槍等を学んで熟達し、特に拳法に秀でていたが、誰も挙者とばかり見て、武術の事を知る者が無かった、ある時、盗賊がその家に入ったが、松江はこれを捉えて路上へ抛《ほう》り出したので、盗賊は命からがら逃げ走ったが三日経つと死んでしまった、誰も武術の事を知る者も無いのに自分でもそれを云った事が無かった、明和元年没。

（先哲叢談）

穴沢主殿助

穴沢主殿助盛秀《もりひで》は薙刀《なぎなた》の名人で豊臣秀頼の師であった、相手に竹槍を持った二人を前に立たせて仕合をしたが、必ず勝って少しも危げが無い、大阪の冬の陣に、上杉景勝《うえすぎかげかつ》の将直江《なおえ》山城守《やましろのかみ》が兵士折下外記《おりしもげき》と渡り合い、折下は直槍《すぐやり》、穴沢は薙刀であったが、穴沢は薙刀のそりにかけて、折下の直槍をはね、飛び入ってこれを斬った、折下は肩を切られながら槍を捨てて引組む処を折下の従者が、折重なって来て終に穴沢は討たれてしまった。

（武将感状記）

吉田大蔵

加賀の吉田大蔵は、大阪陣の時左の指を半分射切られて拇指と人差指だけが満足であったけれども弓は尚妙手たることを失わなかった。

前田利常が、或日鷹狩《たかがり》に出たが、大事の鷹を歴緒《へお》がついたまま放して近所の森に入れてしまったが、鷹は木の枝に止まったけれども緒がもつれて逆さにぶらさがってしまった、利常がそれを見て、大蔵を呼んで、

「あの鷹を傷つけないように射取れ」

と、云った、大蔵は一応は辞退したが重ねて命令があったので、

「承り候」

と云って、「かりまた」を番《つが》い、鷹の真中を射たと見えたが、鷹はそのまま飛び去るのを後を追って捕えた、利常が感心して、

「どうして射た、名誉のことかな」

と聞かれたので、大蔵が答えて、

「木にまといついた歴緒は射ても解くことは出来ません、これによって、捷子《もおし》を射割りました、斯様の時は鷹の羽を嫌います、鷹の羽を傷めてはなりませぬ故に、軟かな羽で射ることが故実でございます」

といった。　(武将感状記)

寺沢半平

浅野《あさの》但馬守長晟《たじまのかみながあきら》の弓頭、寺沢半平は寺沢志摩守広高の甥で千石の禄を受けていて、剣術

の達人であった、或年、江戸の留守番に行った時、無事閑散の折には友達を集めて打ち合をして負けた者には負け業をさせ、饅頭《まんじゅう》や麺類《めんるい》などを御馳走して楽んでいた、相手には長い竹を持たせ、半平は扇で戦ったが、いつも勝って誰れに対しても危いことはなかった。

或る二刀使いが芸州広島に来てその術をもって仕官を求めたが、長晟は半平に云いつけてその術を試させた、そこで半平は右の二刀使いを自分の家に招いていろいろ話を聴いているうちに、二刀使いに向って斯ういうことを云い出した。

「お話を聴いていると、もはや貴殿の術を見るまでのことはない、当家へ仕えたいというお望みはお止めになった方がよろしい、御浪人のこと故《ゆえ》永逗留は無益のことでござる故もう少し御滞在と申したいが、まず早くお立ち退きなさるがよろしかろう」

と、云った、そこで二刀使いはムッとして怒りを含みて、

「手筋も御覧なされないで、さ様に仰せられるのは心得難い、その儀ならば何卒して一わざお目にかけたいものでござる」

といった、丁度その時門弟が七八人稽古に来たのを見かけて半平が二刀使いに向い、

「一度だけでは心のこりであろうから二度お相手になってあげよう、少しも遠慮なく思う存分に打ち込みなさい」

と云った、が門人の方に向っては、

「さて、こちらはどうして勝とうか、諸君所望をして見るがよい、君達の望み通りに勝って見せよう」

といったが、門弟も急に何とも云いかねていたのを半平から催促されて、

「では、一度は手取り、一度はひしぎ打ちで勝っていただきたい」

「それは容易いこと」

と、いって立ち向うと、怒気紛々たる二刀使いが勢い込んで打ってかかる処を半平は入れ違いて手取りにし、横に投げ倒して、

「これはやわらじゃ」

といって大きに笑った、二刀使いいらだってまた立ち向い、左に持った短い木刀を手裏剣に打ち込んで来たのを半平は左手でもってそれを受け取って了い、右手の竹刀で相手を打つと長い木刀を取り落してしまった、二刀使いは赤面して逃ぐるが如く帰ってしまった。

半平の門弟らは最初から心中あぶなかしくて堪らないでいたが半平がその時いう。

「剣術が十分練熟する時は心と身が相和し、彼と我とがわかるようになると、刃を交えなくとも勝つことは出来るもので決してあぶないものではない」

といった。


（武将感状記）

伊庭総兵衛

池田《いけだ》三左衛門尉輝政《さんざえもんのじょうてるまさ》の家来、伊庭《いば》総兵衛は弓の上手であった、輝政が三州吉田の城にいたが、この人は家康から姫を賜わってその婿に当る人だが、その姫の輿入《こしい》れの時に諸士達が今切《いまぎれ》に出迎えたがその中で伊庭は弓を持って一行に加わっていた。

家康の方から来た輿副《こしぞえ》の人がそれを見て使いをもってこちらへ申込んで来たのには、

「人も多きうちに、ただ一人弓を持たせられたのは承り及びし伊庭殿にてござるか」

伊庭それを聞いて、

「おたずねの儀は何故でござりまする、如何にも拙者が伊庭でござりまする」

と、答えたところが、また使いを以て、

「然らばこの洲崎に羽白《はじろ》が一番《ひとつがい》浮いているようでござるが、願わくばあれへ一矢遊ばされとうござる、拝見をいたし度いものじゃ」

と、云われた、伊庭はそれを聞いてさも難儀の所望かな、所もあろうに徳川と池田と両家の諸士達の前で遠慮もあるべきことなのに、とは思ったけれども、

「心得て候」

といって、矢をつがえて進み寄るとその間三十間程になった時に羽白が漸く沖に出て遠ざかって行く、伊庭は弓に矢をつがえて、満を曳《ひ》いてはいるけれども、余り久しくそのまで放すことをしないものだから、見るものこれはどうしたのかと気を揉《も》んでいる処へ、忘るるばかりあって切って放した、矢がその雄の胴中を貫いて、その雌の尾を射切ったので両家の諸士達が一同に賞《ほ》むる声海濤《かいとう》に響き渡った。

所望した人が、その矢と共に羽白を貰《もら》って取って帰ったが、あとで伊庭の友人が伊庭に向って尋ねて云うことには、

「あの時どうして気抜けのするほど久しく矢を放たなかったのか」

と、尋ねたところが、伊庭の返事には、

「同じことならば番いながら射て取ろうと思い、並ぶのを待っていたけれども遂に並ばなかった、それでも少し並ぶようになったのを機会に矢を放った為、番いながら射取らないで残念である」

と云った。

伊庭は鉄砲と競技をして矢も弾も十ずつにして小鳥を射るが、負けたことはない、結びたてた大巻藁《おおまきわら》に左の拳を差しつけ、強からぬ弓でこれを射るが、厚み一寸ばかりの裏板も通してしまうということである。

放れの殊によい時は髪の元結いがその勢でハラリと切れることが度々あった、灰を掻《か》きあげて土器《かわらけ》を立的として射ると矢が土器を貫いて、土器は割れないことも度々あったという。

(武将感状記)

平井八郎兵衛

寛久の頃、諸岡一羽《もろおかいちう》派の神道流に平井八郎兵衛という達人があって、諸国を修業して歩いた、或時上州で仕合に打ち勝って帰るとき対手《あいて》の弟子等が十余人、白刃を以て不意に襲いかかった、平井もこれに対して烈しく応戦し三四人を斬って落し、余人を追い散した、この際勇気余って路傍に立てる石地蔵を袈裟《けさ》がけに斬倒したので、吾ながらその意気の満つる時は超人力の発現することを悟ったという、併し苟《いやしく》も人を殺したのであるから土地の領主へ自訴して出た所、領主は、なかなか味な裁判をやって、平井には撓《しない》或は木刀を持たせ、剣士の弟子を選んで真剣を執らせ、勝負の上、平井が免《のが》るるを得たならば命を助けて取らせようという事になった、そこで二十人の剣客を選んで平井と立合わせ、交る交る出て立ち向ったが、一人も平井に勝てるものがない、美事《みごと》に二十余人を征服して立派に罪を贖《あがな》った、別るるに臨んで平井はこういう事を言い残した。

「二三人一度にかかっても勝負は一人の時と同じである、諸士が一同に打懸ってもまた同じであるから、兵法の心得あるものは同時に打下すものではなく、若し同時に打下してこれをぬけらるると同士討をしてしまわねばならぬ理窟となる」

それから江戸に出て柳生家の門に入って修業を重ねたが、後常州の故郷へ立帰って鹿島神道流を称えたという。

和田平助

新田宮流を開いた水戸の和田兵助は性質狷介《けんかい》不遥、人を凌《しの》ぎその子にすら仮借することがなかった、息子の金五郎も却々《なかなか》の達人であるが、少しも油断をさせない、不意に暗い所で打ってかかったり、寝ている処を侵撃するのは毎回で、金五郎は一度も打たれたことはない、曾て長刀を振って蜻蛉《とんぼ》の飛び廻るのを寸断したことがある、併しさすがに父の厳酷に堪え切れなかったか、父に先だって天和中に死んで了った。

(日本剣道史)

人の巻

男谷信友

近代の剣客では講武所の男谷下総守信友《おたにしもうさのかみのぶとも》が最も評判がよい、この人は直心影《じきしんかげ》で人格も頭脳もよくその弟子のうちから諸大名家の師範役になったもの二十余人を出している、如何《いか》なる武者修行者に対しても他流仕合を謝絶したことはなく、柳川の大石進だの、久留米の加藤平八郎、中津の島田虎之助、神田の千葉周作等皆この人にばかりは敬服し或《あるい》は師事していた、竹刀の長さを総丈三尺八寸に決めたのもこの男谷の見識であった、品行が正しく、文事に通じ絵を巧みにして綽々《しやくしやく》たる余裕を持っていた、勝海舟《かつかいしゆう》とは親類筋に当っていて、勝を玉成するのに大いに与《あずか》って力があったという、初め百俵高の小十人《こじゆうにん》から進んで御徒頭《おかちがしら》千石となり、講武所設置の頃には師範頭取、奉行をつとめた御旗奉行、西丸御留守居などの要職となって禄高《ろくだか》三千石までに出世したのであるが、平時にあって、これ程の出頭を示す人だから容易ならぬ達人であったことは間違いなく、まず近世第一等の達人と看《み》て至当であろう。（日本剣道史）

島田虎之助

島田虎之助は、号を見山と云い、豊前《ぶぜん》中津の藩士であった、十三の時藩の師範に就いて一刀流を学んだが、十六歳の時には国内中その右に出ずるものが無かった、それから志を立てて九州を武者修行して歩いたのであるが、一旦《いったん》帰郷してまた十九歳の時、以前負けた剣士を訪問して再仕合をして見たが手に立つものは一人も無かった。

そこで意気騰《あが》れる見山は天保九年江戸へ来ると諸方の道場を荒し廻《まわ》って歩いた、男谷下総守はその時分本所の亀沢町の道場にいたが島田は無論そこへも訪ねて行って男谷に手合せをして貰《もら》ったのだが、男谷は島田を見ても矢張り普通の修行者門生同様にあっさり稽古《けいこ》をしただけであったが島田は心の裡《うち》に、何、江戸随一の男谷といった処で知れたものだと内心これを侮って出て来たが、それから下谷の車坂に井上伝兵衛の道場を訪ねて仕合を申込んだ。

井上は藤川派の当時第一人者である、島田例の意気傲然《ごうぜん》とこれに立合って見たがここですっかり田舎仕込と本場所鍛えとの格段が分ってしまった、忽《たちま》ち井上の手練に打ち込まれて今までの慢心の鼻ッ端がへし折られた、ところで其処は流石《さすが》に後年天下三剣士の一人と謂《い》われる島田虎之助のことだから、飜然《ほんぜん》と井上の前に節を折って、

「恐れ入りました、どうぞ今日より拙者を御門下のうちに加えていただきたい」

それを聞くと、井上伝兵衛はニッコリと笑って、

「いや〱この江戸表には拙者の如き剣客は箕《み》をもって計るほどござる、貴殿の太刀先を拝見すると、お若いのに似気なく将来抜群の見込み充分と拝見した、それには良き師匠をお選びなさらなければならぬ」

と云って諭した、島田がそれを押し返して、

「いや、拙者はこれまで至る処の道場を訪問いたしましたけれども未だ曾《かつ》て先生ほどの名人に出会ったことはござりませぬ、江戸は広いと申しますけれども名前倒れの先生が多く、実力あるものは数えるばかりでございます」

と云った、それを聞くと井上は言葉を改めて、

「では、亀沢町の男谷先生をお訪ねしたか」

と尋ねると、島田は答えて、

「如何にも男谷先生をお訪ねしてお手合せを願いましたが、正直の処思ったほどではございませんでした」

と、島田が答えたのを聞いて、井上伝兵衛は微笑しながら、

「それは貴殿の腕がまだ不足で男谷先生の腕を見るだけに出来ていないからだ、拙者が一つ紹介の労をとるから、もう一遍訪ねて見るがよかろう」

と、そこで井上の紹介で再び男谷の道場を訪ねて見た、こんどは島田もその意気組みでガラリ変った機鋒《きほう》をもって男谷に当って見ると驚いた。

先きに修行者としてやって来た時には男谷に対して易々《やすやす》と打を入れられたのが今度はジ

リジリと詰め寄せられる気合の霊妙な光りが我が眼を射て次第次第に手足も竦《すく》み、心魂が萎《な》え、背にしていた道場のハメ板に吸い取られるようになり、油汗がたらたらと滲《し》み出ずるばかり、われにもあらず平伏してしまった、それから男谷の門に入って遂に天下三剣士の一人と称せられるまでの達人となったのである。

（日本剣道史）

千葉周作

千葉周作が当時無念流で名人と称《よ》ばれた木村定次郎と、野州佐野宿で仕合をした時に千葉が苦もなく勝利を得たが、その後間者を入れて風聞を聞いて見ると定次郎が人に語って云うには、

「千葉との仕合の節、この方星眼で使ったことは一生の不覚であった、向うは一刀流のことだから平常下段星眼の仕合は馴れたものである、そこでどっちが上段にとって手合せをしなかったことが返す返すも残念であった」

と定次郎が口癖のようにいっているということを聞いた。

その後右定次郎の門人で我孫子《あびこ》理太郎というものが、師の仇を報わんと千葉をつけ覘《ねら》っていた、それを聞くと千葉はハ、アその理太郎君が来る時は必ず上段で来るだろう、よし、その節は先《せん》を取ってやろうと工夫をしていた。

それから五年程後に宝山流の師武藤虎之助という人の処へ千葉が仕合を申込んで行った節、我孫子理太郎は、姓名を変えて虎之助方にひそんでいたが、仕合が一通り終った時分

に、虎之助がもう一人門人で熱心のものがある、是非ともお相手を願い度しと、たっての頼みであった、千葉はこれが我孫子であることを知ってその日は辞退したいと云ったけれども聞かれず、遂に立合うことになったが、挨拶《あいさつ》しているうちに何、大した敵ではないと、先方の腕が凡《およ》そわかったけれども、それでも立ち合うとかねて工夫の通り、直ぐとこちらから上段に取ったので、先方は先を取られて狼狽《ろうばい》の有様が眼中に現われた、そこを遁《のが》さず、さんざんに打ち据え、打ち込み、或は下段で打ち、星眼で突きを入れたり、大いに悩ましてしまったことがあるという。（剣術名人法）

中村一心斎

富士浅間《せんげん》流剣術の祖、中村一心斎は七十余歳に及んで水戸藩へ仕合を申入れ、若いものを相手にしたが、悉《ことごと》く勝利を得た、中にも水戸で第一等の達者といわれた鵜殿《うどの》力之助などとは始終勝負がつかなかったそうであるが、老年のこと故《ゆえ》、いずれも三本限りの仕合ではあったが、何しても恐るべき精力であった。（剣術名人法）

中村一心斎と海保《かいほ》帆平《はんぺい》とが水戸公の前で仕合をしたことがある、一心斎という人はもと久留米の藩士で五千石の大身であったとのことだが、後感ずるところあって富士山中の岩《がん》窟《くつ》に籠《こも》って修行し老年になって上総の木更津に庵《いおり》を結んでいた仙人のような人、海保は上州安中《あんなか》の出、十八歳にして一躍五百石を以《もっ》て水戸の指南役に召し出された大剛の者未《いま》だ仕合に不覚を取ったことがないという者である、水戸公は一心斎の武名を聞いてたっての希望で帆平と立合せることになったが、帆平は何程のことかあらんと大得意の逆上段に取って構えると中村は短剣を正眼に着けたままであるが、帆平はどうしても一心斎を打ち込みかねていると一心斎の大きな身体がツツと進んで海保が振りかぶった上段の下頤《したあご》に触れるばかりのところへ這入《はい》ってしまったのに、流石《さすが》の海保は刀を振り上げて立ったきり人形のようになってビクとも動かなかった、その刹那《せつな》に一心斎の身体はまたツツと元の処へ帰ってしまった、それを見ていた水戸公が、

「それまで、勝負はあった」

と、云われたので、皆々呆気《あっけ》にとられてしまった、見物の侍共は物足りぬ面の不平たたら、海保はどこを一本打たれたでもないのにこの審判に不平面で退いた。

やがて二人とも公の前へ召し出された処が、殿様が海保に向って云うのに、

「お前は今日の審判に不平の様子であるが、剣道の勝負というものは、眼に見える腕前の勝負を争うのが目的ではなく心の優劣を見るのが主でなければならぬ、今日の勝負を見ると、お前はもう立ち合いに於《おい》て倒されていたのだ、それにも気が附かず上段に振りかぶって寄らば打たんと身構えた、その太刀の下で往きつ戻りつ二つの動作を繰返されていながら一撃をも報ゆることが出来なかったのは心の争いに於て引けを取っているばかりでなく、業の争いに於ても敵を倒そうとして敵に倒されたのである、もっと修養しなければ大勢の藩士の取立てはむずかしい」

と戒めて、それから中村一心斎に向っては今日の神妙な働きを賞め、高禄をもって召し抱えの沙汰《さた》があったけれども一心斎は固辞して受けなかったとのことである。

（山田次郎吉談）

高柳又四郎

中西子正《なかにしただまさ》の門人に高柳又四郎という人があった、この人は如何なる人と仕合をしても自分の竹刀を触らせるということがなく、二寸三寸と離れていて向うの出る頭起る頭を打ち或は突きを入れ、決してこの方へ寄せつけず、向うより一足出る処へこの方よりも一足進むことになるのだから丁度打ち間よくなり他流などには一度も負けたことがない、他の人とはちがってよく間合いを憶えている故にこの人の上に出でる者はない、けれども、突きなどは多く悪いとこ勝ちで同門が余りこの人と稽古することを好まなかった、また、如何ような初心者に向っても、わざと打たせるなどということは決してしない人であった、常の話にも、

「拙者は人の稽古になるようには剣術をしない、ただ自分の稽古になるように致すのだから、たとい初心者であろうとも、拙者はわざと打たせるようなことは致さぬ」

そういう癖であったが故に、自分の門人にもその通りな稽古の躾方《しつけかた》であった故、門人にも上達の者を一人も出さず、その身一代の剣術で終ったのは残念のことであった。

またこの人他流仕合などの節にも初めより終りまで一仕合のうちに一度も自分の竹刀に

触らせぬことが度々あった、これを音無しの勝負などと同人は称えて居った、併《しか》しながらまず上手名人ともいうべき人であったには相違ない。

（剣術名人法）

斎藤弥九郎

幕末時代、江戸で剣道の三傑と称せられたのは、お玉ヶ池の北辰《ほくしん》一刀流千葉周作、高橋《たかばし》蜊河岸《あさりがし》の鏡心明智流の桃井《もものい》春蔵及び九段坂上三番町の神道無念流斎藤弥九郎の各道場であって、各門弟三千人と称せられた。

斎藤弥九郎は越中国氷見郡仏生寺《えっちゅうのくにひみごおりぶっしょうじ》の農家に生れたのであるが、十五歳の時、僅《わず》かに銀一分を持って江戸へ上ったのであるが、数ヵ月にして板橋へ出た時、懐ろには僅かに二朱《にしゅ》しか余っていなかったが、その中から焼芋《やきいも》を求めて食い、郷里を出て以来はじめて温い物を口にしたということである。

それから岡田十松《おかだじゅうまつ》の門に入り、遂に師業を嗣《つ》ぐようになった。

斯《か》くて剣道の大家となったが、水戸の藤田東湖、伊豆の江川太郎左衛門等と交り深く、水戸、長州をはじめ諸藩より知遇を受け、維新の業に直接間接貢献することが少くは無かった。

（斎藤弥九郎伝）

水戸の浪士に組みして、井伊大老を襲撃した一人、有村治左衛門は江戸にいる時分、よく好んで辻斬《つじぎり》に出たものだが、薩摩《さつま》人の辻斬の方法は、その頃剣法を心得たものも怖れた

ものであった、幕府の同心の或者《ある》が云うことには、

「剣道達者の者と雖《いえど》も歩きながら人を斬ることは非常にむずかしいことで、不意に行く人を斬ろうとするには自分が先ず《ま》立ち止まって体を構えてから刀を抜かなければならないのだが、薩摩人は居合の一流で、歩きながら刀を抜き、すれ違いざまに行人を斬り放して置き、忽ち刀を収めて悠々と歩み去る故、斬られたものが殆《ほと》んど避ける隙もない、それに普通の人は如何に勇気ある人でも一度《ひとた》び人を斬れば眼面に不穏の色が表れるものだから、物馴れた同心や岡ッ引達は一目見れば怪しいと思うけれども、薩摩人は毎度辻斬に馴れて胆《きも》が据っているせいか更に顔色にも表れない、吾々《われわれ》も役目によって辻斬のあとを験《しら》べに行きその附近に薩摩武士がいると確かにこの人が斬ったに相違ないと思いながら余り平気な面をしているので、此方が心おくれ或は証拠があっても相手が命知らずの無法者だから捕り方の方で危きに近寄らない伝でみすみす見遁《みのが》すことも多かった」

と、こんな時代であったから、辻斬は愈々《いよいよ》流行し、殊に幕人を斬ることを名誉とするような風があって、幕府のお目付田村幾之進というのが供を二人召し連れたにも拘《かかわ》らず柳原で辻斬の為に主従三人とも斬り殺されたようなことがある。

有村はこの例によって或夜九段坂の上の人通り淋《さび》しい処で待っていると、最初に来たのは血気旺《さか》んな武士であったが、何か寄合いにでも出かける処か一升徳利《とっくり》を下げて肩をそびやかして通ったが、治左衛門これを見て手練の居合で抜き打ちに払ったところカチリと音がして一升徳利が二つに割れ、酒が地上へ流れ出す、その時早く武士は抜き合せて戦うか

と思いの外一目散に逃げて行ってしまったので、治左衛門は笑止がり徳利の辻斬に来たのではない、もう少し骨のある奴が出て来いと物陰に潜んで待っている処へ、年の頃五十余りの老人らしいのが腰に一刀を帯び、小声に謡《うたい》をうたいながら歩んで来る。

「此奴《こやつ》一癖ありそうな人物だ」

　と有村は後ろから歩み寄って自慢の抜き打ちに斬りつけたが何の手ごたえもないのだ、これはと間の抜けた途端、早くも利《き》き腕を取られて夢のようにその人物にねじ伏せられてしまった、治左衛門は大いに驚いて跳ね返そうと焦《あせ》ったけれども急所をおさえられて動くことさえ出来ない、こいつは逆にこちらが首でも取られるのかと観念していたが、上に乗っていた老人がカラ〳〵と笑い出し、

「貴様は却々《なかなか》居合が上手だな、その代り剣は余程下手だ、抜き打ちに斬りかけた一刀は少しばかり冴《さ》えていたが、あとはまるでデクの坊だ、そんな腕前で人が斬れるものか、第一罪もない人を辻斬にして楽しむというのが不心得千万……察するところ貴様は薩摩の武士だろう、薩摩人が近頃大分辻斬をいたすという評判だがけしからんことだ、貴様の命は助けてやるから仲間の者にそう云って、以来は必ず辻斬を止めさせろ、若《も》し止めなければこの親爺《おやじ》が出かけて行って一々首をちょん斬るからそう思え」

　と、厳しく叱りつけた、治左衛門たまらないけれども薩摩と云われたのでは藩の名にかかわると思って、

「否《いや》、拙者は薩摩人ではない、薩摩の藩士ではないから仲間の者にどうのこうのというこ

とは出来ぬ、斯《こ》うなった以上は斬るともどうとも勝手にせよ」

と減らず口を叩《たた》いた、老人はその剛情を心憎く思い、

「よし〳〵、剛情をいうなら一つ攻めてやる、これでもかこれでもか」

と急所を締め上げたので治左衛門は骨身が砕け散るほどの苦しみであるけれども愈々剛情を張って死んでも白状しない根性が見えたので老人も遂に攻めあぐみ、

「なかなか剛情の奴だ、だがその剛情に頼もしい処があるから助けて置いてやるぞ」

といってそのまま立ち上って再び小謡をうたって悠々と歩み去った。

あとで治左衛門は痛みと苦しみをこらえて起き上ったが、この老人の態度に感心して果して何人であろうかとその後をついて行って見ると、老人は当時飯田町に道場を開いていた江戸一流の剣士斎藤弥九郎であった、そこで、治左衛門は成るほどと感心し、その後斎藤の門に入って剣法を学び、後には有数の達人となって自ら道場を開くに至った。

（西郷隆盛一代記）

斎藤新太郎

斎藤弥九郎の長男新太郎（後、弥九郎の名を継ぎ、父は篤信斎《とくしんさい》と号す）が門人数人を引きつれ諸国修行中、長州萩の城下に乗込んだ時、宿について、主人が挨拶に来た故に、自分が武者修行者であることを告げて、それからこの地の武芸に就いてたずねると、主人が云う、

「当地はなかなか武芸が盛んでございまして、藩では明倫館《めいりんかん》という道場が新しく立派に出来、すぐれた剣客が雲の如くに集っておいでございます、今現にあの通り遠く聞えている竹刀の音は、即ち明倫館の稽古の音でございます」

それを聞くと、新太郎の一行は大いに喜び、

「それは楽しみである、明日は推参して是非仕合を願うと致そう、定めて達人も多いことでござろう」

となおいろいろ話して寝に就いた。

翌朝明倫館へ出かけて行って、仕合を試み、また宿へ帰って入浴し、晩酌を傾けている処へ、宿の主人がまたやって来た。

「いかがでございました、今日の御仕合は」

とたずねると、一杯機嫌で一行の者が、

「いやもう、いかにも新築の明倫館は立派なものだ、剣術をやる人は雲のように群がってはいるが、本当の剣士というのは一人も無い、丁度、黄金の鳥籠《とりかご》に雀を飼っているようなものだ」

と云い立てたものだから、その事が藩士の耳に入ると激昂《げきこう》甚だしく、よし、然らば長州武士の真の腕前を見せてやろうというわけで、新太郎の旅宿を襲撃しようとする、老士等はこれを鎮撫《ちんぶ》しようとしたけれども及ばない、あわや血の雨が降ろうという間際に、老士等は先走りして、新太郎の一行に急を告げ、ともかく急いでこの地を出立してしまった方

がいいと云われて、一行はその夜中に出発して九州に渡り漸《よう》く事無きを得た。
（斎藤弥九郎伝）

斎藤歓之助

併し、右の始末だけでは何分にも長州藩士の胸が納まらなかった、血気の青年等は相談して、新太郎一行が九州に赴いての留守中急に江戸へ押しかけて行って、斎藤の練兵館道場を襲い、猛烈に叩きつぶして腹癒《はらい》せをしようと、十数人一団となって江戸に上って行ったのである、木島又兵衛、祖式松助等の豪傑が先立ちであった。

そこで、この一団が数多《あまた》の竹刀《しない》と小手道具を釣台に満載して練兵館にかつぎ込み、気色すさまじく仕合を申込んだ。

当時、練兵館の留守をあずかっていたのは、新太郎の弟歓之助であった、歓之助時に年正に十七歳、剛勇無双にして人呼んで鬼歓と云った、「お突き」を以て最も得意としていたが、遠来の長州藩士悉くこの鬼歓の為に突き伏せられ、数日間、食物が咽喉《のど》を通らないで寝込んでしまったものがある、遠征の目的全く破れ、敗軍の士は、すごすごと竹刀をかついで長州へ帰って行った。

併し、ここに於て斎藤一族の真の手並みがわかったと共に、長州藩士も大いに雅量を発揮し九州の帰途を礼を以て新太郎を萩に迎えて師範とするに至った。（斎藤弥九郎伝）

斎藤歓之助はまた肥前の大村で剣法を教えたが、大村の藩中に大兵肥満で力の勝《すぐ》れた某という剣客があったが、この男は他人と仕合をする時に、いきなり体当りを試みて、自分の体重の重いのと力の強さで相手を倒してしまうことが得意で、また事実この男の体当りにかかると如何なる剣客でもあおり倒されないことはなかったが、この男が斎藤歓之助と大村の領主の前で仕合を所望し、そうして立ち合いざまに得意の体当りをくれた処歓之助は却《かえ》って自分の術をもってオーとそれをはね返したところが大兵肥満の大男がものの見事にうしろへ倒れてしまった、それより歓之助の名は愈々九州に轟《とどろ》いたが、惜しいことにその遺恨で遂に闇討ちに会ってしまった。

(西郷隆盛一代記)

千葉栄次郎

山岡鉄舟《やまおかてっしゅう》が若い時分、千葉栄次郎に数年学んだことがある、栄次郎は有名なる周作の倅《せがれ》で当時出藍《しゅつらん》の誉れを得た人である。

鉄舟、その時分鬼鉄といわれた血気盛んの時分であったが、或日悪戯心《いたずらごころ》から一つ栄次郎先生を苦しめて見ようと門下の荒武者数人を語らい、

「今日は一つ根《こん》限り精限り入り代り立ち代り先生にぶっつかってやれ、如何に千葉の小天《てん》狗《ぐ》とはいいながら吾々剛の者が数名その心持で全力を尽して立ち向う以上はかなりへこたれるだろう、その最後を見計って拙者が飛び出して火の出るほど打ちかかるから」

斯ういう約束をして、その約束通り剛の者数人が死力を尽して栄次郎に立ち向い、最後

に殿《しんが》りとして鉄太郎が向って行ったが、却って鬼鉄の方が綿の如く疲れさせられてしまって引き退くのやむを得ざるに至った、ところが、尚《なお》剛情我慢の者があって、鬼鉄が疲れて退くその後へ隙間もなく栄次郎に向って打ってかかったが栄次郎はその時左右を顧みて、

「誰れか竹刀の代りを持って来てくれ」

と云った、鬼鉄と戦っていた時分にこの栄次郎先生の竹刀は欛《つか》の真中から折れていたのだ、それでも折れた竹刀を持っているとは誰にも気のつかないほど平気でこちらをあしらっていたのでその腕前の秀れたところ人をして舌を捲《ま》かせたのである。

（木下寿徳著「剣法至極評伝」）

剣術中足がらをかけることに於て千葉栄次郎は殊に優れ、或門人が入塾八ヵ年ばかりの間に、他流と手合せの間この業で相手を気絶せしめたことが十四五度に及んだのを見たということである。

この栄次郎が或る流儀の師家、天野某というものと仕合をしたが、天野はこの足がらにかかって忽ち気絶した、冷水を頻《しき》りに面へかけたけれども容易に回復しない、そこでかたえの人が柔術活法「さそいの法」を施した処、忽ち蘇生したが、この天野氏は蘇生するや少しもひるまず、竹刀を携げ、また暫《しばら》く栄次郎と仕合をした、見物の者がその豪傑振りを感賞せざるはなかったが、これは必ずしもその人の剛なるという意味のみではなく蘇生者は蘇《よみがえ》るや否や元気が回復して以前に少しも変らないようになるのが通常なのである。

山岡静山

（剣術名人法）

山岡静山は江戸幕府の旗本であった、幼時より各方面の武術を研究していたが、年十九の時から悟るところがあって専ら槍術《そうじゅつ》に心を傾け二十二歳の頃には府内に於て及ぶものがなかった、その頃、筑後柳川の人で南里紀介《なんりきすけ》は槍《やり》を以て海内無双と称せられていたが、江戸に来ている時分に、静山を訪ねて何かとその道の話をしたが、将《まさ》に帰国しようとする時静山に請うて仕合をし互に槍を闘わしたが、その光景は実に壮烈の極みで、朝の八時からはじまって午後の四時まで互に秘術を尽し心魂を極めて立ち合ったが勝負は決せず引分けとなった、あとで互に槍を見ると穂先は砕けて一寸余り欠けていた。

静山は幕府の旗本が徒《いたずら》に惰弱に陥るを慷慨《こうがい》して古武士の風を慕い、厳冬寒夜に荒縄を以て腹を締り、氷を割って頭から水ごりを取った後東北に向って日光廟《にっこうびょう》を拝礼黙禱《もくとう》し、午前二時から道場に入って重さ十五斤の槍をふるって突きの猛練習をすること一千回、これが三十夜続くことは毎年であった、槍術に於て一家をなして後も昼は門人に教授し、夜は独《ひと》り道場に出て突きを試むること或は三千回或は五千回、或は夕方から翌朝の鳥の啼《な》くまで三万回に及んだことがあって、病気の時も猛練習をすると治ったということである。

静山は重い脚気《かっけ》に罹《かか》っていた時分、丁度自分の水練の師が仲間の者からその術を嫉妬《しっと》されて隅田川で謀殺されると聞き、これを助けに行って水泳中に衝心を起して死んでしまった、時は安政二年六月のことで享年二十七歳であった。

浅利又七郎

浅利又七郎義明は若州小浜藩《おばまはん》の剣道の師範であった、この人は中西忠兵衛子正《ただまさ》（奥平家の剣法師範小野派一刀流の家元）の二男であって、往いて浅利家を継いだ人である、又七郎の仕合振りは隙があって打つべき処をも打たず、或は突くべきところをも突かないで、

「こちらが勝ちました」

というのを常としていた、相手がもしその言葉を聞かない時は、ここに初めて猶予なく直ちにその極を差し、または打つことを例とした、未熟なる修業者はその言葉に従わないものが多く、それが為に改めて大敗を蒙《こうむ》ってはじめて浅利又七郎の達人であることに驚くのが常であった、ただ、当時有名なる剣客、中条潜蔵（幕末に精鋭隊なるものを組織してその隊長となり、慶喜公、久能山等を擁護した人である）この人が浅利又七郎と仕合する時は、突かれもせず、打たれもせずに、「まいった」と自然的に声を発することがあったという、いずれも機を知るものの剣法である、表小手は隙さえあれば何びとにも打てる処であるが、上げ小手の裏を打ったものは古来殆《ほと》んど無いといってもよろしく、木下寿徳氏（前帝国大学剣道師範）の如きは、四十余年間にただ一人見ただけであるが、それが即ち浅利又七郎であったと自著「剣法至極評伝」に書いてある。

山岡高歩

山岡高歩（鉄舟）は九ツの時から剣法を学び、初めは久須美閑適斎《くすみかんてきさい》に従って真影流、後井上清虎に就いて北辰一刀流、最後に浅利義明の門に入って一刀流の奥義を極めたのであるが、その頃豊前中津の剣道師範中西家と若州小浜の剣道師範浅利家とで、毎年春秋二季に終日稽古をする慣例があった、天下の我はと思う各藩の剣士、その来《きた》り集るものは大抵三四百人で、当日は午前五時から午後四時まで仕合が継続せられた、その時大方の者は一仕合毎に面を脱いで一休みしていた、鉄舟もこの終日稽古には必ず出席していた、そして他の大家とは違い、最初に面を被《かぶ》ったらその儘《まま》右の三四百人の大家を片端から相手にする例であったので、

「鬼鉄の剣術は飯よりも好きだから叶《かな》わない」

と評判されていた、鉄舟が後年の誓願の方法は、この終日稽古から案出したのであった、二十四の時一週間立ち切り千四百回の仕合をしたが更に疲労衰弱を覚えなかったとの事である、世間からはこうして畏懼《いく》せられていたけれども、鉄舟は尚心中に慊々《けんけん》たるものがあるのを憾《うらみ》とし天下無敵の良師を求めて砕励しようと心掛けた。

二十八歳の時に、はじめて浅利又七郎にぶっつかったのである、浅利に会って、はじめて山岡は衷心《ちゅうしん》から恐入ってしまい、これに就いて粉骨砕身の稽古をしたが、夜もろくろく眠らぬので昼道場に出てもうたた寝をすることが度々あった、又七郎この態《ざま》を見て変った

男だと竹刀を取って突然《いきなり》打ち込んで見ると、今まで身動きもせず寝入っていた鉄舟は忽ち身を飜《ひるがえ》し竹刀を振って立ち向った、又七郎は非常に喜んで特に念を入れて稽古したが、鉄舟勢いこんで立ち向いはするが咽喉《のど》に附く又七郎の剣をどうすることも出来なかった。

又七郎の立合は「突き」と云ってきっ先きを敵の咽喉にぴたりと向け、そのまま蛇が蛙を睨《にら》んだように如何に相手がもがいても右へかわすと右へ従い、左に避けると左に伴うて丁度咽喉にくっついた様に、敵がまいったと云わぬ以上いつまでもこの形を保って遂には本当に咽喉を突いた、鉄舟がどんなに打っても突いても盤石《ばんじゃく》に当ってハネ返されるようであった、鉄舟はそこに足らざるものあることをつくづく感じた。

そうして、明けても暮れても浅利又七郎の姿が眼先きにちらついてどうにもならなかった。

そこで、苦心惨澹《さんたん》の末、伊豆の竜沢寺《りゅうたくじ》の星定禅師に参禅した、江戸から竜沢寺までは三十余里ある間を早暁馬に乗って通ったものである、或は相国寺の独園和尚にも参禅し、或は由利滴水和尚に公案を受くる等、あらゆる苦心を重ねたがまだどうしても浅利の姿が目先きにちらついて容易にその幻影を取り去ることが出来なかった、然るに明治十三年三月三十日の暁に至って豁然《かつぜん》として悟るところがあって、そこで剣をとって浅利を相手に仕合をする型をやって見たが、今は更に浅利の幻影が見えない、鉄舟は歓喜に堪えず、

「あゝ、今こそ無敵の極所に達した」

と叫んだがこれは鉄舟まさに四十五歳の時、剣を学びはじめてより三十七年のことであ

った。

その日直ちに鉄舟は高弟籠手田安定《こてだやすさだ》を招いて仕合をして見たが、その時鉄舟がまだ打ち出さないのに、安定は大声を挙げて、

「先生まいりました」

と叫んだ、鉄舟は刀をひいて、

「どうしたのだ」

安定が答えて云う。

「先生に御指南を受けていること長日月でありますが未だ曾《かつ》て今日のような刀勢の不思議を見たことはありません、到底先生の面前に立つことが出来ません、全く人間業とは思われません」

と云った、そこで鉄舟はまた改めて浅利又七郎を招いて仕合を願った、義明は喜んでこれを承諾し、両雄互に立合ったが、その時鉄舟の威勢に義明は突然刀を抛《なげう》って容《かたち》を改め、

「君の業は至る処に至り得た、我等及ぶところでない」

と云って、この日一刀流の無想剣極意を悉く鉄舟に伝えた、鉄舟は尚それに安んずることなく、愈々精究して、終《つい》に無刀流の一派を開いたのであるが、この三月三十日が発明の日であるからこの日を記念日稽古はじめとした。

(山岡鉄舟の生涯)


山岡鉄舟の無刀流の道場即ち春風館へ明治十七年の頃、伊藤一刀斎九世の孫という小野

業雄が上総から来て家伝の剣法を演じて見せた、鉄舟がこれを見ていうに、「近世伝うる処のものは多く技を衒《てら》うの嫌いがある、思うにこれは御前仕合等に於いて使い崩したものであろう、今小野家の法というのを見るに断じてこの風が無い、これぞ即ち一刀斎の正伝である」

そこで小野氏を春風館に止めて己《おの》れに代って門人を教授せしめた、その時小野氏は、一刀正伝の秘奥と家に伝わった瓶割《かめわり》の刀とを鉄舟に伝えたそうだがその秘奥は殆んど鉄舟が発明したところの無刀流と符合していたということである。（佐倉孫三編「山岡鉄舟伝」）

山岡鉄舟が壮年の頃或夜友人と芝の山内を通りかかった時に、向うから一個の壮士が長い刀を帯び、高下駄をはいて肩で風を切って来るのを見た、そこで鉄舟は友人に向って云う。

「君、あれをどう思う」

友人もまた、可なりの強がりと見えて、

「あれは見た処はなかなか豪傑らしいけれども内心は弱虫だろう、今一つ僕が試してその荒肝《あらぎも》をひしいでやろう」

と、よせばよいのに刀を抜いてその前に迫って行った、先方も驚きながら刀を抜いてこれに応じたが、そうして睨み合っているばかりでいつまで経っても一向打ち込む容子《ようす》はないので鉄舟は余りのことにこれを怪しんで近寄って、それをよくよく見ると両人の顔はさながら青鬼のようで互に二間余りも離れて凝り固まって動かない有様である、鉄舟は、兎《と》も角相方共に怪我のないのを喜んで急に手を以て相方の刀を叩いて見たところが一方はカラリと地に落ち一方は凍りついたと同様になって動かない、よって鉄舟は大声に、

「つまらぬ喧嘩《けんか》はやめろ」

といった処がはじめて両人は夢の醒《さ》めたようであったという。

鉄舟が後日この事を話して人間というものは平生は豪傑のように見えても死生の際に臨めば案外なものだ、深く鍛錬の功を積まねばなんにもならないものだといったという。

（山岡鉄舟伝）

中条金之助

中条金之助は旗本で有名な剣士であって、門地も年配も、鉄舟の上で、剣術もまた鉄舟より秀《ひい》でていたが、維新後は駿州金谷原に退隠して開墾事業を始めたが、清貧を守り仕官せず自ら原野に出でて耕作をしている時も矢張り短い袴《はかま》をはいて鋤鍬《すきくわ》を取り威儀を整えていた、近郷の民が尊敬して金原の先生といった、鉄舟が無刀流の剣法を開いたことを聞いて上京して仕合をして見たが忽ち気絶するばかりに打たれたので、その無法を憤って箱根まで帰ったが忽ち非を悟って引返し、推服したということだ、その後も時々東京の山岡道場へ遊びに見えていたが、まだ結髪でいたという、或時云う事には、

「余は少年時代から山岡と一緒に千葉、斎藤、桃ノ井等の諸大家の門に遊んだけれどもそ

の頃までは鉄舟の腕は余の腕よりも数等下る位であったが、今や鉄舟の剣はその妙所に至り、前諸大家と雖も未だ窺《うかが》わざる処を得ている、余の如きは殆んど三舎を避けざるを得ないのである、これはその天性にもよるが全く禅理の妙よりここに至ったものであろう」と。

（山岡鉄舟伝）

後に福井県の知事等を勤めた香川輝が青年時代に山岡鉄舟の道場に行き、鉄舟に稽古を乞うた、その時道場を修築中であったが、香川は、他の門人達と共に砂を敷いた庭へ行って鉄舟に面会をしたが、鉄舟は粛《しゅく》とし動かず、爛々《らんらん》たる眼光射るが如く、香川の眼には神人が面前に現われたるが如く、如何《いかん》とも仕様がなかったけれどもそのまま帰るべきでもないから勇気を励まして手強くかかって見たが、最後にその雷霆《らいてい》の「突き」に当って真逆様《まっさかさま》に倒され、殆んど絶息したような気持になった。

香川氏はその帰途思うのに、

「自分は何も剣を持って世に立とうと志して来たわけではない、だからあんな風に命がけでの稽古はこれからやめることにしよう」

と思ったが、翌日になるとまた勇気が回復し再び鉄舟の稽古を受けに行ったが、この日また霹靂《へきれき》の突きに会い後ろに絶倒し、その苦痛前日同様であった。

その日の帰途もまた、昨日同様剣術をやめようかと思ったがまた翌日になって勇気が回復すると三度《みたび》鉄舟の門を叩き、前の如く打向い激しく突き倒されたこと前日の如くであったから、その晩もうこんどこそはこれ限り剣道をやめようと思い定めて見て、さてまた翌日になると思い返し四度鉄舟の道場に見えたがこの日の鉄舟の教え振りは誠に穏やかで前日とは打って変った別法の感がある、そこでその以後毎日通って勉強をしたが、その後は少しも前の日のような猛烈の態度を曾て見たことがなかった。

（香川著「剣道極意」）

山岡鉄舟の弟子に加賀の藩士で木村という人があったが、この男は居敷の際、相手が他所見《よそみ》をするとかまたはこちらの面を見ないで下を向いて礼をするような時は必ず相手の刀を打ったのでそれが無礼だといって仕合をしない先から喧嘩口論になったことも度々であった、鉄舟がその事を聞くと却って木村の挙動を賞《ほ》めていうには、

「礼儀も度を過すと却って非礼となるものだ、今勝負を決めようとする場合に他所見をするなどとは以てのほかの事だ」

と云って却って打たれた門弟を戒しめたとのことである。

（剣法至極評伝）

宇野金太郎

宇野金太郎は矢張り近世剣術の名人でその名関西に鳴っていたが、最初の時は明俵《あきだわら》に砂石を満しこれを木の下に釣り下げて振り動かし、自分の身体に突き当てて修業していたという事である。

金太郎は紙撚《こより》で丸行燈《まるあんどん》を突くと、行燈の紙を突き破ったが、燈は少しも動かさせなかっ

た、その紙撚一本だけに全力を集中することが出来たのである。

宇野はまた立木に向って打撃を試み、または椋《むく》の実を天井から釣下げ、これを刀の鋩《き》ッ先きで穿《つらぬ》き当てることを独習し、またいつも銃身を携えてそれを揮《ふる》うのを常としていた。

金太郎は相手の小手に一撃を加えて相手が若《も》し「軽い」とでも云おうものならその声のまだ終らないうちに忽ち第二の小手打が来て相手は数日間腕が腫《は》れふくれて痛みが止まらなかったということである。

金太郎はまた箸《はし》を持って蠅を捕うるに妙を得て眼に触るるところ一匹も逃がすことではなかった。

金太郎が竹刀を振るって敵に向う時には、「面」「突」「小手」と打突を入れるに先立って言葉をかけたが、それを防ぎ得るものはなかった。

金太郎が短い木刀を取って同時に五人の剣士（いずれも今日の精練証以上）当り、敵の打つ太刀を一回も自分の身に触れしめなかった。

金太郎が曾て髯《ひげ》を剃《そ》っていた処へ出入りの魚屋が板台を担いで来た、魚屋が云うのに、

「先生がそうして髯を剃っておいでなさる処をこの天秤棒《てんびんぼう》で打ってかかったらどうなさる」

と、金太郎曰《いわ》く、

「いいとも、打ち込んで来い」

魚屋、合点だとて天秤棒で無二無三に打ち込んで来た、金太郎ひらりと体をかわしたが

やっぱり平気で髯を剃っている、魚屋が仕損じたりと第二撃を加えたところ、金太郎ひらりと身をかわすこと元の如く、不相変《あいかわらず》髯を剃っている、魚屋が焦《あせ》って三度撃ってかかると、その体は忽ち庭石の上に放っぽり出されてしまった、併し金太郎は前の通り一向姿勢を崩さずに髯を剃っていたという。

金太郎は常に走る鼠を一打で打ち殺したが鼠が走っている刹那、無心で木刀を鼠の頭の上に下すのである。

（剣道極意）

近藤弥之助

近藤弥之助は講武所の師範で幕末有数の剣客であり、浜町に住んで門弟数百人を取り立てていたから、この人を立たせれば有力な一方の決死隊が出来るというわけで、彰義隊《しょうぎたい》は勧誘を試みたけれども、この人は慶喜恭順の意を体して容易に動かなかった、そこで彰義隊はこれを遺恨に思って彰義隊の戦後、落武者二十余人が抜き連れてその家に乱入し、

「われ等は奥州へ落ち行く、行きがけの駄賃に貴殿の首を貰って行くのだ」

と云った。

その時、近藤の家には主人の他に内弟子が二人いただけであったが、師弟三人刀を抜いて二十余人を防いだ、内弟子の一人は殺されもう一人は重傷を負わされたけれども、流石《さすが》に近藤は多勢を相手にして一ヵ所の疵《きず》も受けず右に隠れ左に現われ、敵四五人を斬り倒したので皆々退散してしまった、この人は明治の中頃迄《まで》生きていたが、或時府下を荒した有

名な強盗がこの人の家に入り込み主人の為に真二つに斬られたことがある、当時点検した警官もその腕前に驚歎《きようたん》したということである。（西郷隆盛一代記）

榊原健吉

榊原健吉《さかきばらけんきち》は男谷《おたに》の高弟であるが、講武所の師範役中でも一段水際立っていて、将軍からも寵用された、将軍のお好みによって当時槍術師範の高橋伊勢守と仕合した時、例の得意の大上段に振り被《かぶ》って胸部を敵に与えて、而《しか》も繰出す鋭鋒《えいほう》を左右にかわし、附入って見事対手《あいて》の面を打ちたる妙技などは将軍の感賞斜めならず、並居る人々もその非凡に驚かぬものはなかった、また京都滞在中に、二条城中の庭園で新たに召抱えとなった真陰流の天野将曹と立合った時なども上段に構えて竜尾の剣の働き鋭く、後の先に敵の面を打ったが、将曹も御前仕合といい、新参の首尾に不覚を取っては末代の恥辱という、我慢の意気張に決して参ったの一言を吐かなかった、健吉さらばと手段をかえて勢い猛に諸手《もろて》突きを喰わしたので飛びかえって顛倒《てんとう》して了った、満座の人々の賞讃《しようさん》はもとより、将軍の御感は一入《ひとしお》深かったという。（日本剣道史）

某僧と少年

幕末の頃山岡鉄舟、高橋泥舟《たかはしでいしゆう》、中条志岳等の剣客が皆々剣道の奥義は禅学にあるといって或名僧を聘《へい》してその教えを聞いていたが余りに禅に凝《こ》ってしまって遂には剣道の方をおろそかにするように見えたから門人が大いに不平を云いたてて諫言《かんげん》を申入れた、ところが先生達、君達の知ったことではないと云って取り上げないものだから愈々憤慨して、これというのもあの坊主があるものだから、あの講釈にわれわれの先生達が迷わされているのだ、彼奴を殺してしまおうではないかということに相談を決めていた。

或時、高橋泥舟の宅で例の通り仏教講話があるということを聞いて、今日こそと一同相談の上松岡某というのを坊主襲撃の役目に選んで時間を計って途中で僧の来るのを待ち合わさせた。

ところが、その日の講話が終った時右の僧がいうのに、

「どうも今日は何だか気分が変だ、自分の身に何か間違いが起りそうだ」

と云って頻《しき》りに首をかしげて考えていた、剣道の諸先生方、

「成るほどさ様な気分が起った時にはどうかすると間違いがあり勝だから不自由ながらここへ一泊なされては如何《いかが》」

といって引止めたけれども、僧はそれほどにも及ぶまいとあって帰ることにした。

「然らば誰れぞ気の利《き》いたお伴《とも》を一人つけてあげましょう」

と云ったが、僧はどこまでもそれを断ったけれども断りきれないで遂に十六歳になった高橋の内弟子を僧のお伴につけてやることになった、その時に右の少年に云い含めることには、

「途中たといどんな変事が起ろうとも決して武士の本分を忘れては相成らんぞ」

そうして二人が出かけると待ち構えていた例の松岡が、いきなり飛び出して一刀のもとに僧を斬り伏せてしまった、余りの急に内弟子の少年は一時は気も顚倒したが忽ち一刀を抜いて斬り込んだ暴徒に応戦した、少年も松岡も本来見識り同士のことだから、松岡は大きな声を挙げて、

「おれだよおれだよ、よせよよせよ」

と叫んだけれども更に聞き容《い》れられない、まっしぐらに進んで来る少年をあしらっているうちに片腕を斬り落され、それと同時に肩先き深く斬り込まれ、撞《どう》とうしろへ倒れた、少年は刀をさげたまま高橋邸へ戻り、

「斬った斬った」

といって泣き騒いだという。

僧を殺そうとして企《たくら》んだ門人達の方では松岡の帰りが余り遅いので、その場へ行って見ると松岡は右の如く重傷を負うていた、息も絶え絶えに始末を語ったが、その深手の為に遂に死んでしまった。（木下寿徳著「剣法至極評伝」）

松崎浪四郎

斎藤歓之助が武者修業の時、九州久留米の松崎浪四郎を訪《と》うて仕合を申込んだ、久留米は聞えたる武術の地であり松崎は九州一と称せられていた、こちらは名にし負う斎藤の鬼歓である、この両人の立合は実に目ざましいものであったが、歓之助は竹刀《しない》を上段に構え、

浪四郎は正眼に構えた、歓之助が電光石火の如く浪四郎の頭上目がけて打込むのを、浪四郎はやや体を反《そ》らして防ぐ処を隙《すか》さず歓之助が得意の体当りを試みたが浪四郎もこれには堪えきれず、よろよろとよろめく処を歓之助が、またも打下さんとした太刀先に、あわや松崎は危しと見えたが、彼もさる者、倒れながら横薙《よこな》ぎに歓之助の胴を打って、

「命は此方に」

と叫んだ瞬間の働きは見事であった。

歓之助が浪四郎の為に敗れたことを聞いて、後進の吉村豊次という男が、その復讐《ふくしゅう》のつもりで、或時松崎を訪うて仕合を申込んだがこの吉村はなかなか豪胆の男であったが、正直に仕合をしていては、とても松崎の敵でないから、ワザと奇略を以て勝とうと思って、竹刀を交えるや否や、吉村は、故意に浪四郎の拳を目がけて打込んで、

「お小手」

と叫んで、竹刀を引いた、浪四郎は笑いながら、

「お小手ではない、拳だ」

と云うのを、吉村は知らぬ顔で、道場の隅々を歩き廻っているので、

「どうしたのです」

とたずねると、吉村が、

「只今《ただいま》、打ち落した貴殿の拳を尋ねているのでござる」

と云ったので、それを聞いた松崎は烈火の如く怒って、

「憎くき一言」


と云いながら、太刀を使い出したが、心頭にのぼる怒気の為に太刀先が狂い、思うように使えない処を、吉村の方は思う壺《つぼ》と勇気百倍して、散々に打ち込み、

「これでも九州一か」

と叫びながら勝を取ったとの事である。

明治の初年伊藤博文の邸《やしき》に於て武道を天覧に供したことがあるが、その時この久留米の松崎浪四郎と、佐倉の逸見《へんみ》荘助両人の立合いがあった、その時、互に間合を取って対峙《たいじ》すること凡《およ》そ三十分であったが、遂に逸見から色を見せその色に乗じてかかろうと企てたのを松崎浪四郎が色を見せたその刹那の機に乗じ逸見の小手を取って勝ったのは古今無類の間合ともいうべき見ものであったそうな。

上田馬之助

上田馬之助は桃井《もものい》春蔵の高弟であって、維新当時の名人であったが、その頃は矢張り武者修行が流行し江戸の剣客も九州を修行に廻ることが多かった、そうして薩州の鹿児島に来て見たが流石に江戸仕込の名剣客、薩摩には手にたつものが無かった。

ところが日向《ひゅうが》の国に天自然の剣客に吉田某というものがあった、われこそ上田馬之助を打ち込みくれんと鹿児島へやって来て上田に仕合を申込んだ、上田は快く承諾して翌日城下鍛冶屋町の某藩士の庭上で仕合うことを約束した、当時薩摩の剣術は道場というものが

なくて荒っぽい修行をしたものである。

上田と吉田との仕合のことが忽ち城下の評判となると、後の隆盛西郷吉之助、後の桐野《きりの》利秋《としあき》中村半次郎、有村治左衛門も見物に来たそうである、その他見物山の如く押しかけていた。

やがて相方庭に出ていざ仕合の用意となると馬之助は面小手と胴とをつけ竹刀を携えて出て来たけれども、吉田は素面《すめん》素小手でただ太い竹刀を携えたのみであった、それを見ると馬之助が吉田に向って、

「貴殿はどうしてお道具をつけられないのですか、お道具がなければ立合いは出来ません」

といったところが、吉田は豪然として、

「貴殿こそ他国のものであるによって御存知が無いと見えるが、我が天自然流と申すは一切の道具を身に附けず、素面素小手で打合うのが習いでござる、御身はお流儀上道具をおつけになるるとも差支えないが拙者の身体は鍛え上げて鉄《くろがね》の如くになってござるにより頭でも腹でも勝手の処をお打ちなされ、竹刀ぐらいが当ったからといって痛いと思うような拙者ではござらぬ」

と軽蔑《けいべつ》面に答えた、馬之助は元来謹み深い男であったけれども、この広言を憎いと思ったらしく、

「いや、天自然流のことは拙者も予《かね》て聞き及んでいる、先頃も江戸表に於て千葉栄次郎が

熊本細川侯の藩中であるところの剣客と仕合を致したが、先方が貴殿同様道具を用いない為に栄次郎も当惑いたし、わざと小手を三本軽く打ち込んだが、栄次郎の腕の冴《さ》えをもってその人は手の骨を挫《くじ》いて使用が出来なくなった、今貴殿の身体が鉄だと仰有《おつしや》るならば、拙者が竹刀はずい分その鉄をも砕くでござろう、念の為に拙者が竹刀の働きのほどを御覧に入れ申そう」

といって家の者に最も丈夫な竹の古胴を貰いうけてそれを庭の大木に巻きつけて云うことには、

「如何に吉田氏、この竹胴は竹も太く、拵《こしら》えも丈夫であるのに隙間なくこの大木に巻いてあることだから普通では容易にこの竹が砕けるということは無い筈《はず》であるが、今拙者はこの竹刀を以てこの竹を砕いてお見せ申そう、若しこの竹が砕けたならば御身も道具を附け給え、貴殿の身体は堅いと仰有るけれどもこの竹胴より堅いことはござるまい」

といって太くもあらぬ竹刀を以て馬之助が突立っている、吉田はまさかこの細竹刀であの竹胴が砕けようとも思わなかったから、

「よろしい、見事貴殿があの竹胴を砕いたならば拙者も道具を附けるであろう」

と約束したが、馬之助、

「えい」

と一声軽く打ち込んだと見えたが近寄って竹胴を験《しら》べて見ると太い竹が三本程中から折れていた、吉田もこれを見て胆を冷したが、馬之助は尚一枚の四分板を借りて来て立てか

け、先革の附いている竹刀で、えいと突けば、槍で突いた如く板へ穴があいて竹刀の先きは少しも破れなかった、そこで、

「如何に吉田氏、御身の咽喉の皮が厚いと云われたとてこの板にはかないますまい、若し拙者の竹刀が当って怪我があるといけないから是非とも道具をおつけなさい」

と、遂に吉田に面小手胴を附けさせてしまった、それから相方立合って二三番仕合をしたけれどももとより馬之助の敵ではないから吉田はさんざん敗北したが、強情の代りに邪念のない人であったから馬之助の技量に感心し、それから鹿児島に逗留《とうりゅう》し、ついて剣法を学ぶことになった。

上田馬之助が鹿児島で竹胴を砕いたことはその頃評判の話で維新の後に至るまで剣客仲間の話の種となったが、竹刀で板を穿《つらぬ》き抜くこともまた馬之助の大得意であった、明治十九年まで日本橋区松島町に馬之助の弟弟子に当る三輪仙之助が剣術の道場を開いていたが、馬之助も時々助け稽古に来て人に拝見を乞われて板を貫いて見せたことがあった。

彦根の藩中で児島某という剣客は彦根の虎と称せられ、虎が出るといえば相手に立つ者がないほどの達者と云われた、その虎とあだ名をされたのは、黒塗の革胴に金蒔絵《きんまきえ》でもって大きな虎を一杯に描き出し人と仕合をする時はたといほかの処は打たれてもその胴へは決して竹刀を触れさせないと平常自分も自慢にしていたのである、尤《もっと》も一度竹刀に打たせれば金蒔絵がはげて竹刀のあとが残るのだからこの人は生涯この胴を人に打たせることはなかった、併し、上田馬之助と立ち合う時に限って決してこの胴をつけないで他の胴を用

いたことから馬之助から、

「児島さん、虎胴《とらどう》はどうしました」

とからかわれた、児島の腕はその時分並ぶものが少ない程であったのに馬之助にあうと子供のようにあしらわれたのである。

この上田馬之助の云うことには西郷吉之助なども大いに教えられたとのことであるが、有名なる松田の三人斬というのは当時一代の視聴を驚かしたのである。

それは銀座の尾張町に松田という料理屋があったがなかなか安くて勉強するから評判であったが、上田馬之助は或時この辺を通りかかって昼食をしようと松田の楼上へ上ったが、客はなかなか混んでいた、けれども上田はただ一人であったから少し空いた席につき酒も飲まず、ちょっと食事をしただけで帰ろうとすると丁度向うの隅にいた三人の武士がその先きにいた子供連れの商人に向って遽《にわか》に大声をあげてどなりはじめた。

その事の起りというのは子供が刀を踏んだとか踏まないとかいうことであったが、何分酒の上のことといい、その時分の荒っぽい武士の気風で商人が平あやまりにあやまるのを聞かず刀を抜いて切り捨てんばかりの意気組であった、武士の乱暴は当時珍しいことではなかったが、何しろ客がこの通り混んでいる二階のことではあり、他の客も驚き騒ぎ女中達も共々詫《わ》びをしたが三人のものは酒気にかられ愈々暴れ出した。

上田馬之助がその武士の面《かお》を見ると一人は天童の織田家の剣術の師範役某というものであった、他の二人はその門弟でもあるらしかった、上田は剣術仲間でその師範役とは二三度面を合せたこともあるのだから衆人の難儀を見るにしのびずその傍へ進んで行って仲裁をした。

先方の三人は何者が出て来たのかと見るとこれぞ桃井《もものい》の小天狗といわれる上田馬之助であったからどうも相手が悪い、今までの勢いも何処へやら猫のように小さくなってむにゃむにゃとしてしまった。

助けられた商人は厚く上田に礼を云い子供を連れて逃げるように立去ってしまったが、多数の客のうちには上田馬之助を見知っているものもあって、

「あれは名代の桃井の小天狗上田先生だ、あの先生にかかっては世間並みの剣術使が五人や十人束になったとて叶《かな》うものではない、だからあの三人も黙ってしまったのだ」

斯ういう私語《ささやき》が聞えたものだから師範役はじめ三人は無念の色を示して居たけれども、何しても相手が上田だから手出しも出来ず、そこで上田は自分の席へ戻って来て勘定を済ませ三人にも挨拶をして立ち上り、何心なく二階の梯子段《はしごだん》を二段目まで下り、今三段目に片足を卸そうとする途端、諜《しめ》し合せた三人の者は一度に抜きつれて上から不意に斬り下した。

その時上田馬之助は梯子段の中程でヒラリと身をかわしたが、

「卑怯者奴《め》」

と云いながら、躍り上って師範役を抜き打ちに払ったところが腕の冴《さ》えは恐しいもので大の男が胴切りになってしまった、これはと驚き門弟が後ろから斬りかかるのをふり向き

ざまに顔の上から顎《あご》の下まで一刀に斬り下げ返す刀で今一人の細首を丁と打ち落した、その働きの素早いことほんの瞬く間に三人を仕止めてしまった。

二階にいた客達はそれ喧嘩だと逃げようとしたが梯子段ではじまったことなので逃げ路を失っていよいよ立騒ぐころには早や勝負がついてしまって驚いたり呆《あき》れたりするほかはなかった。

それから馬之助は家の者を呼び町役人を呼んで検視を待っていたが、検視に来た役人もその斬口の見事なのに驚き早速見舞に来た馬之助の門弟達と共に感歎しておかなかったということであるが、この三人の死骸《しがい》は皆んな一刀ずつの斬口で二刀まで加えた跡はなく殊に師範役の胴斬は勝れて見事であったということだ、何しても理非曲直分明なことで見物人が皆保証人であったから別段咎《とが》めがなくて済んだ。

この馬之助は明治になってから警視庁や宮内省に仕えたが、明治二十年頃七十余歳の長寿で亡くなった。

（西郷隆盛一代記）

玉　石

小太刀半七

二代将軍秀忠の時に、小太刀《こだち》半七《はんしち》という剣法の達者が鉄扇をもって仕合をすることに妙

を得ているということを秀忠が聞いて、それには何か特別の術があるかと尋ねて見た処が、

「別に何の術もございませぬが、仕合を致しまするときに、何となく面白い心持が致すのが極意でございます」

と、返答をしたので、秀忠が大いに感心して云うことには、

「すべて戦《いくさ》などに臨んでもその通り、面白しとさえ思えば恐しいことはなくなって、謀《はかりごと》も自から出て来るものである、聊《いささ》かの争いにも心が迫って顚倒するところから手ぬるくなってしまうもの…

と云われた。　（三河之物語）

青地三之丞

備前公池田光政《みつまさ》の家来に青地三之丞という弓の名人がいた、或時、この人が梅の花を的として五本の矢を放ったが、その矢が一々五枚の花弁に当ったということである。

正木大膳

安房上総《あわかずさ》の主、里見義弘《よしひろ》の臣正木大膳《まさきだいぜん》は十二三の頃から馬を習うのに片たづなで乗ることを好んでいた、馬を教える師匠がそれを見て、怒っていうことには、

「片たづなというものはよくよく乗りおぼえて、ものになってから後のことです、そこ許《もと》にはまだ鍛錬もないのにさ様な生意気のことをしては相成りませぬ」

とたしなめる、大膳がいうに、

「侍の大将となるものは馬から下りて槍を合せ功名するということは多くあることではない、馬上で下知《げち》をしたりそのまま勝負をしようというには片たづなを達者に覚えなくてはならぬ」

と云い切った通りに、その後度々戦場へ出て馬上で勝負を決した、その中でも鴻《こう》ノ台《だい》で里見義弘の子息義高が北条氏康《うじやす》と合戦して負けたがその後れ口に正木大膳は馬上で待ち受けて敵のよき侍を或る処では八人また或る処では九人、また或る処では四人という風に一日のうちに良き侍二十一人を馬上で斬り落して立ち退いた事がある。（甲陽軍鑑）

徳川頼宣

或る時、紀州侯徳川頼宣《よりのぶ》に逸物の犬を進上する者があった、予《かね》て聞えた荒犬であったので、二人附添うて庭へ出た、頼宣から、

「これへ引いて参れ」

と云われたので附添の者は縁鼻へ引付け、頼宣のお小姓に向い、

「この犬はトテも人に荒いのでございますが」

といったが、頼宣は頓着なく、

「いい犬だ、定めて猟ききだろう、顔構《つらがま》えも悪くない」

と云って、足で頬を撫《な》でた時、果して犬は猛然として怒り出し一声唸《うな》って頼宣の足に噛《か》

み付いた、その時、頼宣は足を犬の咽喉へ突き込んでしまったので犬は驚いて逃げ出したが、それから頼宣を見れば尾を垂れ首を俯して柔順であったという、この時もし頼宣が足を引いたならば却ってこれが為に噛み付かれて大怪我をしたであろうが、咄嗟《とっさ》の間の機先を制した働きは平生武術の鍛錬の教ゆる処であった。

野口一成

黒田家の士、野口一成は戦場武功の者であったが、或る剣客と仕合をして、相手の木刀を左の腕で受け止めて、右に持った木剣で敵を突き倒した、その剣客が、

「腕で受ける剣術というものは無い」

といって冷笑すると野口は具足櫃《ぐそくびつ》から籠手《こて》を取り出して太刀痕の多く付いているのを示し、

「おれの流儀はこれだ」

と云った話がある、その籠手には筋金を多く入れて、楯《たて》の代りにして戦場に用いたものであった、また、謙信流という流儀には、柄の長い刀を地摺《じずり》につけて敵の股倉を穿《つ》き上げる兵法もある。

可児才蔵

福島正則《まさのり》の士、可児才蔵《かにさいぞう》に向って仕合を申込んだものがあった、その後になって待って

いると、才蔵は具足甲で笹の差物を差し、若党に鉄砲を切火縄にして左右に槍を立て脇を詰めさせ、総《すべ》て二十人ばかりひた甲にて押して来た、相手は案に相違して、

「拙者の所望は斯様《かよう》の仕合ではない、一人一人の槍仕合である」

という、才蔵が笑って、

「吾等が仕合はいつもこの通りである」

といったとのこと。

乱世の槍、後世の槍の相違というものであろう。


（異説まち〳〵）

徳川光友

尾張の徳川光友《みつとも》が或時、御ふくろ棚へ鼠が入ったのを追出して、自身は小柄を持って、つるつると逃げる鼠をとめてしまった、その手際が何とも云えず軽妙であったので、その座にありし者共が、あっと感心してしまうと、

「これは連也がお蔭《かげ》であるぞ」

と云ったそうである。


（昔咄第九巻）

柳生又十郎

これは、講談などにも、よく現われる有名な話だが、最初の正確な出処は不明であるけれども、修行の神髄を面白く伝えている処がないではないから次に記して置く。

又十郎が父の勘当を受けて、磯端伴蔵《いそばたばんぞう》のもとに薪水《しんすい》の労をとりながら、日夜、修行に心を砕いた時分の事である。

或る時、伴蔵先生楽寝をしている、又十郎この隙に髭《ひげ》でも抜こうと懐中から用意の毛抜きを取出して、またその辺で抜いていると叱られると思うから、外へ飛出して庭前の大きな石の上に腰をかけ、前の流れを見ながら頻りに鼻の下の髭を抜いている、そのうち伴蔵眼を細く開いて見ると、又十郎が彼方《あちら》を向いて髭を抜いている様子、やっと声をかけて肩先を突いた、突かれて又十郎は谷川へ真《ま》っ倒《さかさ》に顛《ころが》り込んで七八間流れたが漸くのことで岩へつかまって濡鼠《ぬれねずみ》の様になって先生の前に来て、

「誠に恐入りました、つい余り髭が伸びましたから」

というと、先生は、

「いや、髭は抜こうと抜くまいと随意だが余が後ろへ廻って行くのが気がつかなかったか、竹刀を取って立ち上った時ばかりが剣術でない、平素の心掛けが肝腎《かんじん》だ、伴蔵だからいいが敵であったらその方の命はあるまい」

と云われた、又十郎、

「恐入りました」

と頭を下げる所をまた一つポカリ打たれた。

その後又十郎炊事をして一生懸命火を吹き付けている処を先生ポカリと背中を打った、又十郎驚いて後ろを見ると、先生が袋竹刀を持って立っている、そのうち先生は又十郎の

進境を認めながら、今日は気のついた処を一本打ってやろうと例の袋竹刀を採って又十郎の焚火《たきび》をしている後ろへ廻って来た処が又十郎今日は気がついている、先生は気がついたなと思いつつ一本やっと打下した、又十郎は後ろへ下ってがっちりと受けた、先生は、

「感心感心」

と賞めて、それでなくては可けないと喜んだので、又十郎が、

「有難う存じます」

と吹竹を置いて御辞儀をする所をポカリと脳天を打たれた、先生は更に、

「どうもまだ油断があっていけない、向後《こうご》は寝るにしても眼を開《あ》いて寝ろ」

と命じた、又十郎二三日は少しも寝ない、身体は綿の如くになって疲労を感じて来た、そこで薪を採りに山へ往《い》って草原の景色のいい処で一寝入り寝込んでそれから帰って来た、その夜伴蔵先生腹の中に、今日はもう四日目だ、大方疲れて寝るに相違ない、眠ったならば一つ打ってやろうと様子を見ていると、さっぱり寝入らない、ハテ不思議だと思っていると、翌る日薪を採りに山へ出て行く、そのあとを見えかくれについて行って見ると、又十郎そうとは少しも気が付かず、例の通り草原で昼寝をしようとすると伴蔵先生突然其処《そこ》へ飛び込んでポカリポカリと五つ六つ続け打ちに打った。

「これ、その方は不都合の奴だ」

又十郎は、

「どうも恐入りました」

と低頭平身する、先生は、

「斯様な不埒《ふらち》のことで修業が出来るものではない、これから七日の間少しも寝ることはならぬ」

と厳命を下した。

（剣術落葉集）

家光時代の槍

家光の時代槍をもって名を得たのは高田又兵衛、不破《ふわ》けいが、下石《おろし》平右衛門、この三人が十文字使いであった、素槍は山本無兵衛、これはむへんという、また紀州に石野伝一というのは大島雲平の師匠で聞えたる使い手である、丸橋忠弥は是等の人よりも後のものでかなり有名ではあったのである、又兵衛、平右衛門よりけいがは落ちていた。

徳川二代三代の頃、槍は右の如く追々名人と称《よ》ばれるけれども剣術はそれほどでなく一流を立て千石ともなったものは無い、これは柳生流、一刀流が天下の剣術を抑えてしまっているためであった。

（古老茶話）

槍の長短

伏見の城で人々が槍の長短によって利不利あることを論じ合ったが、論より証拠これは幾度も槍を合せた経験のある人に聞くに越したるはないと、酒井作右衛門重勝を召出してお尋ねという事になったが、重勝は直ちに、

「槍と中すものは長いのが宜しい、昔から定められてある通りでございます」

と云ったので、家光も道理と感じ、その論は定ったそうである。　（寛永系図）

槍術の師、中川柔軒に或人が槍のこしらえのことを尋ねたところが、柔軒がいう。

「どうなりと各々《おのおの》の勝手次第がよろしい、治世の槍はさのみ強いことも要るまい、乱世ならばまき柄、ぬり込めなどにして力にさえ合わば太く重きものを用うるがよい、昔からこしらえように書きつけはあるけれども、それにこだわっては用に立たない、柄の寸も定まりは九尺であるけれどもその技量に応じて大柄のものは一丈でも二間でもよろしい、小男ならば八尺にも七尺にもするがよい、定まったことは無いものだ」と答えた。

小野次郎右衛門も剣道のみならず槍術も人に教えたが、槍の拵えように就いて同様のことを云った。　（八水随筆）

無眼流開祖

無眼流剣術の祖、反町無格《そりまちむかく》が諸国修行の節、或る山路を通った処が、長い谷があってその渓流に架《わた》せる長橋は丸木橋であって、容易に渡り難い、どうしようかとあたりの石に腰打ちかけて思案していた処が、一人の盲人がその橋へさしかかって来た、無格心の中に思うよう、両眼のある我身でさえも渡りかねたる程であるのを、この盲人にどうして渡ることが出来るものかと息をこらしてそのせんようを見ていると、盲人は右の丸木橋に差しかかるや否や左右よりその丸木橋を杖《つえ》でさぐり、何の苦もなくすらすらと向うの岸に渡ってしまった。

そこで無格、思わず両手を打って、剣道もここだ、兎角《とかく》眼があればこそ疑いが起って妙所に至ることが出来ないのだ、眼をつぶして修行をしようと、自《みずか》ら無眼流と改めて一流を開いた——この逸話には疑問あり、無格はまた事実無眼流の祖ではないとの説もあるが逸話としてはなかなか道の要領を得た処がある。

雲州の某士

慶長年間のこと、播州姫路の近辺へ雲州の侍で四五百石ばかりとるとおぼしいものが通りかかって駕籠《かご》から出で、茶屋に腰をかけて茶を飲んでいる処へ、年のころ十四五歳になる童《わらべ》が走って来て申すには、
「わたくしは親の仇《かたき》を覘《ねら》うものでございますが、只今この処にて見かけましたから討ち果しとうございますが、敵は槍を持たせて居りますから、私も槍で勝負をいたしとうございますが、浪人の悲しさに如何とも致し難うございます、就きましては近頃御無心ながらあなた様がお持たせある処のお道具を拝借いたしたいものでございますが」
と頼み込んだ、雲州の侍がそれを聞いて、
「委細承知いたした、御若年の処感じ入りました、しかし、その仇討はかねてお届けになって居られるかどうか」

と尋ねると、浪人の童が答えて、

「かねて、相届けて置きました、今日この処にて勝負を仕ること故《ゆえ》に、処の領主へも申し達して置きました、お気遣い下さいませぬように」

雲州の侍これを聞いて、

「然らば拙者の持槍を御用立たいと思うが主用にて旅行の途中でござる故、私の儘にはなり難い、槍は主人の為の槍でござる故お貸し申すことは見合せよう、併しながら貴殿のうしろ立にはなっておあげ申す故心強く思召《おぼしめ》され候え」

と云われたので、浪人の童も大いに喜んでいるうちに相手の敵も出て来た、相手は大身の槍を提げて来て直ちに少年に向って突きかくる、少年もここをせんどと闘った、雲州の侍は挟箱《はさみばこ》に腰打ちかけてこれを見物しているところ、相手は大兵の手だれであり長物の得意の道具を持っていることだから少年の方があやうく陰になって見えると、敵は陽に進んでつけ入ろうとする時雲州の侍が、

「その石つきは」

と不意に声をかけた処、敵がうしろへ振り返った処を少年が飛び込んで斬り殺してしまった。

そうしていると、敵の若党共がこの少年に斬ってかかろうとした時に、雲州の侍が槍のサヤを外し、目を荒らげて、

「その方共は剣を追うというものである、退《ひ》け退け、退かなければ拙者が相手になろう」

といったので忽ち散ってしまった。

あとの事などを雲州の侍がねんごろに世話をして、彼の浪人に向い、

「お手柄天晴れなること感心いたしました、苦しからずば我等主《あるじ》へお仕えあるまいか、それがし、よきに御推挙申上げよう」

といったので、少年は答えて、

「だんだんの御厚意、御好恩辱《かたじ》けなき仕合せにございます、仰せに甘えて御取持に預って御奉公を申上げとうございます」

やがて松江へ同道して主人へその趣きを申上げたところ、殿の感賞斜めならずして、彼の侍には加増を賜り、少年へは新知二百石ほどを与え小姓として召し使われた。

後、事があって、この推挙した侍が松江をたち退かなければならないことになると、その時この仇を討った少年も離参した。

太守が深くこれを惜んで彼を召し返されることになると少年もまた帰参し両人共に忠勤をつくし、長くよしみを結んだということである。（雨窓閑話）

可休と十郎兵衛

元禄年間のこと、下総国結城《しもうさのくにゆうき》に二人の剣客があった、一人を深沢可休といい常陸《ひたち》の国鹿島の生れで、年は三十二三、瘠肉《やせじし》で柄が小さく髪を総髪にしていた、この人は戸田流の使い手であった、もう一人は十郎兵衛といって土地の富豪であった、身の丈五尺八寸、力が

強く吉岡流に達していつも新刀の下坂《しもさか》三尺ばかりのを帯びていた、いずれも若いものを集めて剣術を教えていたが門人共は互に各々の流儀の甲乙を争って口論し果てはいつか相方の師匠達の勝負を望んで止まないようになった、可休は温厚の人であって別段意に介せずにいたが十郎兵衛は血気の男であってきかない、よしいつか本当の手並みを見せてやろうといっていた。

或日の早朝のこと、深沢可休は駒下駄《こまげた》を穿《は》いて、備前の古刀、細身の一尺三寸ばかりのを腰に差して庭に出で楊子《ようじ》を使っている処へ十郎兵衛が不意に押しかけて来て、例の下坂三尺ばかりの長刀を抜き言葉をかけおがみ打ちに打ち込んで来た。

可休は駒下駄を脱ぐ閑《ひま》もなく、右の一尺三寸の小刀を以てこれを受け、互に切り結び追いつ追われつしてとうとう河原に出てしまったものだから見るものが市の立ったようであった。

ところが十郎兵衛の刀は打ち合う度に歯のこぼれること、砂を散すようで、動《やや》もすれば十郎兵衛の危いこと限りがない、けれども獲物の長短のせいか可休は十郎兵衛を屢々《しばしば》危地に陥れながら打つことは出来ない、それと進退の自由を妨げる駒下駄を脱いでいる閑がなかったが、石につまずくと下駄の緒が切れたものだから、そこへ倒れてしまった、あわや十郎兵衛の長刀の為に命を落すかと見えた時見物の中から飛び出したのは、この近村府河の舟乗りで孫右衛門という者であった、この者が樫《かし》の杖をもって今打ち下そうとする十郎兵衛の刀を受け止めて、

「お前さんは男らしくない、可休殿は下駄を脱ぐ閑もなくて亘《わた》り合って居られる、それをまたあやまって倒れたのを幸い打勝とうとするのは卑怯《ひきよう》千万である、なぜ起して後に打たないのか、それでお前さんの剣術が可休殿に劣っていることは明かでござる、わしは府河の孫右衛門だ、この勝負はわしに任せて貰いたい」

といった、この孫右衛門は香取流の棒の達人で有名なものであったから十郎兵衛もその理に服し互に和睦《わぼく》をしたということである。（見聞集）

原田藤六

久世侯《くぜこう》の臣に、原田藤六という朴勇ともいうべき人品の男があったが、或時、縁の下へ籠《こも》った賊があると聞いて、着物は邪魔だといって裸体になって、縄をもって縁の下へ入って苦もなく捕えて来た、この藤六が或時今時の槍術を謗《そし》った、館理左衛門という槍術家がそれを聞き捨てにしかねて、それでは一番仕合をしようと申込んだ、藤六もそれを承知して、いうことには、

「我等が仕合は今時の仕合とは違う、眼を一つ位突き潰《つぶ》されても負けということにはしない、多少の手を負うが片輪になろうがそんな事には構わない、組んでなりともどうしてなりとも首を取るのを仕合の勝というのだ、その心得で仕合をいたしたい」

という、理左衛門もその頃の士風で、

「おもしろい、然らば」

ということになったが、側からなだめ止めるものがあってその仕合はやめになったということである。（異説まち〳〵）

無辺流の槍

無辺無極流の槍は、極めて激しい槍であった、柄の長さ二間二尺めぐりは径三寸、握れば指に余るほどである、槍の末は一寸二分径、革頭《たんぽ》の大きさは径三寸ばかりのを使っていたそうだが、その師範の槍はなお太く、柄の径が四寸もあるべし、これを苧《お》がらをふるように握り廻し誠に手軽に見えるそうだが、徳川中期後番町にその槍の道場があってなかなか栄えていたが門弟をその術の優劣によって階級をたて、誰の次は誰れと席順を極《き》めて置いて専《もっぱ》ら他流仕合の来るのを待っていた、そうして他流仕合の申込があれば、その席順をもってだんだんと出て勝負を試みその日は一般の見物を許した故に非常に雑沓《ざっとう》したということである。

或時某藩士が二人来て、仕合をしたが、その一人は一刀流で飛び上ることを得意とする男であったからその立合いのうちに一間余も飛びあがって入りこんで勝を得た、初級から三四人までこの飛術に負けたが六級目の弟子が遂に打ち勝った、併し、その六級の弟子というものも、その師範に向う時は一向槍を構えることが出来なかったということである。斯様な大槍であるから握りが自由に行かない為に左の掌にわらを握り込んで槍の柄をすり出し、突き控《ひ》きを速かにする珍しい稽古であるという。（甲子夜話）

東郷某と剣僧

鹿児島に伝わる薬丸流、自源流は敵を一撃に倒すを目的として、二撃三撃を用いないことにしている、故にその打撃の猛烈なること他に多く類を見ないのである、昔、東郷某という薩摩武士があって、剣道に達する一僧に就いて学んだが、右の僧は立木に向って打撃を練習させていたが、毎日毎日その練習振りを見て坊主は悪口雑言をし、そんなことではものにならぬ、意気地なし等と罵《ののし》った、最初のうちは我慢もしたが如何《いか》に師匠なればとて余りに罵り方が激しいので心中憤りを発して、今日こそはこの坊主を一撃のもとに打ち殺してやろうと、深く心に決してその翌日例によって立木に向ったが、立木の前に立つや否や師の僧が一見して、

「よろしい」

といって許した、それから、

「今日の気合は全く日頃と違う、どうしてこうまで充実したのか」

と尋ねられたので、東郷は自分の決心のほどを語って師僧にお詫《わ》びをしたので、師僧も成るほどとうなずいたとのことである。

（剣道極意）

海　野　某

美濃国岩村の城下の人が山へ遊びに行って熊の子を一頭捕えて帰って来たところが、親

熊が怒って市中に出で、或る一人住みの家へ入り込んで、その人を搔《か》き殺して行ってしまった。

訴え出があったので足軽共を出し長銃で熊を撃たせることにし、物頭《ものがしら》各組を列《つら》ねて城山のほとりを終日捜索したが、日も漸《ようや》く暮れそうになったから皆々帰ろうとして山を下りた、その時は隊伍《たいご》を乱してあと先きになり、ちりぢりに帰路についたのであるが、海野勝右衛門という物頭が、何心なく通って行くと路辺の篁《やぶ》が、さっと音がして笹が寝たかと思うと一頭の大熊が飛びかかって来た。

勝右衛門は無辺流の槍術《そうじゅつ》者であったが、それを見るより小者の持ったる槍《やり》をとって突いた処が、幸いに熊の咽喉の横手から脇腹へ突き通しはしたが臓腑《ぞうふ》へ当らなかったせいか、熊は少しもひるまず、ますます怒って槍の柄をたぐり寄って来るので詮方《せんかた》なく自分の身体をめぐらして、あしらっているうちに、後から来た足軽が駈《か》けつけて長銃で熊を撃ち止めてしまった。

後日に勝右衛門がいうには、

「稽古《けいこ》というものは、よいものである、はじめ熊の飛びかかったのを槍をつけた時は、所謂《いわゆる》間不容髪《かんはつをいれず》の場合であった、若《も》しあわてて鞘《さや》のまま槍をつけた時には熊の一搔きにやられてしまったに相違ない、われ知らず夢中に鞘を外したばかりで遁《のが》れることが出来た」

と、真実を物語って誇る色もなかったので人々が感心した。

木下淡路守の淡路流の槍の流儀には、鞘は刃なりになっていて、紙を張って置く、よっ

て斯様な危急の場合は鞘ながら突いても効果があるようにしてある。　（甲子夜話）

死物狂いの強

ある一刀流の達人何某《なにがし》の召仕《めしつかい》の下人が他の歴々の方へ無礼をした故、先方からその下人を所望して来た時、主人が下人を呼んで云うには、

「その方何某殿へ無礼を致したる故、その方を所望せられたのだ、不びんには思うけれど是非なくその方を引渡す、定めて先方に於《おい》て手討にあう事であろう、その方所詮なき命であるによって、拙者の刀をその方に与えるから、拙者を斬って立去れ、そうでなければ先方の手討になるのだ」

と云われたので下人は、

「それは左様でございましょうが、御主人様、あなた様は天下に名高き剣術の達者、私風情《わたくしふぜい》に、どうなるものではございませぬ」

と辞退した、処が主人が云う。

「イヤ、拙者はまだ死物狂いの者を相手にした事がない、所詮無い命の貴様を試しにしたいのだ、我が相手となって力限りに働いて見よ」

そこで下人が、

「左様ならばお相手になりましょう」

と立ち合って勝負をした時に、その死物狂いの烈しい太刀先きで主人何某は思わず後へ

退けたが終《つい》に塀際まで追い詰められ既に危く見えたが、

「エイ」

と一声かけるや、下人を大袈裟《おおげさ》に斬ってしまったが、見物していた弟子に向い、

「扨《さ》て〳〵死物狂いは手剛《てごわ》い者だ、君達も斯様《かよう》な無益の事をこれからしなさるな、無手の下人さえこの通り、況《いわ》んや一流鍛錬のものなどに死物狂いに働かれてはたまるものではあるまい」

と云った、弟子がたずねて云う。

「先生があのように追いつめられなされたのは、事実追いつめられなさったのか、また偽って退きなされたのでございますか」

師答えて曰《いわ》く、

「本当に追いつめられたのじゃ、下人の太刀先が鋭く、たまり兼ねて後へ下ったのに相違ない」

と答える、そこで弟子がまた質問して、

「左様ならばあのエイと斬ってお捨てになったのは、奴に隙があったればこそでござりましょう」

師曰く、

「いや〳〵聊《いささか》も隙はない、それを斬ってしまった処は言葉では云えない妙というものの助けである」

熊谷紋太夫

下谷の七曲《ななまが》り杉浦隠岐守《おきのかみ》の家来で熊谷紋太夫という人、心形刀流の剣術の師匠であったが、朝は昌平坂の学問所へ出で、帰って子供に剣術を手をとり教えている処へ内弟子が乱心して不意に剣を抜いて紋太夫の後ろから斬りつけて来た、紋太夫は引き外しあしらううちに何分子供の事を思うものだから、子供をかばっているうちに、片手を打ち落されて了《しま》った、それでもひるまず、とうとう乱心者を取り抑えてしまった、この乱心した内弟子は十二の時から養って置いたものであったから斯様な狼藉《ろうぜき》を働いたけれどもなお紋太夫は不びんに思ったという。

紋太夫の剣術の師匠は旗本の三間鎌一郎という人であったが、紋太夫はまだ伝授の巻物を皆伝に至っていなかった、只今《ただいま》この手疵《てきず》で果ててしまってはそれが残念だということを鎌一郎へ申送って願った、鎌一郎はその執心を喜んで直ちに印可を持参して紋太夫の宅へ行き病床で免許皆伝を与えた。

その時紋太夫聊《いささ》か変った気色もなく平日の如くであったにより、医者もその気力を感じてこの分ならば生命を保つこと疑いなしといったとのことである。（事々録）

高松の某士

或時《あるとき》、高松侯の藩中に於て斎藤某というものが乱心して、四五人の者に手を負わせて尚《なお》暴れ狂っていた、この者は一刀流を究《きわ》めた剣術者でもあり、誰れも怖れて手向うものもなかったが、諸方を走り廻《まわ》って遂に広鋪口《ひろしきぐち》へ斬り入った、そこの番を勤めていた者は屋代《やしろ》某といって身分の低い侍であったが、これも一刀流を学んでいたものであったが、持場のことであるから已《や》むを得ず立ち向った。

斎藤はまだ二十歳余りの若く大きな男であったが、長い刀を真向に振り上げて来る、屋代が差した脇差は短いものであったが一刀流の小太刀の手で向った、然《しか》し必ずしも自信あって向ったわけではないから、とても叶《かな》わぬものと思い夢のような気持で兎《と》に角《かく》向ったが、太刀で来るのを小脇差で三度まで右左へ斬り落した時はじめて敵の太刀先が分明に見えるように思われたから手心が丈夫になってその刀を打ち落し、飛びかかって組み伏せた、そこへ人々が駈け集って縄をかけたということであるが、屋代が後日に至ってこのことを人に語って云う。

「流儀ではあるけれども、余り小脇差は事に臨んで心細いものである、尺八寸よりうちのものは差さないがよろしい、また最初夢のように思っていた時分、袴《はかま》のももだちを我れ知らず取り上げたが、後になって見るとそれが高過ぎて如何《いか》にも見苦しかった、もの前ではすべてそんな風に心持が顚倒《てんとう》するものである」

と、如何にも実験から来た飾らざる云いぶんに聞くものが感心したということである。

（甲子夜話）

井上八郎

幕末の剣道家井上八郎が修業の為上州へ赴いたが、博徒数人に囲まれ最初は正眼で戦ったけれども思わしくなく、やっとのことで斬り抜けた。

ところがその晩山中に籠《こも》って、自分ながら嘆息していうことには、

「彼等如きが何十人来るとも、たかが博徒ではないか、それを相手にどうして今日はこんな拙劣な戦いをしたものだろう」

と、数時間考え込んでしまったが遂に、

「斯《こ》ういう場合には上段に限る」

ということを悟ってしまった、翌日この山を出ようとする時にまた多勢の博徒に襲われた、ここぞとばかりこんどは上段に構え込んで、いよいよ博徒が迫って来て将《まさ》に小手を斬ろうとする時になってはじめて打落し打落して戦っているうちに遂に数人を斃《たお》して残りのものを逃げ去らしてしまったという事である。　（剣法至極評伝）

不覚の剣士

男谷下総守《おたにしもうさのかみ》の門下で相当に勝《すぐ》れた使い手が二人、非常な失敗を演じた例がある。

或時、この二人が上州の或る長脇差の親分の処を訪ねた、これは、予《かね》て知っている人間であったが、その家に到り着くと丁度日暮れ方で、二百人ばかりの人数が群り集っていた、

その時主人の親分が二人の剣客に向って云うには、

「今夜、私の家でばくちの大会があります、一つ御覧になっていただきたいもので」

と、二人はそれを承知して、賭場《とば》へ行って大博奕《おおばくち》を終りまで見物していた。場が終えてから右の親分が、前に進み恭《うやうや》しく金一封を出して礼を述べていうに、

「昨晩はあなた方がおいでになったお蔭様で私共の身内が思う存分勝負をすることが出来ました、これはほんのお礼の寸志でございます、だが、あなた様方がここにおいでになると、危いことがございますので、ゆるゆるお止め申しておもてなしをしたいのですが、そういうわけに参らぬ事情がございますから、どうぞこれを持って一刻も早く、お立退きを願い度いのでございます」

と、二人の者が、どうもその云うことがわからないから、

「吾々《われわれ》は茲《ここ》にいるにはいたけれども、何が役に立ったのだか立たなかったのだか、わからないが兎に角何か役に立ったとしても、そんなに急に出かけなければならない理由がないではないか」

と、親分がそこでいうことには、

「あなた方は失礼ながら剣術の方はおやりになっても、まだ実戦というものを御存じがないのである、凡《およ》そ、命がけで喧嘩《けんか》なり戦いなりをやろうとするにも無茶ではいけませぬ、矢っ張り、敵を知り、己《おの》れを知るということがなければならないのです、実はこんど縄張の争いで、先方の相手とこっちの身うちと喧嘩になっているのですが、敵は百人以上、味

方はどうしても六十人、それに敵には腕の利《き》いた使い手が六人もいるのですから、どうしてもこっちが負けると覚悟を決めて居りました、処が不意にあなた方お二人様がおいで下さったので、私は、それとは云わずにあなた方をばくちを見物なさるようにというて賭場へ御案内したのは失礼ながら事を未前に防ぐ為にあなた方を御利用申上げたのであります、それで相手の方ではもうこっちの頭数を読み切っていた処へ不意に天から降ったか地から湧いたか立派なお侍が二人りゅうとして控えておいでなさるので、こいつはたまらない、意外だ、あれは大豪傑であるだろう、いよいよなぐり込んで来ればあの二人の為に死人の山を築かれるに相違ない、というので折角勝てる筈《はず》の戦を向うは手を引いてしまいました、だがこれが為にあなた方は彼奴等《あいつら》の怨《うら》みをすっかり背負っておしまいになった、何かあなた方に仕返しをするに相違ないから、あぶないことのないうちに早くお立退きなさるがよい」

　という申訳を聞いて是非なく二人はその家を立って出かけたが、行くこと三里ばかりで後ろからオーイ〳〵と呼びかけるものがある、二人が立って待っていると、その者が近寄って来て、

「失礼ながら、あなた方は昨晩あの貸元の賭場においでなすった御両方《おふたかた》ではございませんか」

　と尋ねられたので、何心なく、

「そうだ」

と答えると、その者が矢庭に隠し持ったる匕首《あいくち》を抜いてずぶりと一人を刺し殺して馳《は》せ去ってしまった、他の一人はポカンとして腰を抜かした態で、何とも仕様がなく、立ち帰ってその有様を師匠に告げた処が、師匠下総守は日頃の訓戒を無視したと怒って、その場でその者を破門してしまった上に殺された方も追破門に処したとの事である。

（剣道極意）

彰義隊士と薩兵

明治戊辰《ぼしん》の頃彰義隊の武士が十二三名、薩摩の兵十五六名と街上に出会って、互に剣を抜いて闘ったが暫《しばら》くして彰義隊の方が三人まで薩兵の為に斬られてしまった。この彰義隊は何れも錚々《そうそう》たる剣術の使い手であったが、まず斯《か》くの如き敗勢に陥ったのを見て隊長はどうも不思議だ、こんな筈はないと改めて自分の隊の姿勢を見直すと何れもいずれも正眼の形を離れて両腕を上にあげていたから、「小手を下に」と大声で号令をかけて姿勢を直し、改めて太刀を合せたので忽《たちま》ちにして薩摩の兵を斬り尽したということである。

（剣道極意）

渡辺昇

子爵渡辺昇が真剣勝負の実際を物語って云う。

「詞《ことば》で話すと、ザッと斯様な順序であるが、実はこの間のことは全く五分か三分間の出来ごとで云わば電光石火である、この間の心持なりまた感想はどうかと云われても前に云うた如くそれは斯く斯くであるとは到底説明されるものでは無い、世には真剣勝負と云うことは能《よ》く云いもし聞きもする事であるが、芝居や物の本などで見るような平気なものでは決してない、斬るか斬らるるか、殺すか殺さるるか、二つに一つ生死の境であるから、強《し》いてどうであったかと問わるれば正直なところ殆《ほと》んど無我夢中であったと答える外はない、この時でも全く敵を斬ろうと思うて斬ったわけではなかった、向うで『渡辺ッ』と呼びかけたから『何ッ』と答えて同時に何時か一刀に手がかかって居ったというような次第である、敵を斬った事は後で刀に膏《あぶら》が乗っているのを見てはじめて知った位である」

京八流

兵法家鬼一法眼《きいちほうげん》は堀川の人である、軍法弓馬剣術をことごとく人に教え、鞍馬《くらま》の衆徒八人に伝えた、剣術に京の八流というのはこの鞍馬八人の衆徒が伝えた流儀である、源義経もその八人の弟子のうちの一人であるという、天狗《てんぐ》に剣術を授かったというのは固《もと》より嘘である、このことは貝原益軒の知約という抄本のうちにある。

（桂林漫録）

鹿島七流

関東の七流というのは、鹿島の神官から出でたものである、凡そ剣術の流儀は京都八流、鹿島の七流より外は無いという、これも貝原益軒の「知約」の説。

さとり

或る樵夫《きこり》が深山に入って、木を伐《き》っていると、そこへ、さとりという眼が一つ角が一つの珍獣がやって来たから樵夫は此奴《こやつ》珍しい奴がやって来た、何とかして生捕ってやりたいものだな、と思っていると、そのさとりが、

「その方は心中に我れを生捕りたく思っているな」

といわれたので、樵夫はこれを聞いて大いに驚き、おかしな奴だと考えていると、さとりがまた云う。

「その方は、おれがその方の心の中を悟ったことを不思議に思っているな」

と、云い当てる、樵夫ますます驚いて、心の中で此奴この化け物め、この斧《おの》で一打ちに撃ち殺してくれようか、と思う途端、さとりに、

「その方、その斧を以《もっ》てこの我を殺したく思っているな」

と云われてしまった、樵夫があゝ〳〵斯《こ》う一々自分の思うことを悟られてしまってはとても仕方がない、もとのように一心に木を伐るに越したことはないと仕事にとりかかると、さとりがまた云う。

「その方、もはや致し方なき故に仕事にかかったな」

樵夫がもう相手にならず一心に木を伐っていると、その斧が自然に飛び抜けてさとりの頭を打ち砕き、さしもの珍獣も二言もなく死んで了った。

このことを剣術の譬《たと》えによく応用する、心に物ある時は残らずさとられて了うが、無念無想の時ばかりは如何なるさとりも予知することも予防することも出来ない、剣の妙所もその辺にあるとたとえられている。

無　心

或人が、猿を飼って置いたが、竹刀《しない》を持って突くと、飛び上ったり、くぐり入ったりまたは竹刀の先をつかまえたりなどして、却々《なかなか》突くことが出来ない、或日また猿を突こうとして心構えしている処に急用があって召仕《めしつか》いの女が来て、

「もし」

といいかけられたので、

「おい」

と返事をしながら突いた処が、何の苦もなく突けたということである。

武芸と人格

士ニハトカクニ武芸ニ精ヲ出サスベキナリ、ヒロク世ノ人ヲ見ルニ、武芸ヲ好ム人ハ人カラノアシキ人ハスクナシ、学者ハ大カタ人柄悪《ア》シキ、学問スル人ノ中ニ偏窟《ヘンクツ》ナル人ハ迂《ウ》遠《エン》ニナリ、才気アル人ハ放蕩《ホウトウ》ニシテ、文人無行ト云ウヨウニナル、軍法者ノ片クナナレドモ、人柄ハ学問シタル人ヨリハ大カタハヨキ也《ナリ》ト云エリ。

（文会雑記）

一流網羅

讃州高松でお流儀と称するものは讃岐守頼重《さぬきのかみよりしげ》が武術を好み、居合、太刀、柔《やわら》、取手、槍とも一緒に合せて一流に組合せて臣家の面々へ相伝せしめたものである。（撃剣叢談）

浮船と浦の波

戸田流の「浮舟」という太刀は、太刀を中段にして敵の鼻先へ突き当てて行き、敵が打ち払う色を見て、以て開いて打つ太刀である。

「浦の波」というのは太刀を下段に構えするすると敵に寄り、左の方へ見せて速かに右へかわり得る太刀である。（撃剣叢談）

二刀の仕方

未来知新流の極意に飛竜剣というのがある、これは刀を右の手にさし上げて持ち左の手で脇差をふり廻して敵に近づき、間を見て短剣を向うの顔に打ちつけて直ちに長剣で斬って勝つのである、この短剣を手裏剣に打つことは円明流、一方流、宝山流等すべて二刀の極意この仕方を伝えている。（撃剣叢談）

念　流

念流には数多《あまた》の流儀があるが、その本旨というのは一念を以て勝つことを主とする、右の手を斬らるれば左の手で詰め、左右の手が無ければ噛り付いても一念を徹《とお》すという伝授である、その稽古する様は上略中略下略というて三段の構えをもって敵の太刀に打合せてひしとつけるのである、はじめつけたる太刀は甚だ強く修行がつむと太刀の先きに米一俵をかけ或は梯子《はしご》をかけて人をのぼらせなどすることも出来る、また突くことも甚だ速かにして中《あた》り難いという、この流儀は江戸をはじめ諸国に広く行われ、上州では樋口の念流が名高い。（撃剣叢談）

一方流の勝負

難波一方流は、太刀、杖、槍、長刀《なぎなた》何れにもあるが、その勝負する有様を乱曲、払い斬と名づける、大太刀を下段に構え、地にひらみて敵のから脛《ずね》を払い斬りにし、上より打つ時は引きざまに持ってかえして斬ることをする。（撃剣叢談）

新流の勝負太刀

新流の勝負太刀にえんび身の金というものがある、これは太刀をさげてすらすらと敵に寄って一つ誘い太刀を打って燕の通るように後へ引くのである、敵がつけ込んで打つ時に飛びたがえて身のかねをもって打つのである、また、蜻蛉《とんぼ》がえりともいう。（撃剣叢談）

水車

弥生流《やよいりゅう》というのは小太刀であるがこの流儀の勝負太刀、水車と名づけ、敵の構えに不拘《かかわらず》、小太刀を片手でくるりくるりと廻し近寄るのである、敵討つ時は外して討つことを専らに習わせる。

（撃剣叢談）

払い切り

卜伝《ぼくでん》が門人、松岡兵庫助は家康の師範になってその名が高い、その末流に大太刀を中段に構え、敵に近づいてズンとひらみて向うの臑《ひじ》を横なぐりにし、直ちに返して手首を切るわざがある、これを卜伝流の払い斬り、なぐり斬りとも笠の下ともいう。

（撃剣叢談）

義経流

義経流というのは、何れの頃から行われたかよく分らないが、この流儀の勝負する様は右の手に太刀をかざし左の手を差出して敵を引き起した左の手を打たせて置いて代り打つのである。

また、伝えには鞘に羽織でも手拭いでもかけて敵の面に打ちつけ、相手がそれを斬り払うところを代りて打つ、その勝負の有様を見ていると、牛若丸が鞍馬山《くらまやま》で天狗共と仕合をする絵に左の手に陽の出た扇、右に太刀を持った処を描いているが、それから出たものか

も知れぬ。（撃剣叢談）

心　貫　流

心貫流というのはまた心抜流ともいう、上泉伊勢守の門人、丸目《まるめ》蔵人《くらんど》の弟子奥山左右衛門太夫という者のたてた流儀であるが、西国筋にこの流儀を伝えるものがままある、この流儀の稽古の仕方は甚《はなは》だ珍しいもので、二派があるが一つは紙で張ったザルを担いで敵に存分頭を叩《たた》かせて向うの太刀の来る筋の遠近を見覚えさせるのである、この方は短いしないをもって進み出るばかりで業をしない、眼が明かになって後勝負太刀を授けるのだという、今一派は、背に円座を背負って同じく短刀をさげて身をかがめ、背中を打たせて進み寄るのである、勝負は手許に行って勝つことを専らとする。（撃剣叢談）

武国の風俗

本朝の儀は異国にかわり、如何《いか》程軽《ほどかろ》き百姓町人職人体《てい》の者たりとも、似合相応に錆脇差《さびわきざし》の一腰ずつは相嗜《あいたしな》み罷在《まかりあり》候、これ日本武国の風俗に候。（大道寺友山著「武道初心集」）

行　合

田宮流は居合であるが、この流の古伝に刀を抜かずして左の手は鯉口《こいぐち》を持ちて右の手は脇差の柄にかけて敵の手首を打ち、その拍子に脇差を抜いて勝つことを専らとする流儀が

ある、これを「行合」という。（撃剣叢談）

木刀と韜

柳生流盛時の頃は、剣術の稽古といえば、木剣を以て相対する故に、敲《たた》く、突くなどの危険は避けて、手にも当てず木太刀を叩き落すか、此方《こちら》の木太刀にて敵の鍔元《つばもと》まで詰め寄って勝負を分ったものだ、然るに本柳生流では稽古に一切木太刀を用いず、韜《ふくろしない》にて敲き合った、その意は木太刀で敵の肩なり、小手なりを打つ真似して擦《す》りおくは真剣の場合に役に立たぬ、云わば、劇の立廻りに等しい、これに反して撓打《しないうち》は真剣の意味で、遠慮なく打つ、しかも木太刀の振りよきに比べて、撓はたわみて遣い悪《にく》い（現今の竹刀とその製異り）受けても先《ま》ず曲って中る、常にこの遣いにくい物に手を慣せば真剣の場合は甚だ自在だという理窟があるのである、この時代は主に小手を打つを趣旨とした、本流に二星の働き、或は二星の勝など、両拳をさして言ったものである。（日本剣道史）

道具の起り

今を去る凡そ百四十余年江戸に長沼庄兵衛なる人あり、この人斯道《しどう》の熱心家にしてこれを学ぶ上に於て素面素小手の頗《すこぶ》る危険にして往々人を傷くることあるを患《うれ》い、種々工夫して遂に一種の道具を工夫し出せり、今の面、籠手《こて》はこの長沼の工夫になるものにして、稽古道具としては便利なものである、然《さ》れども長沼氏工夫以前に既に面金は籐《とう》を以て製したる簡易なる道具ありたりとの一説あり、とにかく剣術道具の完全したるは明和年間のことなりと知らる。

（内藤高治述「剣道初歩」）

二矢を持たぬ事

或る人が、弓射ることを習うに、二つの矢をたばさんで的に向うとそれを見て師匠がいう。

「初心の人は二つの矢を持たぬがよろしい後の矢を頼んで、初めの矢になおざりの心がある、毎度、ただこの一矢と定めて置けば得失がないものじゃ」

この言葉は万事に亙《わた》るおもしろい教訓である。

（真佐喜のかつら）

間　合

宮本武蔵が人と仕合をするを見るに、相手の打込む太刀先きや突出す太刀先が殆んど武蔵の前頭部に中るか腰部を擦るかと思うほどであっても一度も中ったことがない、随って武蔵は身を開いて避けもせねば受留めることも払うこともせず、相手が立直る処へすかさず附込んで勝を取るか或は相手を悩ますので、門弟中の少し出来るもの等が不思議に思って一日その訳を質問すると武蔵はにっこり笑って、

「それはよい処へ気がついた、其処《そこ》が太刀先の見切と云って仕合にも真剣勝負にも最も大切なことである、平生よく修業して置かぬと大事の時に間に合わぬ、また五体の働きは自

由自在にせねばならぬが大事の仕合等に相手の太刀先を避ける為め余り五体を動かすとその動く為めに五体の備えに透きが出来て相手に附込まれる故太刀先の見切に因《よ》って無駄に五体を動かさぬようにするのである、しかし初心の内は五体の働きを充分に修行せねばならぬが、あらまし出来たらば次には太刀先の見切を修行して大事の時には無駄に五体を動かさぬようにせねばならぬ、そこでこの見切の仕方はいかにするかといえば、相手の太刀先と我身との間に一寸の間合を見切るのである、一寸の間合があると見切れば、相手が打ち下しても突いて来ても決して我が身に中るものではない、また一寸以上の間合があると見切れば固よりどうするにも及ばず、若し一寸の間合を見切ることが出来ねばその太刀先は我身に中る故受けるとか脱するとか覚悟せねばならぬ、しかし最初より一寸の見切は出来難いであろうから、まず五六寸位の見切を修業して四寸になり三寸になり追々縮めて終に一寸の見切の附くようにするがよい、さて一寸の見切といえば随分細かいに相違ないが、一体剣術は大きい仕事を細かにするが持ち前であるからその心持で修業すれば自然にその見切のつくようになるものである、是からそれを教えてやる」

とて門弟中、足の運びの出来る者を教える時には門弟の打って来るか突いて来る太刀先を見ては、それは一寸それは二寸または三寸四寸と声を掛ける、自分より打ったり突いたりするに態《わざ》と太刀先を控えてこれは一寸、これは二寸と声をかける、斯くして教えたので門弟の中にも追々この見切の附く者が出来たとのことである、武蔵の門弟中に於て或る一派はこの見切の事を色を見ると称した、色とは有余る意味で一寸の色を見れば二寸の間合があるという類である。

（剣術落葉集）

許さぬ処

剣術に許さぬ処が三つある、一つは向うの起り頭、二つは向うの受け留めたる処、三つは向うの尽きたるところである。

この三つは何れもがすべからず、その儘《まま》たたみかけて打ち、突きを出さねばならぬ。

（剣術名人法）

打ち抜き

突きを入れた時は、いつも向うの裏へ二三尺も突き貫く心持で突く、柔術稽古中人を投げるに畳の上に投げると思うてはとても人は投げられぬ、ねだを打ち抜き土の中へ三尺も投げ込む心持で投げること、一刀流の海保帆平曰く、

「こちらから上段より向うの面を打つ時は必ず向うの肛門《こうもん》まで打ち割る心持で打つ」

（剣術名人法）

無刀

人の本体は無刀が第一である。

（常静子剣法）

続日本武術神妙記

序

日本の武術の特質に就いて著者の認識は、前篇の序文に明らかにした処である。本篇に於《お》いて新たにこれに加うるの要を見ない。ただ、日本武術が、近来流行のスポーツというものと、絶対に性質及び使命を異にするものであるということは、この際、特に強調して置く必要があると思う。

抑々《そもそも》、スポーツとは何ものぞ、これが解釈については相当意見もあらんが、最も通常の意味に於《お》いては、一種の遊技に過ぎないものである、三省堂発行の「コンサイス英和辞書」の第五百六十二頁に曰《いわ》く、

Sport

遊戯—戯れ—遊技—猟—遊猟—愚弄《ぐろう》—ナブリ物—、遊道具—玩弄物《がんろうぶつ》—オモチャ—オドケ—ジョウダン—遊ブ—オドケル—フザケル—見セビラカス—金ビラをキル—ウカル—ヒョウゲル—戯弄—

等の解釈になっている。これが要するにスポーツというものの通例概念である。

然《しか》るに、当今「日本の武術も立派なスポーツになっているよ」と云われて、さも光栄に

喜ぶかの如きしれ物がある。右の解釈を適用して見ると「日本の武術も立派な玩弄物になっているよ」

と云われて狂喜するやからと同じことになる。

日本武術は断じてスポーツでは無い、最も神聖にして厳粛にしてしかも融通変化自在なる幻妙味を有する破邪顕正《はじゃけんしょう》の発動であることを、少くとも本書の前後を通読して味得せらるるは日本国民たるものの必須の教養なりと謂《い》って宜《よろ》しいと思う、敢《あえ》て自ら薦《すす》む。

介山居士題

昭和十一年十一月佳節

徳川家康の武芸

家康は剣道は新当流の皆伝、弓術は吉田出雲《よしだいずも》の門人竹林派の石堂藤右衛門に就いて免許を受け、馬術は大坪流、八条流共に印可皆伝を受けた。鉄砲は最初美濃の斎藤内蔵助《さいとうくらのすけ》の門人を師として学び、後稲富外記《いなとみげき》に教えを受けて免許を取った、何れも武芸に精通している、尚《なお》この外に武術の各流に就いて奥妙の域を窺《うかご》うていた消息は前の武術神妙記にも記したところである。

奥平孫二郎

三河国作手《みかわのくにつくりで》の城主奥平貞久《おくだいらさだひさ》の四男に奥平孫二郎公重《きんしげ》というものがあった、少年の時分から剣術が好きで三河一国に於ては孫二郎に及ぶものがないというほどにたち至った、その頃甲府に上泉伊勢守《かみいずみいせのかみ》が来て、武田家の武士達がその教えを受けているということが三河にも聞えたので、孫二郎は早速甲府に赴いて上泉の門に入って神蔭流《しんかげりゅう》を学び、上泉伊勢守が信濃《しなの》から飛騨《ひだ》へ行って高山《たかやま》に一ヵ年余も滞在する間随従して免許を受けて三河へ帰った、それから後尚修業を怠らず、奥山明神へ祈願をかけて毎夜神前で太刀筋を工夫し、やがて自得するところがあって自から奥山流と称《とな》え、入道して名を急加斎と称し、これより海道無双の兵法家と呼ばれ奥平の一族一門は固《もと》より三河武士が争って入門した、それは永禄八年頃のことで、その時徳川家康は岡崎にいて二十二三歳の頃のことであったが、急加斎を岡崎へ招いて、七ヵ年学んだのである。

有馬大膳貞時

家康はまた有馬大膳貞時《ありまだいぜんさだとき》という新当流の兵法家に就いて剣術を学んでいるが、この有馬大膳貞時という人は山本勘助とも親しい間柄で、当時新当流に於ては有馬の右に出でるものは無かったという評判である、この有馬が、三河へ来ると聞いて家康は早速呼んで対面してその説を聞いて入門し、一ヵ年三百石の約束で三ヵ年間修業をして遂に新当流の奥義皆伝を得た、この時家康から青江吉次《あおえよしつぐ》の刀を大膳に与えたということである。

有馬大膳はほどなく死んだが、為に新当流の伝統が絶えようとしたので、その流儀の人々は何とかしてその系図を残そうと、大膳の庶孫に当る有馬豊前秋重《ぶぜんあきしげ》と云うものを尋ね出して家を継がせることにしたが、この豊前秋重は有馬の家の血統だけを継ぎはしたけれども、まだ剣術は奥義皆伝の位に達していなかったから家元として師範に当るわけには行かぬ、そうしてその時分に新当流の奥義皆伝を受けたものは名実共に家康一人であったから、豊前秋重は家康について之れを学んで皆伝を受けたのである。

これをもって見ても家康という人が個人武術家としても当時第一流の大家であったことがよくわかる。

徳川義直

尾張の藩祖、徳川義直《よしなお》（家康の第九子敬公）はこれまた一流武術の大家であったことは前にも記したが、弓は殊に得意であった、毎年京都へ人を遣わして三十三間堂の通し矢を射させた、抑々《そもそも》京の三十三間堂通し矢は天正年中、今熊野猪之助《いまくまのいのすけ》という者が射はじめたということである、それより諸国の射手が出て来て通し矢を試み、天下一の競争をしたことから有名になった。

慶長十一年蓮華王院《れんげおういん》から五十一本を射通した尾州清洲《きよす》の家人浅岡平兵衛を初めとして、貞享三年に八千一百三十三本を通した紀州家の和佐大八《わさだいはち》に至るまで天下一の名をとった堂前の大射手すべて二十六人あった、その間に加州や芸州その他の人も二三加わったけれども大体に於いて紀州家と尾州家とがお互いに覇《は》を争い合っていたのである。

寛永八年に紀州の吉田小左近という者が二千二百七十一本で天下一の名を取ったが、尾州には久しくその人を出さなかったので、義直が大いにこれを遺憾とし、家中に弓の稽古《けいこ》を奨励し、遂に小左近が天下一をとった、その翌日尾州家の杉山三右衛門という人が通し矢二千七百八十四本を以《も》って三十三間堂に天下一の名を紀州の為に取り戻した、その後また一勝一敗が続いて遂に尾州の長屋六左衛門が九千六百五十三発のうち六千三百二十三矢を通して三度び天下一の名を取ったのは寛永十七年四月十六日のことであった。浅岡平兵衛が最初五十一本の通し矢が僅《わず》かに三十余年の間に六千本に進んだ、奨励と競争と勉強とさえあれば物事の進歩は斯《か》くの如しである。

それから後はこの六左衛門を凌《しの》ぐ程の達人は当分出ないで十五六年に及んだが、明暦二年四月二十一日に至って紀州の家人吉見《よしみ》台《だい》右衛《え》門《もん》順正というものが、六千三百四十三を通して六左に打ち勝ったが、それから六年目の寛永二年四月二十八日になって尾州から星野勘左衛門が出て六千六百六十三本を通して天下一の名を占めた。

星野勘左衛門

星野勘左衛門はこれより先き弓を無入《むにゅう》に学んで常にこの天下一を志し、三十三間堂に上堂したけれども前人を凌ぐに至らなかったが、遂にここに至って天下一の名を紀州から尾州に取り戻しここに尾張、紀州両家の弓の争いは高潮に達したのであるが、この星野勘左衛門は老いて浄林と号し弓に於て天下一たるのみならず人物もまた甚だ勝《すぐ》れていた、それから寛文八年に紀州の葛西《かさい》園右衛門が七千七十七矢を通し、その翌年五月二日には星野勘左衛門が重ねて三十三間堂に登って八千矢を通したが、その時勘左衛門が云うよう、

「われは尚余力はあるけれども、この上に射越してしまうと後の壮士が失望して競争の心を起すものがなくなり射芸も従って衰えるようなことがあってはならぬ」

といってそこで十分の余裕を残して馬に乗って所司代や町奉行に届出でて後、酒楼に登り、よもすがら宴を張って意気昂然《こうぜん》平常と変るところはなかった。

豪気闊達《かったつ》なる紀州頼宣《よりのぶ》は如何《いか》にもして尾州の星野を射抜かせようと思ったがその人を得

ず、十六七年を経て貞享三年に至って彼の和佐大八というものが紀州から現われて来た、この大八はその以前天下一を挙げた吉見順正の弟子であったがこの年の四月六日三十三間堂に上って来た、大八はその時年十八歳で腕も力も勝れてはいたが最初のうちは通り矢が甚だ少ないので見る人がこれをあやぶんでいたが、ひそかに桟敷《さじき》で見ていた星野勘左衛門が、

「惜しい少年である、よしく、彼をして名をなさしめてやろう」

と大八をさし招いて小刀を取ってその左の掌《てのひら》を刺して血を出してやり、それで再び弓をとらせて見たところが大八の射前が忽《たちま》ち以前と一変して総矢一万三千のうち通り矢が八千一百三十三という成績を得て、ここで勘左衛門を越えて天下一の名を取ったがそれは勘左衛門のおかげであると云われている。

なるほど勘左衛門は一万五百四十二発して八千本をとり、和佐大八は一万三千本を発して八千一百三十三を取ったのだから比例から云えば勘左衛門が勝っているということは云えるのである。

(尾張敬公)

喜連川茂氏

下野《しもつけ》の喜《き》連川《つれがわ》家《け》は、もと足利将軍の一族で、徳川家でも特に名家の末として優遇していたが、八代将軍吉宗の時に至って、この喜連川家から茂氏《しげうじ》と云って今鎮西《ちんぜい》八郎とも称せらるべき豪弓家が出た、この茂氏は常に白木の一寸の弓を引いていたが、鏃《やじり》の長さが八寸、

幅が一寸二分その中心《こみ》の長さが三尺あって、篦《の》の太さは拇指《おやゆび》ほどあり弓弦《ゆづる》の太さも小指ほどであり、鷹《たか》の羽ではぐのに羽尺のままで本末をはいで直ぐにはぎつけるのであったが、遠矢《とおや》を射る時は、一尺の的を七十五間の処に懸けて八分の弓で引き、百発百中の技量であった、鉄胴《かなどう》の鎧《よろい》を置いて三十間距てて射ると矢が鉄胴を射抜いて向うへ隠れないのはない、斯《こ》ういう素晴らしい豪弓であったけれども、その人となり謙遜《けんそん》にして誇りがましいことがなかったから常に二三の近臣と共に邸内で引くばかりで、世間の人は殆《ほと》んどこれを知るものがなかった。

その頃江戸で日置《へき》流、雪荷《せっか》流を上手に引く宮本嘉斎というものがあって七分の白木を引き、遠矢の上手を以て有名な人物があったが、或《ある》時神田明神下の弓師吉兵衛の宅へ行って試みるとその家に一寸二分の弓と九寸余りの鏃をつけた矢があるのを見て大いに驚いて試みにその弓へ弦をかけて見たが宮本の腕ではどうしても弦がかからない、そこで、

「これほどの豪弓を引く人が世にあろうとも思われない、一体誰から頼まれた弓矢だ」

と訊《たず》ねると、吉兵衛が、「これは喜連川の殿様の御使用料でございます、喜連川の殿様は至って豪弓引きで一寸や二分は軽々とお扱いになります、まことにお大名には珍しいお方でございます」

というのを聞いて宮本は大いに驚いて、それから常に出入りをする森川出羽守《でわのかみ》俊胤《としたね》のところへ行ってその話をしたところが俊胤が、

「それは何かの間違いであろう、今の喜連川殿は拙者も知っているが、至っておとなしい

人柄でござる、毎年暮に参府して正月年始の登城をすれば、直ぐに領地へお帰りになる故に我等もしみじみとお話をしたことはないけれども、あの人がそんな豪弓を引くとは受取れない」

と云っててんで取り合ってくれなかった、そこで宮本は、

「此奴《こやつ》弓師に担がれたのだな、明神下の吉兵衛の奴不都合な奴だ」と早速弓師のところへ来て、

「喜連川殿は至っておとなしい方でその方が申すような力量があるとは思われない、一寸の豪弓を引くなんぞとはその方出鱈目《でたらめ》に人を担ぐのであろう不届きの奴だ」

と云って詰問に及んだところ、弓師吉兵衛は平気な面《かお》をして嘘か誠かこれを御覧下さいと云って宮本の前に突きつけたのは喜連川家の用人平賀七左衛門という者から来た註文《ちゅうもん》の催促状であった、その註文状によると、

先達《せんだつ》て中註文いたした山科弓の写し一寸の塗弓の儀主人も待ち兼ねて居る、別して来《きた》る十五日八幡祭礼の法楽《ほうらく》に引き初《ぞ》めをいたし度い思召《おぼしめ》しだから、相成るべくは十二三日方に持参いたすように、矢は二手によろしい。

という文面であったから宮本嘉斎もそれを見て、これならば疑うところはない、ではこの手紙一両日借用と云って懐中したまま、またも森川出羽守のところへ来て、さあこの証拠を御覧下さいと座り込んだものだから出羽守も閉口して、

「なるほど、この手紙があっては最早や疑いがない、それにしてもこれほどの豪弓を世間

がまだ一向に知らないとはどうしたものだ、さてもよいことを聞いた」と云って、次の日登城して将軍の前へ出た時に、この話をすると、武芸奨励の吉宗はこれを聞いて、

「喜連川がそれほどの豪弓家とは少しも知らなかった、では呼んで矢を引かせて見たいものだが、表立って登城させては左兵衛《さひょうえ》の督《かみ》も迷惑するであろう、来月は出府致すこと故に、誰ぞ遣わして弓勢《ゆんぜい》のほどを見聞させるであろう」

と云っているうちにその噂がだんだん高くなると懇意の大名等は喜連川へ文通をするものもあり容易ならぬ評判となった、茂氏は既に将軍の耳にまで入った上は或《あるい》は上覧仰出ということになるかも知れない、これは迷惑千万のことだと心中甚だよろこばず、十二月の下旬に江戸へ出て池の端の邸《やしき》に入って歳暮の登城をして、それから正月に入ったところが、その十三日というのにとうとう出入りの坊主から内々知らせが来て、

「近日上様《うえさま》から大目付大久保長門守《ながとのかみ》をお遣わしになって予《かね》て評判の高い弓勢を検分なさる筈《はず》」

と云って来た、茂氏はそれを聞いて将軍上覧などということになっては迷惑千万だが、大目付が来て見るということならさほど苦しくもないと云って、その用意をして待っていると果して大久保長門守がやって来た。

「貴殿の弓勢は当代無双であるとの評判が高く、上様より見届けまいれとの上意を蒙《こうむ》って罷《まか》り越して候」

という口上であった、茂氏が出て挨拶《あいさつ》し、

「至って拙《つたな》い弓矢で御覧なさるほどのものではないが御上意に候わばお目にかけ申すべし」

と、かねて築いて置く書院の前のあずちのあたりへ桐の紋の幕を打ち廻《まわ》し、自分は日置《へき》流の式の型で上使に見せる為に直垂《ひたたれ》を着し、へり塗りの烏帽子《えぼし》をひき入れ、設けの場所へ静々と出て左手に一寸の弓を握り、右手に甲乙の矢二筋取って折り敷き的に向って矢をつがえ、易々《やすやす》と引きしぼって切って放つと、的の真中を射抜いてその矢はあずちを貫いて遥《はる》かの向うへ飛び、松の木へハッシと立った、茂氏が、

「これは不敬なる射形《いかた》を仕《つかまつ》りました、この矢でお詫《わ》びを仕る」

と云って、八分の弓をとって引きしぼり、こんどは的の真中を射て羽を没し、筈一寸ばかりを表わしたが、それを抜くことが出来ないので、鋤《すき》を以って掘り出した、大久保長門守は大いに驚いてそのまま弓と矢とを携え登城して、見たところをつぶさに言上すると将軍吉宗も大いに驚いて、

「昔の鎮西八郎が弓勢も左兵衛の督の上に出ずることはあるまい、流石《さすが》に名家の子孫ほどあって常々の心懸け神妙である」

と云って大いにお賞めの言葉があった、そこで大久保から右の趣を喜連川家に伝達した、これを聞いて諸大名が吾《われ》も吾もと茂氏に交際を求めて追従するものが多くなったので茂氏はうるさく思って早々喜連川へ立ち帰ってしまった。

天保の頃まで喜連川の鎮守の社にこの人の弓矢が残っていたとのことだが、今もあるかどうか、茂氏は隠居して禿翁といった、頭が薬罐《やかん》のようだと云って自ら斯様《かよう》に号したのだということである。

大河内政朝

大河内《おおこうち》政朝《まさとも》（政綱の子）の事は前著にも出ているが、十歳を過ぎた時分から三州の山中に行っていて家にも帰らず、山谷を家とし飲食を断ち或は三州やつるぎ川または遠州池田の天竜川等で泳ぎの稽古をしたが、背中に大きな石を背負って泳ぎ廻った、相州の小田原は大きな浪の打つ処であると云って、わざわざ小田原まで出かけて行って海上を一里余り沖へ泳ぎ出してまた元のところへ泳ぎ着き、それから直ぐに一里脇の酒匂川《さかわがわ》という処へ泳いで行った、沖には長さ五間或は三間ばかりの鱶《ふか》が多かったけれども事ともせず毎日泳ぎに出かけた、たとえがたなき危い振舞いであった。

また抜け走りと云って走りの稽古をしたが三間柄の鑓《やり》を提《さ》げて三十余町もある処をただ一息に走った、はじめは息つぎが少し荒かったけれども、毎日怠らず走ったので、後には少しの鼻息もしないようになった、或は大久保玄蕃頭忠成《げんばのかみただしげ》を誘って甲冑《かっちゅう》を着け刃引の刀で斬り合いをした、政朝は武芸のうち家伝の秘法は祖父出雲守基高《もとたか》を師として伝え、剣術は中川将監《しょうげん》に就いて吉岡一流を残らず伝え、その後、御子神典膳《みこがみてんぜん》を主としてその流儀を悉《ことごと》く伝え尚お新当流をも一通り稽古したが居合いは串橋右馬大輔を主とし鑓は野村勘右衛門尉に就いて引田の一流を残らず伝え、また奥山民部少輔や浅井新四郎にも一通りずつ直伝を得た、薙刀《なぎなた》は穴沢左近大夫を主として詳《つまびら》かに伝え弓は祖父出雲守基高を主として稽古したが、政朝が持つところの弓を尋常の人は肩を入れることが出来なかった、厚さ二寸ずつの青石という石を立て置いて射るところが政朝はいつも筈をもかけないでそれを射抜いてしまった、その頃、数人の手だれが同じように石に向って見たがこれを射抜いたものは無かった、鉄砲は田中小左衛門尉を師として安見一流を詳かに伝え、飛鳥を打って外さず、朝鮮に於ては虎よりも早いという、狼糞という獣を打って外さなかった、大筒《おおづつ》は多胡《たこ》主水佐《もんどのすけ》を師として相伝を得た、馬は八条流を稽古し、朝鮮人の乗り方をも少々伝えたがその後神尾織部允吉久《かみおおりべのじょうよしひさ》を師として悪馬新当流を詳かに伝えた、斯く諸々の武芸を努めて自然に妙を得、「不伝妙集」という書を作って子孫に伝えた、一生涯夜は二時とまどろんだことはなかった、細工物も上手で矢細工をさせては細川幽斎と政朝ほどの矢の上手はあるまいと評判されたものである、少年の頃から武芸のほかに父の政綱は観世太夫を召し寄せて謡の稽古をさせた上に笛つづみ太鼓等も習わせ、また伴閑という狂言師を扶持《ふち》をして置いて稽古をさせまた幸若《こうわか》八郎九郎に舞を習わせ、中司という数寄者を抱えて数寄の稽古をさせまた正庭という鞠《まり》の上手を扶持して置いて鞠を稽古させたが政朝は何れの稽古にも万人に優れ、兄弟その他の子童共同じく稽古したけれども政朝に及ぶものは無かったが父が養前寺の和尚を師として手習い学問を習わせたがこれは一番性に合わないで自分も好きでなかった。

（大河内家記）

一番槍

松宮春一郎氏の主宰した雑誌「同人」の第百三十五号（昭和三年十一月発行）の小集記の中に、遠藤佐々喜氏の談として次の如くある。

先頃古本屋漁《あさ》りの一興中、偶然手に入った昔の武道の秘伝「秘書一番槍之説」（半紙本墨付六枚）という小冊子の中に柄にもなく私の共鳴した最も興味ある一節を、原本を朗読して紹介いたします。

（前略）「両陣攻寄スルコト二十間程マデハ互ニ五三間押立ラレ進退アリ。コノ前後ノ内ハ敵ト槍ヲ合セ或ハ突臥《ツキフセ》ルト云エトモ、場中ノ働キニテ未《イマ》ダ一番槍ノ功ニアラズ。敵味方十二三間程近クナリタル時ニ弓鉄砲ノ得道具ヲ持チタル諸士ハ、槍ト取替テ一番槍ヲ心懸ルナリ。コノ時槍ノ卒五七間モ後ニ居レバ槍ヲ取替ル間ナキ故、直々《ジキジキ》槍脇弓請ヲ心懸ルナリ。矢玉尽キテナキモノハ大刀ノ槍脇ヲ心懸クベシ。サテ槍ヲ入ル節ヲ見計ウコト肝要ナリ。双方実ナル備エハ一間二間宛《ズツ》位詰メニ相進ムナリ。コノ時、一番ニ進ミ出テモ続ク味方一人モナケレバ槍ノ功ニアラズ故ニ出タル者モ是非ナク引退クコトアリコレヲ引渡リノ槍ト云イ、味方弱相ナリ、尤《モット》モコノ時未ダ槍合セノ期ニアラズ。既ニ双方相寄ルコト七尺間近クナレバ、互ニ一足モ進退スルコトナラズ、敵味方トモニ手《テ》負《オイ》死人眼前ニアルヲ見テモ、出テ首ヲ取ルコトナラズ、手負ヲ引カケ退クモナラズ、両陣ノ戦士互ニ眼ヲ動カスマデニテヒッソリト鎮マリ、暫クタメラウコノ時備エノ強弱見ユルナリ。強キ方ノ諸士ハ冑ノ立物差物《タテモノサシモノ》前ヘ俯《カタム》キ、イツトナク虎口前ヘニジリ寄リテ備エノ字形ニナルナリ。コレ諸士ノ気前ヘ進ミ互ニ位ヲ見合ル如此《カクノゴトク》ナリ、コレヲ勝色ノ備エト言イテ吉相トス。双方トモニ強気勝劣ナク、互ニソノ筋ヲネラウ時ハ勝負ノ間久シキ故ニ備エ横槍ヲ入レントマワルヲ見テ敵ノ備エ中ニテ進ム者ヘ目ヲ付ケ、マタ槍脇ノ味方ヲ見合セ、足ヲ踏《フ》ミ出シ槍ヲ振上ゲ、何某一番槍ト高声ニ名乗リテ槍ヲ入ルベシコレ一番槍ト言ウナリ。コノ人ニ前後ヲ争イテ続イテ槍ヲ入ル者ハ、何某一番槍ト名乗リテ槍ヲ入ルナリ。コレヨリ続イテ味方ノ惣兵一同ニテ突懸ケテ推敗《オシヤブ》ルナリ。一二ノ槍ハソノ敵ヲ討チトラズモ、マタソノ身敵ニ討タレテモ鋭勇ノ志アルヲ以テソノ功ヲ空トセザルナリ。如此諸士ノ気一致ニシテ、陣路ノ間ヲ開ク味方ニ引続キ敵陣ヘ進ミ駆クルコト、タトエバ飛雁ノ行列ヲ断タザルガ如クニ非ザレバ益ナキナリ若シ一番槍ヲ入ルヤ否ヤ敵ノ備エ崩レ立テ、槍ヲ合スル敵ナケレバ一番槍トハ言ワズ、崩レ際ノ功ト言ウナリ。弱キ備エハ強勢ノ敵鋭気外ニ発スルヲ見テ自然ト備エノ色白ケ中クボノ形ニナリテ、武者ノ冑立物差物仰《アオノ》クモノナリ。コレ漸ク進ム気衰エ後ヘ気アル故ナリ。コレヲ敗相ノ備エト言ウ。（中略）凡ソ一番槍ノ功ト言ウハ両陣ノ鋭気互ニ勝劣ナク、相気勢ニアラザレバコノ働キナシ。時所ニ依リテ勢ニ強弱ナシト言ウコトナシ。弱キ方ハ多分場中前後ニ備エ色メキ槍合セニ至ラヌ以前崩ルル故ニ、毎戦槍ノ功アルコトニハアラズ」以上。

私はこれまで一番槍とは唯所謂《いわゆる》抜け駆けの功名のことで、軍陣に於ける単独の行動とばかり軽く考えておりましたが、この説を玩読して処世訓としても大いに悟るところがありました。

伊藤忠雄

伊藤忠雄は一刀流の正統第四世を継いだ名人であるが、本姓は亀井氏、平右衛門と称し世々紀州藤代郷重根《しげね》邑《むら》にいた、父の右京吉重が故あって根来《ねごろ》氏を称していたこともある、忠雄が八歳の時家に悪い奴僕がいて年は十九であったが、主人の子たる忠雄を馬鹿にしたり嘲弄《ちょうろう》したりして堪忍なり難いものがあったので、忠雄は匕首《あいくち》を携《ひっさ》げて立ち所にそれを殺してしまった。

十四歳になって剣を小野治郎右衛門忠明に学んだ、忠明が歿《ぼっ》してその子伊藤忠也《ただなり》に従い遂に奥秘を極め、忠也門下に於いてその右に出でるものがなかった、そこで忠也は流祖一刀斎景久《かげひさ》、父治郎右衛門忠明、真伝の印証並びに一文字刀を授け、推して一刀流第四世となして藤原の姓及び伊藤の姓をもそれにつけて授けた、それより後忠雄の業《わざ》日々精《くわ》しく、流儀を洗練して入神の境に至った、来って学ぶものが雲霞《うんか》の如くであった、またこの人は射術も好んで精妙の域に達した、甲斐の徳川綱重及び綱豊（後家宣《いえのぶ》）に仕えたが、元禄四年五月十二日に九十一歳の高齢で亡くなった、子の忠貫がその後を継いだ。（事実文編）

稲富伊賀

稲富伊賀《いなとみいが》は稲富流砲術の祖で丹後田辺《たなべ》の人であったが細川忠興《ほそかわただおき》に仕えた。忠興も鳥銃が上手で戦争の合間には山野に猟をして楽しんだ、伊賀もこれに従って猟をして歩いたが忠興の方が獲物がいつも多いのである、そこで忠興が伊賀に向っていうことには、

「その方は世に聞えたる鉄砲の名人である、ところが猟をさせると獲物は吾等に及ばない、これでは名前倒れというものではないか」

伊賀がそれを聞いて答えていうには、

「御尤もでございます、あなた様はたしかに鉄砲にかけてはお上手に相違ない、論より証拠獲物に於ても遥かに我々共が及びもつかないことでござる、併《しか》しながら拙者にはまた拙者の得意がござりまする、弾丸の跡を御検分下さると分ります」

そこで忠興が獲物の身体を調べて見ると伊賀の獲物に当った弾丸は皆んな坪が定っていたが忠興のは当ってこそいるけれども身体中あちらこちらに弾丸が散らばっている、そこで忠興は成程と感服したということである。


（事実文編）

伊庭軍兵衛

伊庭軍兵衛《いばぐんべえ》は祖先以来江戸幕府に仕えた剣客であるが、弟子千余人を持っていた、却々《なかなか》気概があって文政、天保の頃天下が穏かで幕府の侍が遊惰に流れるのを慨《なげ》いて門下の士気を粛清した。衣を短くし、長い剣を帯びて市街を往来するものは誰れかと見れば大抵軍兵衛の弟子であった。

水野越前守忠邦《みずのえちぜんのかみただくに》にその気概を認められて抜擢《ばってき》されたこともあるが、忠邦が退くと共に軍

兵衛も職を辞めその間に八郎を産んだ、この八郎が後に幕末の際勇名を馳《は》せたのであるが、安政年間幕府が講武所を開いて武術の達人を徴して旗本の子弟に教授をさせた、八郎の如きは当然召さるべきものであったが、軍兵衛は一言も悴《せがれ》の事を云わないので人が不思議にしていた。　（譚海）

岩崎恒固

岩崎恒固《つねかた》は世々笠間《かさま》藩牧野侯に仕えて江戸浜町の邸に住んでいた、寛政十二年の生れ、資性剛直、身の丈六尺に余り眼光炯々《けいけい》として一見人を威服せしめる風采《ふうさい》であった、諸般の武術悉くこれを究《きわ》めたが、殊に剣術、馬術、柔術の師範として藩士をはじめ足軽に至るまでその門に入るのみならず、他藩の藩主たちも往々来り学んだ、千葉周作、桃井正八郎等と常に往来して相磨き、またその頃有名な馬術家簑田《みのだ》一貫斎などとも往来してお互いに研究していた。

或る時酒に酔ってブラブラと芝の切通しを通りかかった時に闇の中から三人の賊が飛び出して来て、前後から刀を振って斬りかけた、恒固は直ちに刀を抜いて縦横これに当ったが三賊は遂に当るべからざるを知って逃げ出してしまった、恒固は従容として下着を割《さ》いて創《きず》を包み謡をうたいながら家に帰り灯をかかげて身体中を調べて見ると背中に二カ所の創、額と首とに各《おのおの》一カ所あった、医者を呼んでそれを療治させながら笑っていうことには、

「身をかがめて横に払った時確かに賊の腕を一本斬り落した筈だ、明朝早く行って調べて見よう」

明治維新の際に戦功があった、明治七年病気の為笠間で亡くなった。（文荘漫録）

石黒甚右衛門

石黒甚右衛門《いしぐろじんえもん》は播磨《はりま》の国主池田利隆《としたか》の家来であったが、若い時から観世音を信仰しその途中巾《きれ》を刀へかけてその両端を手に持って手綱のようにして馬術練習の心持で四里の道を往来した、烈風暴雨の時でも敢《あ》えて怠ることがなかった。

それから佐貫《さぬき》又四郎というものと一緒に馬の稽古をする時は朝まだきから夜に及ぶまで学んで倦《う》まず、寝れば仰向《あおむ》けに寝て脛《すね》を合せてあぶみを踏むら真似をし、帯の両端をとって手綱の真似をするという程であって遂に馬術の奥妙を極めた、馬の埒《らち》の前、堀際などで二尺でも三尺でもの処へ線を画いて置いてどんな荒れ馬で乗りつけて来てもその線でピタリと馬足を止めることが出来た、また鉄砲を打たせると他人の乗った馬は皆んな驚き騒いで飛ぶけれども甚右衛門が御すると眼の前で鉄砲を打っても馬はゆるやかに歩いて蹄《ひづめ》を乱すことはなかった、またどうにも斯うにも扱いのつかない悪馬で鞭《むち》打っても動かないものを、甚右衛門が乗ると手綱、鐙《あぶみ》を動かさないで自由自在に走り廻らせたということである。

海野兄弟

海野能登《うんののと》(輝幸《てるゆき》)は上野の人であって信州真田《さなだ》の宗家である、力量があって太刀打《たちうち》にかけては関東無双の名があった、けれども尚お足れりとせず武者修業を試みて諸国をめぐること七八年、真正の意味で天下第一の実を示そうとした。山本勘助の推薦で甲斐の武田信玄に仕え屢々《しばしば》軍功があったが、六十に至るに及んで辞して本国に帰ったが、天正三年正月に計を以って上杉家に属していた同国吾妻郡岩櫃《いわつき》城を奪い取って城将斎藤勝一を追い、ついで利根郡沼田城を抜いた、そうして兄の幸光を岩櫃の城に置き自分は沼田にいて二郡を全く占領してしまった、兄の幸光も劣らぬ武芸の達人であった、併し吾妻郡のうち鎌原、湯本と云ったような七族がこれに従わず真田の方へついていたものだから、輝幸は怒ってこれを征伐せんとした、七族のものがこれを聞いて驚いて真田幸隆《さなだゆきたか》に訴えたので、真田方は評議した。

「彼れ兄弟の者は猛勇絶倫である、あれが若《も》しも南方の豪族と連与して兵を出した日には一大事である、早く夷《たい》げてその禍の根を絶たなければならぬ」

と時日を移さず岩櫃城を襲いかけた、不意を襲われた幸光は勇猛絶倫とは云え年はもう既に七十五であって、眼がかすみ自分ながら打太刀がはっきりしないのを慮《おもんぱか》って、室内へ麻稈《おがらま》を撒き散らさせ、敵がその麻稈を踏んで近づくのを目あてにして三尺五寸の大太刀で十四五人を斬り伏せ館に火をかけて腹を切って死んだ、妻子もまたこれに殉じて火中に投じた。

　右の如くして岩槻の城が陥ったので、寄手は直ちに沼田の城に向った、輝幸はこの事を少しも知らずに子の幸貞と共に僅かの手勢を従えて外出をしたが、途中の神原という処で端なくもこの対手《あいて》に出会ってしまった、幸貞は家来の斎藤重竜という者と唯二人、縦横に戦って二千五百の敵を走らせてしまった。

　輝幸は茶臼割と称する名刀を抜き、討手の大将木内八右衛門の一隊と別に女坂で戦ったが、輝幸の打つ太刀は八右衛門の左の肩先から綿噛《わたがみ》のはずれまで切り下げ、乗りかかってその首を斬った、それから輝幸は真一文字に敵陣に乗り入れた処を田口又左衛門というものが、馬を進めて輝幸に組もうとしてやって来たのを、輝幸は鎧の袖《そで》を打ち違えて左の腕に提《ひっ》さげ横に払ってその体を一刀両断にしてしまった、敵は怖れて四方に散乱したが、従う味方も皆斃《たお》れてしまった、そこへ幸貞は一方の陣を斬りぬけて来て父子巌の上に腰かけて刺しちがえて最期を遂げた。輝幸年七十二であった。


（豪雄言行録、羽尾記）

幸庵物語

　渡辺幸庵《こうあん》物語には宮本武蔵を竹村武蔵として次の如く書いている。

　予は柳生但馬守宗矩《やぎゅうたじまのかみむねのり》弟子にて免許印可も取りたり、竹村武蔵というものあり、自己《おのれ》に剣術を練磨して名人なり、但馬に比べては碁にて云えば井目《せいもく》も武蔵強し、細川越中守忠興に客人分にて四十人扶持《ぶち》合力《ごうりき》あるなり、子を竹村与右衛門と云ってこれも武蔵に次いで武芸に達す、武蔵事は不及《バ》レ申《スニ》二武芸《ハ》一詩歌茶の湯碁将棋すべて諸芸に達す、然るに第一の疵《きず》あり洗足行水を嫌いて一生沐浴《もくよく》することなし、外へはだしにて出で、よごれ候えば足を拭《ぬぐ》わせ置くなり、それ故衣類汚れ申す故、その色目を隠す為にびろうど両面の衣類を着、夫《そ》れ故歴々疎《うと》みて近づかず、この子孫、久野覚兵衛とて松平摂津守殿に奉公、一人は久野団七とて松平出羽守義昌に奉公、これは隠れなき馬好きにて身上五百石なれども金五十両より下の馬を求めず、何時も高直《こうじき》なる能《よ》き馬を調《ととの》うるなり。（渡辺幸庵物語）

竹村武蔵、子は与右衛門と云いけり、父に劣らず剣術の名人にて、その上手裏剣《しゅりけん》の上手なり、川に桃を浮べて一尺三寸の剣にて打つに桃の核《さね》を貫きたり。（渡辺幸庵物語）

竹村武蔵、上泉伊勢、中村与右衛門、この三人の剣術、同代の名人なり、与右衛門は武蔵が弟子なり、武者修行す、伊勢は泉州堺の住人也、武者修業の時信州にて卒す（諏訪か）、武蔵は細川三斎に客人分にて居り候、小坪という処に三斎遊山の所有之《これあり》、これに茶屋ありそれに武蔵住居なり、歌学もあり、連歌も巧妙なり、与右衛門は中村三郎衛門が子なり、父三郎衛門は能上手なり。（渡辺幸庵物語）

閑斎の馬術

慶長、元和《げんな》の頃、豊前《ぶぜん》の国に馬の上手があった、後盲目となって閑斎といった、盲目になってからも、初めての馬場だというと一返しは口を取らせて試みたけれども二返し目からはこれを諳《そら》んじて馬場末の廻し方なども少しも誤らなかった。

何よりも不思議なのは、家のうちにいながら道を過ぐる馬の足音を聴いて、馬の毛色、疵曲、老馬若馬を云い当てて少しも間違ったことはない、その位だから馬を手さぐりすればなお確かである、馬を二つ三つ入れ違えて乗り、早道一三《はやみちいっさん》共に目の明いたものと同じことに乗りこなした、もと奥州者で十歳の頃から馬を好んで乗り、盲目となったのは四十歳の頃であったが、六十に余るまで馬を捨てず、種々名誉のことをした。（武将感状記）

鍋　蓋

昔、鍋蓋と称する剣客があった、本名は笠原新三郎頼経、信濃の農家の子であったが耕《こう》耘《うん》を好まず、武芸を好み、自ら剣術を修め、呼吸の法を考え出したが、年とって、山中に隠れ、世塵《せじん》を避けていた。

宮本武蔵が武者修行の途中、道に迷うてこの翁の処に一泊した、その時翁が武蔵の芸を賞《ほ》めて呼吸の法を授けたということである。（稿本）

浪およぎの刀

伊勢の桑名の渡しで、何者か人を斬った処が、その斬られた人が斬られながら三間ばかり波を泳いで行って二つになった、そこで、この斬った刀を「浪およぎの刀」と名をつけた、これが家康の手に入り、重宝となったが、家康から上総介忠輝《かずさのすけただてる》へ贈られた、忠輝は浅間へ蟄居《ちっきょ》の時までもこの刀と相国寺という茶入の二品は離さなかった。刀は「信国作」ということであった。（古老茶話）

穂と石突

宝蔵院流の槍、石づきは穂の長さと同じことになっている、穂先きが打ち折れた時は石づきで勝負をするようになっている。（古老茶話）

耳くじり

昔、短い脇差を差した侍があった、十二三になる前髪立の少年がそれを見て、いつも「耳くじりを差す」といって嘲《あざけ》り笑った。少年のことではあるが、毎度しつこく嘲るのでその侍も堪忍をしかねて、或時その若衆を後ろ向きに膝《ひざ》の上に抱き上げて、「お前がいつも笑う耳くじり、お前の腹へ通るか通らないか見給え」と、いって若衆の腹へ突き立てた処が、その少年が少しも騒がず「耳くじりでは思うようにわしが腹へは通り申さぬよ」と、いって自分の長い脇差を抜き、自分の腹から抱いていた侍の腹まで突き貫いて二人ながら死んだということである。（異説まち〳〵）

川崎鑰《かぎ》之助

越前の人であったと云われる、刀剣の術を好み、上野国白雲山、波古曾《はこそ》の神に祈り、東軍流の名を揚げた（或いは云う東軍という僧に就いて学んだと）併しながら、自らその術を惜んで世上に伝播しなかった、五世の孫、二郎太夫というものに至ってはじめて世に弘《ひろ》めたということである。

二郎太夫は奥州の人と云われているから、そちらに移ったのかも知れぬ、この人は忍侯阿部正秋に仕えたが、のち致仕《ちし》して江戸本郷に住居を構えた、その門人に高木虚斎がある。

名人越後

富田《とみた》重政《しげまさ》は富田流剣法の師で加州侯に仕えて世に所謂《いわゆる》「名人越後」と称せられ、一万三千六百石を食《は》んでいた。

寛永武術上覧の時に前田利長《としなが》が重政を江戸へ遣わして柳生宗矩《むねのり》と仕合いをさせようとした、重政がそこで当《まさ》に発足しようとしたが、利長がまた考え直して云うには「柳生も富田も二人共に無双の名人である、仕合をさせればどちらかが負ける、何れに怪我があらしめても名人の名を傷つけるによって出立を見合せたがよろしかろう」とさし止めた、利長も何か別に考うところがあったと見える。

重政の子宗高が家を継いでまた武術に精妙であったが子が無くして家が絶えた。

片岡平右衛門

名は家次《いえつぐ》、山城国山科《やましろのくにやましな》の人であった、幼より弓術を好み、吉田出雲に従って学ぶこと十数年、その精妙を得、関白秀次が山科から射術家六人を召した時も、平右衛門がその長であった、秀次はその技を賞して俸禄《ほうろく》を与えたけれども固辞して受けなかった、元和元年五十八歳で死んだ、その子家延《いえのぶ》があとを嗣いだ。

片岡家延は父家次と同様、平右衛門と称し、山科に住んでいた、弓術の名家である、その矢が四町五反にまで達したということである、門人数百人、その従遊の盛んなることこの人の如きはなかった、寛永十四年五月二十二日年僅かに四十八歳で病死した、子の家盛があとを継いだ。

片岡家盛は父祖を学んで射名益々《ますます》揚り、承応中幕命を以って蓮華王院に射を試みたことがある、その名が益々現われた、寛文十年七月十三日、五十三を以って病死した。

結翁十郎兵衛と念仏丸

結翁十郎兵衛は蒲生《がもう》下野守の家来であった、江州の野良田合戦の時浅井久政《ひさまさ》の家来で百々内蔵之助《もものくらのすけ》と称する勇士が槍を振って下野守の陣に迫り、歩士三人を刺し、騎馬武者八人を倒した、蒲生の兵が震いおそれて近づく者がなかった時、十郎兵衛は念仏丸という三尺余りの刀を振って百々と渡り合い、忽ちこれを斬った。

この刀を念仏丸と名付けたのは、且つて夜已《や》むを得ざることがあって辻斬《つじぎり》を試みたが、その時斬られた人は斬られながら走って行き、石につまずいた時に南無阿弥陀仏と声をたてるや否や身体が二つになってしまった、それ以来この刀を念仏丸と名付けたということであった。

戸田清玄

戸田清玄《とだせいげん》は戸田流剣術の名家であって、福島正則《まさのり》に仕えていたが、人が試合を所望すると長袴《ながばかま》をつけ枇杷《びわ》の木刀の一尺九寸五分なるを持って敵の三尺の白刃と仕合をした、その流儀の者は皆それにならっていた。

清玄が云う、

「礼儀の場に於ても、刀を振うことが無いということはない、そういう場合には身は長袴で頼むところは小刀一本のみである、急に臨んで袴の裾《すそ》をからげたり、腰をとったりしている余裕のないことがある、その場合を慮っての服装である」

難波一藤斎

難波《なんば》一藤斎《いっとうさい》は遠州三倉の人であって父を一甫斎といった、一藤斎左の手を失ったが、然も剣術に達していた、寛永九年十一月吹上に於いて、剣術上覧の時、相手の金井半兵衛に勝ったが、金井の同門吉田初右衛門が金井の敗れたのを見て大いに憤慨した、その時大久保彦左衛門が一藤斎に向って「吉田ともう一番仕合をしないか」とすすめた、一藤斎それを承知して、一尺二寸の小太刀を携えて立って、吉田は三尺の太刀をとって縦横にふるい戦ったが、一藤斎は神出鬼没飛鳥の如く吉田の後に出てその背を打った、吉田憤激のうちにこれをものの数ともせず尚奮闘して一藤斎の刀を打ち落したが、柳生但馬、小野治郎右衛門、大久保彦左衛門等が検証して遂に吉田の負けとした。

結城朝村

結城《ゆうき》朝村《ともむら》は朝光《ともみつ》の子である、射をよくして曾《か》って将軍藤原頼経に従って京都に至り、関白道家の邸へ赴いたが、その時関白の家で籠《かご》の鳥が離れて庭の木の上にとまった、頼経が朝村にあれを射よといったので、朝村は虚箭を飛ばして鳥に的《あ》てたので鳥が傷つかずに下へ落ちて来た、見るものが皆それを歎賞《たんしょう》した。

丸目主水

丸目《まるめ》主水《もんど》は一伝流抜刀術の祖であるが、何れの国の人であるか分らない、少壮より剣を好み、殊に抜刀にかけては神出鬼没、当時その右に出でるものはなかった、国家《くにいえ》八重門、朝山内蔵之助、海野《うんの》尚久、金田正理、陽夏能忠《ひなつよしただ》等がその伝統を継いだ。

千葉新当斎

千葉新当斎名は右門字《あざな》は率然下総《しもうさ》佐倉の人であった、剣をもって一代に勝れたのみならず、槍は宝蔵院の第十二世を伝えて一代に響いていた、曾て安房国《あわのくに》に遊んだ時に広い野原でその術を試みたが、その時、矢を雨の如く射かけさせて新当斎は槍を振って真中に突立ったが、降り来る矢を悉く砕いて地に落した、見る人、人間業にあらずと舌を巻いた、鋸《のこぎり》山《やま》に石碑を建ててその事を記している。

山本玄常

山本玄常《げんじょう》は対島《つしま》の守《かみ》と称し山本流の祖である、後三夢入道と称した、八流の剣を極めて一流を創《はじ》めた、大友豊後守の家来となって一万石を領していたが、大友氏が亡ぶるに及んで浪人となった、その子山本賢刀次元国が山本流を継いで剣に秀でていたが父が没して後僧となって「雪好」と号し、越後高田の山の中に隠れている間柳生三厳《みつよし》が丁度通りかかってこれと仕合をして見て打勝ったが、その時三厳に無明の剣を伝えた、三厳がこれを徳として尾張公にすすめ、還俗《げんぞく》させて三千石を賜るようになったとの事である。

渋川伴五郎

渋川伴五郎《ばんごろう》は渋川流柔術の祖である、後、友右衛門と称した、関口氏業に就いて学び後一家を成した、江戸の人で西《にし》の窪《くぼ》城山に住んでいた、身の丈六尺二寸、力三十余人を兼ねていたといわれる、寛永九年武術上覧の時には年齢三十歳であったが、関口弥太郎と組んでこれに勝った、子孫世々柔術家として伴五郎を称した。

狭川助直

柳生但馬守に従って新陰流の刀法を学び四天王の一人と称せられた、天和三年仙台の伊達《だ》綱村《てつなむら》に聘《へい》せられて師範となった、沢庵和尚に就いて禅を学んだことがある、或時松島の瑞巌寺《ずいがんじ》に至り天嶺和尚と相見した、和尚は助直を一介の武人として余り重くは見なかったが、話をしている最中一羽の雀が来て座敷へ飛び込んだ、助直は静かに扇子をとってその雀を抑えながら話をし、やがて又扇子をあげると雀がぱッと飛び去ってしまった、助直は一向それを心に懸けず、抑えたり離したりするうちにも平気で話をしていたから天嶺和尚が感心してそれから深き交りをゆるすようになったそうである。

熊沢正英

尾張の瀬戸の人であったが、肥前唐津の寺沢家の家老となった、或夜盗賊が入り、家中上を下へと騒動したが、正英《まさひで》は予て宅地の隅に大木があってその枝が垣の外に垂れているのを見て思うには、もしこの家へ盗賊が入るとすれば必ずこの垣と木の枝から上下するであろうと見極めていたが、その晩に至り、さてこそとこの木蔭へ来て待っていると案の如く盗賊がやって来てその枝を伝わって逃げ出そうとする処を正英は一刀の下に斬って捨てた。

寺沢広孝がそれを聞いて近臣を集め、さしも壮年屈強でそうして大胆不敵な盗賊奴《め》が、七十の老翁の手で易々《やすやす》と斯うも甏れたのは、要するに日頃の用意の如何《いかん》にあるので、すべてにわたって不常が肝腎《かんじん》だということを教訓したそうである。

山崎将監

山崎将監《やまざきしょうげん》は中条流の名士であって、父は兵左衛門といった、国主徳川忠直が父の兵左に命じて藩中の剣士と仕合をさせたが、父は自分は既に年老いて、術も全《まった》からずといって、倅《せがれ》の将監をしてこれに代らせた、将監は時に年十六であったが、相手の剣士をうち込んでこれに勝ってしまったので、主君忠直から大いに賞せられた、その後技大いに進んで精妙に達し後将軍秀忠から麾下《きか》に召されることになった。

吉田一刀斎

吉田一刀斎は遠州浜松の人であった、寛永九年剣術上覧の時に遅れてその場へ到着したので大久保彦左衛門に頼んで漸《ようや》く組に入れて貰《もら》うことが出来た、そこで羽我井《はがい》一心斎と組合せられて互いに秘術を尽して相闘ったが数刻の後相方共に疲れて刀を落してしまった、そこで勝敗なし、大久保彦左衛門が二人をねぎらった。

武田信玄の武術裁判

武田信玄が我国第一の武将であって、この人が長命をしていれば信長も家康も頭が出せなかったことは明らかであるが、武術に就いても造詣《ぞうけい》が深く、その麾下の武将は武将として現われていたけれども、単に武術家としても錚々《そうそう》たる一流の人であった、上泉伊勢守の如きも信玄の配下であったのである。

信玄の武将飫富《おぶ》兵部少輔《ひょうぶしょうゆう》の組下に志村金助と云って、なかなか勇武の聞え高い家来があった。その同僚に六笠与一郎というものがあって非常に仲よく交っていた、処が、この志村の仲間《こもの》に団藤太というものがあって、これが六笠の二番目の娘に思いをかけて言い寄ったけれども女が従わなかった、そこで団藤太は刀を閃《ひらめ》かして脅かしたことなどあるのを何者か志村に告げたので、金助は大いに怒って直ちに団藤太を呼びつけて厳しく叱りつけた、けれども此奴はなかなか無法者で却《かえ》ってふざけた返辞をしたりなどするものだから、志村はこらえかねて手打ちにしようと引据えた処、此奴はなかなか大力なものだから振り放して逃げ出そうとするのを、志村が抜き放って斬りつけると団藤太も抜き合せながら引外して逃げ出してしまった。志村は大いに焦立《いらだ》って後を追いかけたが、逃げ足が早くてなかなか追いつけない、工小路《たくみこうじ》という町を曲ろうとする時に丁度向うから来合せたのは志村の友人の六笠与一郎であった、金助が後ろから言葉をかけて、そいつ逃すまいといったので、六笠もこれは手討ちにすべき奴だと心得て団藤太を追い詰めて二刀斬りつけた、団藤太が弱ってハタと転んだ処を六笠が駈《か》け寄ろうとすると、団藤太は起き上りざまに持ったる脇差で六笠がもろ膝をなぎにかかる、六笠が驚いて退くと団藤太はすかさず脇差を投げつけたので、六笠の左の太股《ふともも》へ三寸ばかり突立った、そのうちに志村金助が追いついて団藤太を斬り倒して一刀に首を打ちとった、しかし、友人の六笠与一郎に、斯うして負傷させたのを気の毒に思い取り敢えず自分の家へ連れ帰って養生をさせたが、五十日余りで治った。

処がこの六笠与一郎という男は虚栄家と見えて、その後諸方へ行って云い触らす事には、

「志村の仲間《こもの》の団藤太という奴はどうしてなかなか大剛のもので金助も持て余して打ち漏そうとした奴を拙者が受取って斬り倒し、志村に首を取らせたのだ、これ御覧ぜよ、この創《きず》はその時の創あとだ」と見せびらかして歩いた。

金助はその事を聞いて、以っての外の言い分だ、斯ういう心ざまの曲《ねじ》けた奴と知らずに今まで交際していたのは不覚だ、だが私の怨《うら》みをもって彼を討ち果すのも不忠になると考えてその事情をすっかり記して組頭の飫富兵部卿少輔へ訴え出た処が、なかなかむずかしくて飫富の決断にも及びかねたので遂に信玄のお聞きに達すということにまでなってしまった。

そこで、信玄は直ちに志村と六笠の両人を呼んで訊問《じんもん》を開始した。まず、

「右の仲間を討ち止めた場所は何処だ」

と尋ねたところ、両人は、

「工小路にて候」

と申上げる。そこで信玄が、

「では、その町内の者を残らずこの白洲《しらす》へ召し出せ」

と云われた。そこで直ちに工小路町内の者が全部白洲へ召集されたのを見て、信玄が、

「その方共の中に志村の仲間、団藤太が討たれた実際を見たものがあるだろう、その者は見た通りを正直に申し出ろ、聊《いささ》かでも嘘、いつわりを申すと罪に行うぞ」

斯ういうことを申渡されたので、召し寄せられた工小路の町人五十余人が謹んで申上るには、

「志村殿が、十四五間後から追って来られた時に、六笠殿が仲間に行き向って、何事かと不審がられつつ行き違いになって五間ばかり距《へだた》った時、志村殿がそいつ逃がさじと声をかけられましたので、六笠殿がそれを聞いて刀を抜いて取って返し追いつめられた時に、かの仲間はもう息をつぎかねたような有様で六笠殿に追いつめられ二刀でうつぶしに突伏してしまったのを、六笠殿が駈け寄ろうとなされた、その時彼《か》の仲間が起き上りざまに脇差を投げつけました、その間に志村殿が追いついて首をお斬りになりました」

と一同は申上げたので、信玄がうちうなずき、

「では、その仲間が脇差を投げつけた時、六笠はどういう仕方をしたぞ」

と、訊ねられたので、町人が承って、

「かの仲間が六笠殿の足をなごうと致しました時に六笠殿は二三間しさられました」

と申上ると、また信玄が訊ねて、

「そのしさったというのは、後ろへしさったのか、またうしろを見せて退いたのか」

と訊ねられた処が、町人共が、

「それは、仲間をあとにしてお逃げになったのです、そこへ仲間が脇差を投げつけました、その創で六笠殿も転ばれて暫《しばら》くは物をも言えないでおいででした」

と、五十人の者が口を揃えて証言したので、信玄が宣告を下していう。

「六笠与一郎事卑怯第一のものである、何の役にも立つべきものではない、追って申付けるまで控えて居れ」

と、そこでこの裁判は終ったが、終った後信玄が評定衆へ申されるには、

「我が父信虎公《のぶとらこう》の代に、白畑助之丞という大剛の勇士があって父の覚えも深いものであったが、その家の僕《しもべ》を折檻《せっかん》するといって、今金助がしたように後から追いかけた処が、その僕はなかなか武術鍛錬のもので、追いかけて来る助之丞が自分に寄って刀を振り上げる時分を考え、こちらは刀を抜きながら振り返りざまに膝をついて、片手討ちになぎ払った為に白畑が両腕を添えて頭もろ共にただ一刀で落ちてしまった。原美濃はまだ若盛りの頃であったから、その時一番に折り合わせて長身の槍をもって彼の下僕を突き転ばした処が、彼の者は転びながら槍をたぐって来て、原美濃が腕を少しずつではあったけれども二ヵ所斬りつけた、美濃の事だからそれを事ともせず突きつけて動かぬようにしていたのを、多田淡路が立ち廻って、まず両腕を斬り、その後止めを刺した。そのものの身上をただして見ると深島の松本備前守が下戚腹《げじょうばら》の孫であったそうだ、さしも大剛の名をとった白畑助之

丞であったけれども侮り過ぎて自分の下僕に斬り殺されたことは惜しいことだ、その時余は十三歳であったが、幼な心にも余りに惜しく思って白畑に弔いを致して遣わした。さ様な次第であるから、他《よそ》では兎《と》も角《かく》も信玄が家では逃げて行くものに追いつかぬからといって卑怯とは申さぬのだ、誰にしても些《いささ》かなことで命をあやうくし、我が用に立ってくれぬようになっては残念だ、如何《いか》なる場合にも科人《とがにん》を追って行く時には見失わぬように十間も後から行くがよろしい、若《も》し追いつく場合にはその科人と並ぶように追いつくがよろしい、将棋倒しのように追ってはならぬ、危ないことだ、さてこの度の六笠与一郎は武士の道に外れ、信玄が家には入用の無い者だ、さりとて斯うい う奴は他国へ追っ払えば自分をよいように云い拵《こしら》えて我が国の恥になるようなことを、いつわり触れ歩くものである、許して置く時は良き侍を悪しざまに云い、悪い侍を賞めたりなどして士気を乱し軍法を乱るものである」

といって、時日を移さず成敗を行われた、そこで、奸才《かんさい》の輩も我が身を顧みて言語を慎しむようになった。

これによって見ても武田信玄が、名政治家であり、武術に於いても優れた見識を備えていたことがよくわかる。

上杉鷹山と吉田一無

上杉鷹山公《うえすぎようざんこう》の臣に吉田一無という剣術の士があった、一刀流の奥を極めていた、或時米沢の城外で江戸相撲の屛風島というのに出逢《であ》った、この相撲は東北興行中に何か仕出かして破門され、この辺に流浪していたのであった、一無はその素晴らしい体格を見て「斯ういう者に武芸を授けて置けば他日国の為に何かの役に立つだろう」と云ったが、この相撲は心実のよくないものと見えて、共に歩いているうちに出し抜けに一無に向って金銭をねだり始めた、そのねだり方が無礼千万な恐喝的であったので一無は、勃然《むつ》として怒って立ち処にこれを斬ろうとしたが、「待て待て心気の定まらぬうちに事を為せば必ず過ちがあるものだ」と気を静めているうちに、丁度その日は雪が降っていて自分は簑笠《みのがさ》で歩いて来たのだが、その簑へ降る雪がさらさらと当る音を聞いたので、もうよい！　と思っているうちにやがて廓内《くるわうち》に近づいて蘆漬橋という橋の半ば頃まで来ると相手が弱気と見て図に乗った相撲がまたも再三強迫して金銭の押借りをはじめ、果てはうしろから廻して一無の懐へ手を差入れたので、一無は身を開いて刀を抜いて横に払った、そこで当然この相撲は両断されていなければならないのに、寂《せき》として手ごたえが無い、相撲はそのまま橋の上に突立っているだけである。一無は自分ながらこの事を不思議がって、試みに刀の柄《つか》でもって立っている相撲の身体を押して見ると、忽ち大の身体が二つになって倒れ落ちてしまった。一無はここに於て自分の業が予想外に練達の域に至っていることを知り、屍《しかばね》を川の中へ蹴《け》落して帰って来た。

一無は性質朴直忠誠にして古人の風があった、鷹山は深くこの剣士を愛して屢々夜話に呼んで武道のことを語り明かされた、或時、屛風島を斬ったことを尋ねられた処、一無は声を壮にし、体を怒らして物語る様一座の者を驚かしたが、口角泡を飛ばして公の袴にまで及んだということであるが、この人は天明二年正月二十九日に七十九歳で亡くなったが、晩年に至るほど術が精妙を極め、入神の域に至ったということである。

鷹山公はまた、その家中の一人の有志が脱獄者を見かけて捕えようとし、相手に斬られて重傷を負いながら終《つい》にそれを捕えてしまった、その功を賞していたが、書役の復命書のうちに、斬られながら屈せずして組み止めた、と書いてあるのを見て、これは勇士に対する言葉ではない、斬られながらと書かないで、斬らせながらと書かなくてはいけないと云われたことがある、文事あるものは武備がある、徳川時代中、有数の治世の名君といわれた鷹山公は武術に対してもまた明眼の人であった。

柳生父子

柳生但馬守が将軍家光の前で、御馬方諏訪部《すわべ》文九郎が「馬上ならば」といったのを、但馬守が馬の面を一打ち打ってその驚くところを文九郎を打ち据えて御感に与《あずか》ったということは前にも記したが、その時の事であった、子息の飛騨守《ひだのかみ》もお伴《とも》で将軍の面前で試合をしたが、飛騨守は一度も勝つことが出来なかった、そこで飛騨守はテレ隠しかどうか知らないが、

「寸の延びた太刀ならば」

といった。今までは手に入らない刀を持っていたからだ、もう少し長ければ負けはしな

いという意味であった。それを聞くと父の但馬守が、

「然らば、大太刀にて試合仕れ」

と云った。そこで、飛騨守が寸延びの大太刀を持って父に立ち向うことになった、そうすると但馬守が、

「倅、推参なり」

と云いながら、ただ一打ちに打ち据えて了《しま》ったので、飛騨守は暫《しばら》く気絶をした。

斯うまで手厳しくしなくともよかった筈なのだが、寸の延びた太刀ならば勝てるというようなことを云うのは柳生家に生れたものの本意ではない、そこで強く打ったので、仮令《たとえ》如何なる場合でも試合をなすものは父子兄弟たりともその覚悟がなければならないのである。

武装と甲冑

昔の武士は剣術よりは居合、抜き打ちを専ら習った。それは鎧兜《よろいかぶと》を着ては寸の延びた刀は抜き兼ねるものであるから、特に念を入れたのである。加藤清正が宇土《うと》を攻めた時に、南条玄宅というものが、三角《みすみ》角左衛門という相手と槍を合せ、角左衛門は前へ抜け、玄宅は後ろへ抜けたが、角左衛門の若党が後ろにあって、玄宅が抜けて来たところを得たりと額を斬った。そこで玄宅は眼が眩《くら》んでくるくると廻ったが、廻りながら刀を抜いてかの若党を抜き打ちに胴斬りにしてしまったとのことである。その時、居合抜き打ちがやれなけ

れば自分の身はたまらなかったのである。

針の妙術

上遠野《かみとうの》伊豆《いず》という人があった。奥州の人で禄八百石、明和安永の頃勤めたそうであるが、武芸に達した上に、わけて独流の手裏剣を工夫してその妙を極めていた。その方法は針を二本中指の両側に挟んで、投げ出すのだが、その思うところへ当てないということはない、どういうわけでこの針打ちの工夫を始めたかというに、敵に会った時、両眼を潰《つぶ》してかかれば、如何なる大敵と雖《いえど》も恐るるに足らずと思いついた処から始ったとの事である。平常、針を両方の鬢《びん》に四本ずつ八本隠して差して置いたとのことである、これは、「奥州波奈志」という本にあるのだから、あちらの藩に仕えていたのだろう、或時国主のお好みで針を打たせられたが、お杉戸の絵に桜の木の下に駒の立っているのがあったのを見て、国主が、

「あの駒の四ツの肢《あし》の爪を打て」

と云われたところ、それに従って二度打ったが、二度まで少しも外れなかった。芝の御殿が焼けてしまう前まで、その跡が確かにあったそうである、この手裏剣はこの人一代限りで習う人は無かった、習いたいという者はあっても教えることが出来ないと断わって、「元来、この針は人に教えられたことではないから、何と伝うべき由もない、ただ、根気よく二本の針を手につけて打っている間に、自ら自得したまでである」

と云った。

馬上の槍

酒井家の家臣に、草野文左衛門という老功な武士があった、人々が常に戦場の様子や馬上で槍を入れる実地などを見せて貰いたいということを所望したが、文左衛門はいつも、それは無用の事だといって断ってしまったが、或時今日はたってという覚悟で頻《しき》りに所望されたものだから、文左衛門も断りかねて、

「それほど御所望ならばお見せ申そう」

といって、甲冑を着け、馬に乗り、槍を左右へ打ち振り打ち振りその勢目醒《めざま》しきばかりで、槍を打ち振る度毎に馬の脚がたじたじとした。

さて、その事が終って、見物の人が皆感嘆賞美したが、その中の一人がいうことには、

「御勇気の有様申すに及ばず、その上馬術に於いても御名誉の事で、槍を振る度毎にさしもの馬の脚がたじたじとした有様は天晴れ見事と拝見致しました」

と賞《ほ》められた、それを聞くと文左衛門が云うよう、

「さればこそ斯ういうことをしてお見せ申すのが無用のことだとは申したのだ、拙者が昔若い時は馬の脚がたじろぐようなことは決してなかったのである、年が老い力も衰えたればこそ槍一本を自由にすることも出来ないので、そこで馬に骨を折らせるのである、今のような有様では人も馬も疲れて、却々《なかなか》働くことは出来ないものだ、それを賞められること

はなさけない次第だ、すべて、今時の人に向って武勇談というものは皆斯ういうわけのもので、一つも用に立つことはない、心得方が違っている以上は何を申したりとて耳には入らぬものである」

といって大いに歎《なげ》いた。

日本のテル

阿部家の家臣に某《なにがし》というものがあった。日頃弓術に熱心で、精を出していたが、どうも「早気」という癖《くせ》が起って、矢を番《つが》えて的に向うと、肩まで至らないうちに放してしまう。巻藁《まきわら》に向うと耳を過ぎないうちに放してしまう。自分ながらどうしてもその癖がやめられない、師匠も終に愛想を尽かして、

「貴君の御熱心は結構だが、弓の稽古は思い切ってもうお止めなさい」

とまで云われてしまった。某はそれでも断念せずしてどうかして、我ながらこの「早気」の癖を矯《た》め直したいものだ、自分のこぶしながら、口惜しいことだ、そこでその家に伝わっている、主人から賜った古画の屏風《びょうぶ》へ主人の紋付の衣服を掛けて置いて、これならば勿体《もったい》なくて軽々しく矢は放せないだろう、これに向って軽々しく拳《こぶし》を動かすようでは人間の道ではないのだ。と観念して、屏風に向って弓を引いて見たが、それでも「早気」の癖がこらえられず放してしまった。

我ながら、これではとても弓を取ることが出来ない、我ながら何という意気地無しであ

ろうか、自分で自分のこぶしを抑えることが出来ない、残念無念と自分で自分を恨み抜いた結果、遂に自分の最愛の子供を向うへ置いて、それに向って弓を引いて見ることにした、こんど、こらえずに切って放せば、我が子の命を取ることになる、これでも癖が止まらないならば、我も腹を切って死んでしまおう。

と思い定めて、我が子に弓を差し向けて引きしぼったが、一心の致すところか、恩愛の情か、この時ばかりはいつもの「早気」が失《う》せて、拳を放すのを堪えることが出来た、それから絶えず修行しているうちに右の癖も止んでしまったということである。

ウイリヤムテルの物語りにも似た悲壮な逸話である。耳袋という書物の中にある。

安藤治右衛門

大阪夏の陣の時、徳川秀忠《とくがわひでただ》が城方の七組の兵に囲まれて甚だ危かった。

これより先秀忠の父家康は、この危険を慮って安藤治右衛門というものを謀って使い番として命令を秀忠に伝えしめた。

「今、物見をしたものの申す処によると、城の中から六七千の兵が出て来る気色がある、その大軍が出ない先きに早くこちらの戦陣を進めて敵の鋒《きつさき》をくじくがよい」

秀忠それを聞いて云うのに、

「治右の馬鹿奴《め》、我軍は四十余万ある、敵は城を傾けて出払って来たところで八万には過ぎまい、大軍とは何事だ、貴様のような使い番は物の役に立たぬ」

治右衛門がそれを聞いて歯嚙みをして、

「役に立つか立たないかその内お見せ申す時があろう」

と云って秀忠の前を立ち去った。

治右衛門が立ち去ると間も無く、地雷火が爆発して秀忠は陣を焼かれ、兵馬混乱した処へ、大阪方の木村主計《かずえ》が素肌武者三十五人を連合して秀忠に迫って来たので、秀忠の身が危かった時に、柳生宗矩《むねのり》は秀忠の馬前に立って七人を殪《たお》し、尚進んで決死の戦をして最早や主従戦死と見えた。帰途半ばでそれを聞きつけた安藤治右衛門は、鞭《むち》をあげると直ちに取って返して、木村主計と一騎の勝負をして互に重傷を負った、治右衛門は流るる血が眼中に入って眼は見えなくなったけれども、精神は衰えず、やみくもに打って遂に主計を殺し、秀忠の囲みを解いてこれを助けた、秀忠は慚愧《ざんき》と感謝の念に堪えずその陣所へ出向いて行って薬をとって治右衛門の口に含ませ、厚くこれを看病した、治右衛門は泣いてその恩を謝したが遂にそのまま縡切《ことき》れてしまった。安藤は特に武術家というわけでは無いが、柳生の事もあり、武道の神妙を実現した意味としてここに記した。

井上伝兵衛

井上伝兵衛は上野車坂下町に直心影《じきしんかげ》の道場を開いて、その名、都下に鳴っていたことは前に島田虎之助の時に書いていた。腕も勝れ、頭も人格もよかった人だが、この人が無惨にも暗殺されてしまった。それが松浦静山侯《まつらせいざんこう》の「甲子夜話《かっしやわ》」に書いてある。松浦侯は最初伝兵衛の家の前を月々上野登山の折から往来して、その道場を見かけ、竹刀の音を聞くにつれ伝兵衛の評判も聞き知って、他所《よそ》ながら感心していたのだが、それほどの名手が、もろくも暗々と討たれてしまったと聞いて、興がさめ却って軽蔑《けいべつ》する気にもなったが、さて後でよくよく聞いて見ると必ずしも一笑に附すべきものでない、如何にも悲愴《ひそう》なものがあると聞いて特に書き留めたのである。

伝兵衛がある時、或る大名の茶会に招かれて出席したが、その大名が伝兵衛に向って云われるには、

「この方へ剣術に優れた武士が一人やって来る、今、浪人ではあるけれども、なるほど立ち合わせて見ると勝てる者はない、今の伊庭《いば》八郎次だの、その門弟等とも仕合をさせて見たが皆この者が勝った。その位だから、まず都下に右に出る者はない、ただ、井上伝兵衛、貴殿だけ一人残っている、お前と仕合をして勝ちさえすれば本当にもはや江戸中には無敵なのである、そこで右の浪人は是非お前と一本立合をしたいと希望している。若しお前に勝てれば仕官をしたい、負けるようならば一生浪人で禄の望みを断ちます。斯うまで云っているのだが、どうだ、そなたはこの浪人と立合って見る気はないか」

それを聞いて、井上伝兵衛が答えて云うことには、

「その望みには一理なきにあらねど、総《すべ》て事の勝負というものは、一日の勝ちが終身の勝というわけのものではござらぬによって、左様に強い望みをかけらるるほど、この勝負は断じて無用のことでございます」

と云って、再三辞退したけれども、殿様をはじめ満座の者が挙《こぞ》ってこれをすすめ、その上に右の浪人も予めもう次の間で立ち合いの仕度をして待っているという有様だから、井上もどうにも断りようが無く、止むことを得ずして右の浪人と立ち合った処が、どうしたことか右の浪人が一刀の下に井上に打たれてしまって、立ち処に勝負が見えたのである。

それを気の毒に思って温良な井上伝兵衛は取りなして云うことには、

「最初にも申した通り、一日の勝ちは終身の勝というわけのものでは無い、また一日の敗が終身の敗というわけでもござらぬ、只今それがしが勝もさのみ賞めるに足りないし、そなた様の負けも失望するに足りない、どうか殿様にも御知行を下しおかれ、そなた様も今日から御仕官なさるがよろしい」

と、井上から懇《ねんご》ろに殿様に取りなしたけれども、殿様もさすがに浪人の最初の広言を取次いだことでもあり、斯うなって見ると、それでも召し抱えようとは云えず、浪人は赤面しながら手持ち無沙汰で、その席はそれで終った。

ところが、その晩の帰りのことであったか、またはそれから後の別の夜のことであったか同じ大名の処で茶会があって井上が帰る時、茶の後席で酒を賜わって、井上は酔いながら殿様から貰った茶碗《ちゃわん》を包んで手に携げて酔い心地で帰途についたが、その途中、夜中のことだから誰れがどうともわからないが、股引絆纏《はんてんぎ》着の身軽なる態《てい》のものが四人であったと聞く、まずそのうちの一人がいきなり刀を抜いて井上の右の腕に斬りつけた、井上は右を斬られたので、左の手で刀を抜こうとしたのを、また左の腕を斬られた。左右を斬られながら、それでも身をかわし、身をかわし四人の相手と戦いつつ辻番所まで駈けつけた、そして辻番所に向ってこの有様をつまびらかに物語り、

「拙者は車坂の井上伝兵衛であるが、この有様だ、拙者の宅へよく仔細《しさい》を申し告げられたい」

と云って、そうしてそこで瞑目《めいもく》したということである。

この最期などは悲愴極りない心地がして、井上の為口惜《くや》しさとうらめしさとの限りなきものがあって、ここの斬られ方受け方なかなか研究ものである。

とにかく、井上伝兵衛は珍しく人格の出来た人であったと見えて、心形刀流の師範、伊庭八郎次や、関口流柔術の師範であって、松平楽翁公の柔術の師である鈴木杢右衛門《すずきもくえもん》などとは同じく御徒士《おかち》であり、殊に別懇の間柄で他所《よそ》へ行って夜おそくなるとお互いにその家に泊りなどして兄弟の如く附き合っていたということである。

渡辺兵庫

忍びの名人渡辺兵庫と云うものが、年少《としわか》き人に対して語るよう。

「旅宿などにて隅に片寄って寝てはいけない、隅は壁か障子かに近いものだから、盗人等が伺って壁越し障子越しに突く時は、もし急所に当らないまでも相当の負傷をして働けないものである。その室の中央に寝るのが宜《よろ》しい、戸を破って外から這入《はい》られてもそれにとり合う間合がある、また盗人が這入った時こちらが声をかけ『何者ぞ逃さじ』などと罵《ののし》る

のはおろかなことだ、暗い処では声をしるべに斬るものであるから、声をかけるのは盗人に向って、『われここにあり、来りて斬れ』と教えてやる様なものだ、家の中が暗くて人音も物音も無い処では却って気づかわしくて這入れないものである。また盗人を一人斬り止めた時は、左か右かに退いて鳴りを静めて物音を聞いて居るが宜しい。斬る時も『エイ』ともなんともかけ声をしないが宜しい。何とか言えば、たとえ賊の一人は仕止めたからと云って後につづくものがその声をしるべに斬りつけるものである。静かにして物音をしないで居さえすれば、幾人来ても先に這入ったものが斬られたとあれば、後は無暗に押入るわけには行かないものである。たとえ、押しこんで来たからと云って、その足音をしるべに斬りさえすれば残らず斬り伏せて終うことが出来るものである。――」

渡辺兵庫は本多大隅守《おおすみのかみ》正賀の臣であるが、大隅守の在所、榎本《えのもと》は下総《しもうさ》の古河《こが》に近かった。ある時古河の士が人を斬って榎本へ逃げ込んで来たものがあった、追手は地境まで来たけれども、他領であるによって是非なく引返した、大隅守はその者の身上を聞いてみると、なかなか勇士であったので、惜んで深くかくしてしまった。

古河から使者が来て「どうぞそれを引渡して貰いたい」と云った、大隅守は「承知致した」と云いながら、どうしても出さない、古河からの使者が三度に及ぶとき「我を頼んで此処《ここ》まで逃げて来たものであるによって差出すにしのびない、御免を蒙《こうむ》りたいものだ」と云って、番人を付けて昼夜守らせて置いたところが、古河から間者を入れて右の士を殺してしまった。

　大隅守が大いに怒って番人を召し寄せ、

「貴様等の様な役に立たずを斬る刀はない」

　と、髪を剃《そ》らせて放逐してしまった。それから渡辺兵庫をよんで、

「その方古河へ行って、しかるべき士を一人斬って、我が鬱忿《うっぷん》を晴らせ」

　と云った。兵庫は、

「委細かしこまりて候」

　そこで、頃は五月の半ばであったが、兵庫は簑《みの》を付け鍬《くわ》を肩にして百姓の装《よそおい》をし、簑の下に一尺三寸の短刀を一つ差して夜の明け方に古河の方へ出かけて行った。そうすると、早起きをした士がその辺の川辺に二人居て、一人は立って一人は坐《すわ》って話をして居たところを、先《ま》ず立って居るものの首を斬り落してしまった。坐って居た者が驚いて立上るのをまた首を打落してしまった。

　古河の町人が大いに騒いで出会い追いかけたけれども行方が分らない。

　兵庫の方では入って来る時に、予《かね》て退口《にげぐち》を考えて置いて、古河の町から二十丁こちらに土橋がある、土橋の下に岩の洞《ほら》があった、身をちぢめてその中に匿《かく》れて居た。若し追手の者がそれに気付いた時には、無下には殺されず、その者を刺して共に死のうと思い、短刀をぬき持って居たが、その辺の竹藪《たけやぶ》だの、神社や寺の中などを探索して廻ったが、土橋の下に気の付くものは一人も居なかった。

大隅守は様子如何《いかん》と人をつけて伺わせたところが、古河の町が大いに騒動すると云って復命したけれども兵庫は未だ帰って来ない「定めて打たれてしまったのだろう」と安からず思って、夜になっても寝ないで居ると、夜更けて兵庫が帰って来た。大隅守は喜んで出迎え、

「どうした」

と尋ねると、兵庫が「しかじかで候」と答える。大隅守が、

「では、左様な紛乱の間であり、印《しるし》は取らずに来たろう」

と質《たず》ねたところが、兵庫が答えて、

「選まれて出向き申したのに印がなくて、何と致しましょう」

と云って、布袋の中から首を二つ出して差上げたので、大隅守の感歎《かんたん》なおめならずであったと云う。

源　頼　光

三条院がまだ春宮《とうぐう》に在《おわ》しました頃、御所の檐《のき》に狐が出て丸くなって眠っていた。それを殿上人《てんじょうびと》が見つけて丁度その時、頼光朝臣《よりみつあそん》は春宮付であったが、殿上人たちが、あの人は多田の満仲の子で世に聞えたる弓取である、あの者にひとつあの狐を射させて見たいものだと頻《しき》りに噂をするのを春宮が聴こしめして、御弓とひきめとを取寄せつつ、頼光に向い、

「あの辰巳《たつみ》の檐にある狐を射よ」と仰せられた。

頼光がお返事を申上げるよう、

「仰せを背く次第ではござりませぬが、他の人ならば射損じても恥ではござりませねど、私が射損じでも致しました日には限り無き恥でござります、もし射当てましたところで、当然のことでござりまする、若い時は随分、鹿などを射たこともござりまするが、近頃ではトンと左様なことを仕《つかまつ》りませぬ、由ってこの頃では矢の落つる見当もつきませぬ」

と云って辞退したがお許しが無かったので、是非なく御弓を取ってひきめをつがえてまた申すには、

「力がありますれば、これでも宜《よろ》しゅうございますが、あの通り遠いものはひきめは重くございます、征矢《そや》が宜しゅうございます、ひきめでは下へ落つるかも知れません、弓箭《きゅうせん》の道では下へ落つるのは射損じるよりも、おこがましいことでござりまする、これはどのように致したら宜しい事でござろうか」

と紐差しながら表の衣の裾《すそ》をまくり、弓頭を少し臥《ふ》せて、その箭で力のある限り引きからめて放った。暗がりで矢の行方もよくわからないと思っている内に、狐の胸に射当てて狐は頭を立て池の中へ転がり落ちてしまった。

力の弱い弓に重いひきめを以《も》って射たことである故に、如何《いか》なる名人と雖《いえど》も、射つけないで矢は途中に落つべき筈《はず》であるのに、見事にこの狐を射落してしまったので、宮を初め殿上人がいずれも感歎した、水に落入って死んだ狐を取り捨てて後、宮は御感の余り主馬《しゅめ》の御馬を召して頼光に賜った。頼光は庭に下りて御馬を賜って拝してまかり下る時に申す

よう、

「これは頼光が仕りたる箭《や》ではござりませぬ、先祖が頼光の矢を恥しめまいと思って、守護神の助けて射させ給える矢でござります」

その後頼光は、親しき兄弟などに会っても「あの矢は頼光が射た矢では無い、武家の名誉の為に先祖の守護神が出でて助けて呉れた矢である」と云って、更に己《おのれ》の功に居らなかったので、聞く人が皆感心したということである。

源頼信と頼義

源《みなもとの》頼信《よりのぶ》が東国から良い馬を貰《もら》い受けて上京させたが、途中馬盗人がこの馬を見て非常に欲しがって、

「よし〳〵この馬をきっと盗んで見せる、よし今盗めなければどこまでもついて行って必ず盗んで見せる」

と、ひそかに馬をねらって上ったが、それを護《まも》る者共に一寸のすきもなかったので、盗人もとうとう京都までついて来てしまった。

所が、ある夜雨が降ったのに乗じて馬盗人が、旨々《うまうま》とこの馬を盗み得て逃げて行った。やがて廏《うまや》で番人たちが気がついて「それ、馬盗人が」と云った。

頼信はその物音をほのかに聞いて、子息の頼義《よりよし》が寝入って居るのに、この事を何とも告げないで、起きて着物を着て、壺《つぼ》を折って胡簶《やなぐい》を掻《か》き負って廏に走り行き、手ずから馬を

引き出して、あり合わした粗末な鞍《くら》を置いてそれに乗って唯一人関山《せきやま》の方へ追いかけて行った。頼信が心の中に思うには「この馬盗人は、東国の方からわざわざついて来たものに相違無い、それが道中ではスキが無かった為に盗むことが出来ない、京都へ着いて初めてこの雨の夜にまぎれて盗み去ったものに相違ない」

所がその時分寝入ったと思って居た子息の頼義もその音を聞いて立ち上がった、その時はまだ装束も解かずに丸寝であったものだから、起きると共に父のように胡簶をかき負って殿なる馬に飛び乗り、関山の方へ唯一人で追いかけて行った、その心は父の頼信の馬盗人を目指すと同じ推量であった、行く行く頼信は、吾子《あこ》は必ずつづいて来るに相違ないと思い、頼義はまた、父は必ず先発して居るに相違ない、それに後《おく》れてはならぬと走《は》せながら行った、ところが河原を過ぎると雨も止み空も霽《は》れたので、愈々《いよいよ》走せて追い行く程に関山に行きかかった。

さて、馬盗人は盗んだ馬に乗って、関山まで落ちて来たが、もうここまで逃げて来れば大丈夫と思って、関山の端で水のあるところをあまり走せないで、水の中をツブツブと歩かせて行ったところが、頼信がその物音を聞き留めて、雨は霽れたとは云うが四辺《あたり》は真闇である、それに子息の頼義が追いかけて来て居るか来ないか分るまいと思われるのに、言葉をかけて云った。

「あれを射よ」

と云う言葉のまだ終らざるに、弓音がして手応《てごた》えがあったと思うと共に、馬の走り出す

音を聞いた、しかも、その馬の鐙《あぶみ》がカラカラと鳴って走り出した音が聞える、そこで頼信がまた言う、

「盗人はもはや射落した、速かに走せ寄って馬を取って来るがよい」

とばかり云いかけて、その儘《まま》後をも見ないで京へ帰って了《しま》った。

その後で頼義は、現場へ駈《か》けて行って馬を取り戻して帰って来た。父子共に入神の名人と云いつべきである。

八幡太郎

頼義の子息が即ち八幡太郎義家《よしいえ》であるから武勇の筋が思いやられる。
後冷泉院《ごれいぜいいん》の時、義家は鎮守府将軍たる父の頼義に従って貞任宗任《さだとうむねとう》を攻めたが、戦大いに破れて死者無数、将卒四方に散って余すところ僅《わず》かに六騎になってしまった事がある、貞任が軍これを見て攻め寄せ矢を飛ばすこと雨のようであった、それを義家が防ぎ戦う有様神の如く、未《いま》だ弱年の身をもって大いなる箭を射た、その前に当ったもの、倒れ伏さずと云う者無く、それが為に父子主従が無事なることを得た。
古記に、
義家沈勇絶倫、騎射神の如し、白刃を冒し、重囲を突いて賊の左右に出で、大鏃箭を以って頻りに賊帥を射る、矢空発せず、中《あた》る所必ず斃《たお》る、雷奔風飛、神武命世、夷人靡《なび》き走り、敢えて当る者無し、

とある。

奥州征伐の時、義家の弓勢《ゆんぜい》が甚だはげしくて、射る毎に鎧《よろい》武者が皆弦に応じて死んだ。清原《きよわら》の武則《たけのり》がこのことを見て舌を巻いていたが、後日義家に向って云うことには、

「今日は一つ失礼ながら貴方様の弓勢をためして見たいと思いますが、如何《いかが》です」

義家答えて曰《いわ》く、

「宜しい」

そこで武則が、最も堅い鎧をすぐって三領、それを樹の枝にかけた。

義家が一発の箭でその三領を貫いてしまった。武則がこれを見て大いに驚いて、

「これは神様の仕業だ、凡人の為し得るところでは無い」

八幡太郎が武士から帰服されていたのは、斯《こ》う云う武術の神技によることが少なくはなかった。

源義家が奥州征伐の後、降惨した安倍の宗任を一人召連れて出掛けたことがある。主従共に狩装束でウツボを背負っていた。広い野原を通る時に、狐が一匹走せ通った。それを見るや義家はウツボからかりまたを抜いて、狐を追いかけたが、

「射殺すまでのこともあるまい」と、わざと左右の耳の間を擦るように射つけたところが、箭は狐の前の土に立った。狐はその箭にふせがれただけで、やがて死んでしまった。従者

の宗任が馬から下りて狐を引き上げて見て、

「箭も立たないのに死んでしまった」

と云ったところ、義家が、

「臆病で死んだのだ、殺すまいとして当てないように射たのだから、やがて生き返るだろう、その時放してやるがよい」と云った。

蕪坂源太

後白河天皇の頃、吉野の奥に、蕪坂源太《かぶさかげんた》と云う者があった。生れは紀伊の国熊野山蕪坂という処の者であったそうだが狩を職業としていた、二町の間を隔てて走る鹿を外さなかったという事である、ある時、里人が集ってその弓勢の程をためして見たところが、差矢《さしや》三町、遠矢《とおや》は八町をたやすく射渡したところから、差矢三町遠矢八町というあだ名を付けられた。

保元の乱の時に、興福寺の僧徒等に催されて新院の方へ馳《は》せ参ったが、新院のお戦《いくさ》が破れたと聞いて、僧徒等は南都へ引返した、源太は組の者六七人を連れて都の内を此処《ここ》彼処《かしこ》と見物して歩いたが、三十三間堂に来ると「斯ういう処でひとつ自分の弓勢をためして見たいものだ」と御堂の後ろに廻《まわ》って、芝の上に跪《ひざまず》いて、先《ま》ず例の差矢を射て見ると、御堂を二倍余りに射渡した、次に、御堂の縁の上に登り、小さい鳴根をすげたる矢を取出して、軒端の下を射渡したところ、七筋迄《まで》あやまたず御堂のうちを射透して、余る矢は尚《なお》お御堂の丈程先へ射抜いていた、この三十三間堂即ち得長寿院《とくちょうじゅいん》は、普通の二間を一間とし、堂の長さが縁の小口から小口まで六十四間一尺八寸六分あるということである。

日本の弓矢

昔、壱岐守宗行《いきのかみむねつら》の家来の者が何か過ちを仕出かして、主人から殺されようとしたので、小舟に乗って逃げて新羅《しらぎ》の国へ渡って匿《かく》れて居た、ところが新羅のキンカイと云うところで何か人が罵《ののし》り騒いで居る。

「何事であるか」

と尋ねると、新羅人が答えて、

「虎が出て来て、村里へ這入《はい》って人を喰《く》うのだ」

「虎は幾疋《いくひき》出て来たのか」

「ただ一疋だけだが、不意に出て来ては人を喰ってまた逃げて行き行きする」

「そんならば、その虎に会って一矢射て見たいものだ」

「滅相もない、喰われてしまいます」

「喰われても宜しい、一矢射て見たい、射損なえば死ぬまでの事、まかり間違ったところで、虎を殺してこちらが死ぬ、どの道ただでは喰われない、この国の人はどうも武芸の道に暗いようだ」

と云ったのを国守に言いつけたものがあった。そこで国守がこの日本人を呼びまねいて、

「では虎に向ってみろ」

と云った。

そこで右の日本人は、虎の居所を聞いて行って見ると、広々した畑で四尺ばかりの麻が生えている。その中を分けて行って見ると、果して虎が伏して居た。そこでとがり矢をつがえて、片膝《かたひざ》を立てて居ると、虎が人のにおいをかいで、平身になって猫が鼠を覘《ねら》うような形で迫って来るのを矢をつがえた日本人は音もしないでその儘で待っている。虎が大口を開いてこの日本人の上からのしかかるように飛びつくところを矢を強くひいて放したところ、虎の顎《あご》の下から首へ七八寸ばかり矢を射抜いてしまった。そこで虎が逆さに伏し倒れて、あがくのをかりまたをつがえて二度まで腹を射て、二度ながら土に射つけて殺して置いた。

そうして、その矢を抜かないで国府に帰って国守にその旨を告げると、国守が驚き感じて、多くの従者を召し連れて虎のところまで来て見ると、成程三本ながら虎は矢を射通されて無残に倒れ死んで居る。それを見て国守が恐れて云うことには、

「まことに百足千足の虎がおこってかかって来たとても、日本の人が十人ばかり馬で押し向って、矢を向けたならば虎はどうすることも出来まい、我新羅の国では、一尺ばかりの矢に錐《きり》のような鏃《やじり》をすげて、それに毒を塗って射るのだから毒が廻ると虎は死ぬけれど、こういう風にその場所へ射伏せてしまうことなんぞは出来る筈がない、日本人は己《おの》れの命を惜まず、危機一髪のところまで行って、大きな矢でこの通りその場で射殺してしまうの

だ。兵の道では日本の人には真実かなわない、恐ろしい国だ」

と云ったとのことである。

この話は宇治拾遺物語にあるが、事実の考証如何《いかん》はさて措き、より日本武術の要領を捉《とら》えている。

秀次の無刀取

柳生宗矩《やぎゅうむねのり》が京都へ着いた、その頃柳生の無刀取が有名であった、関白秀次がこれを聞いて宗矩を召して、

「その無刀取の術を一覧致したい」

と所望した時に宗矩が、

「無刀の事は人に伝えようとして工風《くふう》したのではござりませぬ、刀や脇差等をとり合せるいとまも無い様な時にはと、なぐさみに工風を致してみたままでの事でござります」

と申したところ、秀次がそこで刀を抜いて宗矩に斬ってかかった、宗矩が、つかつかと走り寄るところを秀次が拝み打ちにひしと斬った、宗矩が違い様に足でずんと蹴《け》ったところが、秀次の持った刀が手を離れ二間ばかり飛んで落ちた、其処で宗矩は秀次の拳に取りついて、

「恐れ多き事でござりました」

と云っておし戴《いただ》いた、秀次は、

「名誉の儀である」

と云って宗矩の弟子となった。

その後、秀次は木下半助をもって、この事を太閤秀吉へ推薦した、秀吉が聞いて半助に向い、

「その方が申した様に、しかと秀次が申し聞かせたのか」

と問う、半助が、

「申上げた通りでございます」

と答えたので秀吉が、

「秀次はその分別では我が後を継ぐことはなかなか出来ないであろう、天下を治むべき身として白刃にて我身を斬らせ、それを取ったからと云って何の益になるのだ、大将たるものは左様のうつけた真似はしないものである、我は天下を治めたけれども遂に我刀で人を斬った事は無い、この方の影で人に人を斬らせる分別を以って天下を治めたのだ、秀次はそれ程のうつけ者か」

と云って、殊の外立腹したと云う事である。

幻妙の美少年

筑紫《つくし》から兵法修行に上って来た片山重斉と云う人があった。卜伝流を伝えて無双の極位を指南して居たが、五条坊閤に宿をとって武家在家を問わず弟子が多くあって、朝晩繁昌《はんじょう》

していた、取分けて兵法の道理が面白いと云って徳善院の家中は大方残りなく稽古《けいこ》して居た。

　或《ある》年の六月半ば頃、玄以法印の家中に深沢兵部少輔と云う人の許《もと》へ重斉をよんで終日遊び暮して居た。夜になると庭前に水をまかせて傍輩衆七八人打寄って涼みをして居たが、稽古の為だと云って、木刀を数多《あまた》組んで出し、使いして居るところへ、年の頃十六七でもあろうと見える若い、ゆゆしげな美少年が白い帷子《かたびら》の如何にも美しいのを着て、一尺余りの脇差に扇を取添えて差して居たが、忽然《こつぜん》として庭前にかしこまって皆の兵法をば見物して居る、兵部少輔がそれを認めて、

「あれに見える御人は誰人にておわすやら」

　と云いかけたところがこの若衆が差し寄って申されるには、

「私はこの御館近い処に住む者でござりますが、兵法をば少しずつ心掛けて明暮彼方此方《かなたこなた》と修行の真似を致して居りますが、今日重斉先生と申されるお方が此方へ御越しになされた由を承り及び候《そうろう》によって、御太刀筋を拝見させて戴き度く、御案内をも申上げないでお庭まで伺候致しました事を御許し下さいませ」

　と申されたので、兵部少輔もそれを聞いて、

「扨《さて》もやさしいお志でござる、この辺にて何れの御子息にておわしますぞ」

　と尋ねると、

「さなき者の悴《せがれ》でございまして、御歴々の御参会の中へそれと名乗る程の者でもござりま

せぬが、この近辺にまかり在る者でござるによって、うろんなものではござりませぬ」

と云って辞退する、重斉はそれを聞いて、

「まだお年若なのに、それ程に兵法を御執心なさる上は定めて御器用な事と御察し申す、皆の者の中誰ぞ打太刀をくだして若衆の太刀筋を御覧になるが宜しい」

と云ったところ、居合す人々が、もっともな次第であると片唾《かたず》を飲んで見物して居る中に、吉村七之助と云って、重斉の弟子で二番通りの器量のある使手であったが、重斉がこれを呼んで、

「打ってみよ」

と云い付けると、この若衆が申されるには、

「初心者の儀で候によって、先ず私が仰せにまかせて打って見るでござりましょう」

と云って二尺五寸の木刀を取って構えた。七之助も一尺八寸の木刀をもって打ってかかるを待ち受けて居た。その時に若衆が云う事には、

「その構えでは刀が入り申す可《べ》く候、お直しになっても苦しくはござりますまい」

と云った、七之助扨はと驚いて構えを直すと、

「それでもまだ入り申すでござろう」

と云ったので七之助、

「ともあれ打って御覧あれ」

と云う言葉より早く弓手《ゆんで》の肩先をしかと覚ゆる程に打ってしまった、人々は大いに驚い

て、

「扨も若衆は器用なる兵法でござる、なかなかの太刀筋、余程功者《こうしゃ》と見え申した、誰か……」

と人々があきれて居るところへ重斉が立ち上がった。

「左様ござらば若衆打って見たまえ」

と云って一尺八寸の木刀をもって、一流の極秘を構えて待って居るところに、この若衆立つより早く鳥の飛ぶが如くにつと寄って、したたかに打ったところ重斉は木刀を落されてしまった、これを見て連座の人々仰天して唇を飜《ひるがえ》して居ると若人が云うのに、

「これは思いもうけぬ事でござった、怪我の功名でござりましょう。如何様《いかさま》、また明晩参って御指南を蒙《こうむ》るでござろう」

と云って、ついと立ち中門の下へ寄ると見ると姿が消えて見えなくなってしまった。夜が明けてから人々が、

「さては重斉の兵法に天狗《てんぐ》が来てさまたげたことと見える、この後よくよく注意しなければならん」

と云って恐れおののいた。

高橋の捕物（一）

生駒雅楽頭《いこまうたのかみ》が抱えて置いた相撲取りが三十人程あった、その中に「うき雲」「ひらぎ」

で、

「かけはし」と云って三人の者が最も勝《すぐ》れて居たが、この三人已《おの》れの勇力をたのんで乱暴狼藉《ろうぜき》をし、甚だ評判が悪いので雅楽頭が安からぬ事に思って、或時家老達をひそかに呼んで、

「あの三人の力士共、けしからぬ者共である、生捕って成敗をするがよい」

家老達仰せを承って答えて申す様、

「あの三人の者共を生捕りに致すという事はなかなか容易な事ではござりませぬ、しかしよく考えて見まするに、この頃若い者共が兵法の稽古に参ります師匠に、高橋作右衛門と申す者がございまして、なかなかの名人の由承りました、その者を頼みて仰付けになっては如何《いかが》かと存じまする」

雅楽頭それを聞いて、

「おゝ、その名前は方々で聞き及んで居る名だが、その者がこちらに来て我家中の者共も指南を受けて居るとは幸い、おっつけ呼び寄せてくれ、近づきになって置こう」と。

そこで、高橋作右衛門（光範）に使者が立つと、高橋が、

「それでは今日は私用がござりまする故明昼参りましょう」

そこで翌日、生駒殿へ参って対面をしたが、成程器量骨柄いかめしく見事なる人物である、その日は終日御馳走《ごちそう》して後ひそかに右の一議を頼まれた、そうすると高橋が、

「それはいと易《やす》き事でござります、追っつけ明日生捕って御覧に入れましょう」

そこで翌日になると、高橋が参って家老に向い、

「今日は殿様のお尋ねなさることがあると云って、あの三人の者を一人ずつ中門の中へ呼入れて戴きましょう、拙者中戸の蔭にあってそれを一々生捕ることに致しましょう」

と云ったので、その通りに用意をし、尚要心の為に腕に覚えの者を多数門内にしのばせて置いた、雅楽頭も見物するとて程よき処に出られたので、側付の侍達も伺候して容子《ようす》いかにと待っている。

さる程に高橋は中門の蔭に革袴の裾《すそ》を高く取って、しかとはさみ一尺二寸の小脇差をただ一腰差して用ありげな気色で縁の端に腰を掛けて待って居た。

やがて三人の力士共がお召しによってやって来た、しめし合せた通り一人ずつ入って来る様にとの云い付けに従って、刀は小者に持たせ大脇差ばかりを差して中門を入って来て、何気なく高橋の前へ出て、

「まかり出ました」

とお礼を云う処を高橋がつと寄って、うつぶきさまに取って伏せ、右の膝で七のずをひっしと詰めて、やがて早縄をかけてしまった、相手は大力とは云えどもちっとも働かせず、手早き事云うばかりも無い、やがて引起して、

「それ〳〵」

と去ったので仲間が寄って来て、遥《はる》か隅の方にある松の樹の方に引き寄せて置いた、後の二人の者も右の様にして手も無く生捕って三人共に引据えてしまった。

雅楽頭これを見て、

「扨々《さてさて》、思ったよりも早く無造作な事かな、大の男の逞《たく》ましくして、力飽《あ》くまで旺《さか》んな者共を、引伏せ引伏せ取固めらるその功、言語の及ぶ所に非《あら》ず」

と喜び限り無く、御前にあった人達もこの首尾を見て、

「光範に逢《あ》っては刀も器量も要にたたん、よくああも美事に捕れるものかな」

と唇を返して驚歎した。

斯《か》くしてこの褒賞として、赤鑓《あかやり》、呉服、銀子《ぎんす》、並びに三人の相撲共が差して居た金銀拵えの両腰まで賜った。

高橋の捕物（二）

また或時、天王寺の辺に至剛の狼藉者主従二人取籠《とりこも》って、

「誰人でも腕に覚えのある奴は来て仕留めて功名にせよ」

と云って居たが、生駒殿《いこまどの》の奉行で柳村源次兵衛、松本右衛門が百五十余の人数で、四方を囲み、夜昼三日が間種々にたばかり色々に智略をめぐらしたけれども教えて用いず、ただ斬り死にをして冥途《めいど》の思い出にしようといって寄せ手を待ちかねている、この上は詮方《せんかた》なく、ただ家に火を放って焼討ちにするより外はないと、各々《おのおの》あぐんで老中生駒殿へ申出たところが雅楽頭が、

「大事の仕物《しもの》を重ね重ねの事であるが、また高橋を頼んではどうじゃ」

と云われたので、

「さん候、光範はこの程少し咳《せき》の加減と云って養生中であると承りましたが、それにしても人を遣して見せてみましょう」

と云ったところが生駒殿が、

「人までもあるまい、その方行ってみるがよい」

と云われたので、柳村と松本がかしこまって、やがて高橋へ行って見ると、丁度作右衛門は病気も少し良くなって食事等も進んだ様であって、来訪の二人に酒等を出して挨拶《あいさつ》をし、やがて使いの趣きを申入れると、高橋が、

「それがし咳病さえなければ行き向って如何様にもして見ましょうけれども、未《いま》だ何となく頭が重く身の皮肉がしびれる様で気分が悪い、しかし、ああ云う者に三日も四日もかかっていると云う事は他国への外聞もあるし、こちらに人もない様で面白くござらぬ、人が一人や二人籠ったからと云って、焼討ちになさると云うのも余り大げさで近所の迷惑も思いやられます、ではそれがし、兎《と》も角《かく》も参ってみましょう」

と云われたので、

「あゝ、そうして下さると雅楽頭殿も大いに喜ばれる事でござろう、我々も面目でござる」

と云って二人は帰ったが、高橋はやがて従者を二人つれて天王寺へ行き向って見ると、柳村、松本等は青息をついてあぐねて居る有様、高橋はそれに見舞の言葉をのべたりしてやがて、

「では、それがしが先ず内へ入ってみましょうによって、四方《あたり》の人数を一町ばかり退けてよく守って居ていただきたい、総《すべ》てこの辺に人の影一つも無い様にして置いてもらいたい」
「承知致した」
そこで、どっと囲みの勢が退くと、高橋は両刀共に人に持たせて自分は丸腰で、裏へ廻《まわ》って戸をたたいたところが、内から、
「何者だ」
という、高橋が、
「苦しからん者でござる、奉行所から使いに参った、先ず開け給え」
と心を静かに、言葉もいとていねいに云い入れたところが、内から云うには、
「それは何の為に来られたのだ、云う事があらばそれにて申され候え、承らん」
と云う、光範がまた云う、
「何の気づかいもない使いの者である、御覧候え、丸腰で扇さえ差して居ないのだから用心までもござるまい」
と云う、内から差しのぞいて辺りを見まわすと、成程四方に人影も無く、この人たった一人で誠に扇さえも差してはいないのに安心して戸を開けた、高橋はいかにも心静かに入って亭に腰をかけると、二人のもの次第によっては高橋を一討ちにと、心構えつつ上にかしこまって居て、

「扨、何事のお使いでござるか承ろう」

と云い出した、高橋が云うのに、

「実は昨日今日天王寺の修行僧房が、たって訴訟を申し出でて申すには、当山八丁四方は殺生禁断の地でござるによってたとえ重罪の者たりとも他国より来る科人《とがにん》ならば僧房として、この地に於《おい》ては是非共申受けを致したい、この寺域以外の処ならば如何様にもお計いあって宜しいが、当寺域内に於ては捕物の職お控えありたい、ただし当所の人をあやまりたる者共でござるや否や実否を仔細《しさい》に聞き届けてから万事取計らわれたいとの事でござる故《ゆえ》に、さらば仔細をつぶさに尋ね問う可しとあって、それがしを遣わされたのでござるが、そもそも如何なる意趣で斯様《かよう》には立籠りなさるのだ、その由を早々語り給え」

と長々しく高橋が申述べたところから、中の剛者も成程と思ったのであろう、事の始め終りをつぶさに語り出した、それを聴き終った高橋は、

「その儀ならば別に仔細は無い、夕さりの暗にまぎれてどちらへでもお立ちのきなさい、後のところはそれがしが殿の御前へ善き様にとりつくろうでござろう」

と云って立ち上ると、中の剛者が、

「そう云うわけならば兎も角も御身の計いにまかせ様」

と少しくつろぎ顔になって云い出したから高橋はうなずいて、さあらぬ体《てい》でそこを出てしまった。

扨、奉行所に帰って高橋はこの首尾を委細に語って、

「夕さりひそかに二人が落ちて行くところを、主人の方は拙者が召捕るでござろう、従者の方はあなた方で取逃さない様にしてくれ給え」

と約束して、その日の暮れるのを待って、たそがれ時高橋はまた二人の籠っている処へやって来て、

「いざ、時刻も宜しゅうござるによって、これから何れへなりともお立ちのきなさい、但し主従二人で一緒に行かれては人目につき易《やす》い故に、離ればなれにお出になるが宜しい、それには御主人は後から心静かにお出になるが宜し、拙者にも送れと仰せ有るならば、一丁でも二丁でもお送り申して宜しい」

と隔てのない様に云った。

「有難い仰せでござる、それはそうだが、行く先に待伏せしている様なものはござるまいか、それが少々心にかかる」

と云ったところ、

「当山よりの詫《わ》び事種々あるによっての事であるが故に、気遣いは少しもござらぬ、若《も》しまたまかり間違って待伏等が出て来たならば、此処《ここ》に居ても斬り死に、そちらへ行っても斬り死に——と云う覚悟で思い切って出掛けて御覧なさい」

とうち笑って云ったところが、

「もっともっとも」

と受けて、油断なく歩んで行ったところが、早や世間も静まり空も暗くなって人の影も

見えない様になって来たから、従者は先に東の方を指して落ちて行った。主人はそれよりも遥か後に両刀を帯びて西の方へと落ちて行った。

折ふし五月半ばの事であったから、麦の刈ったのが積み重ねてあった、そこへ来ると高橋は麦の影にかくれたかと思うとまた立ち現れ、後から強者を取っておさえて縄をかけてしまった、そこで、

「やゝ」

と二声叫んだところが松明《たいまつ》を立てて奉行衆が各々《おのおの》来て喜び勇んで引立てて行った、従者も仔細なくからめ捕ってしまった。高橋のこの機略、弁舌に感ぜぬ者とてはなかった。

源為朝

鎮西八郎為朝《ちんぜいはちろうためとも》の面目とその弓勢のことは保元物語に詳しく出ている。

白河院夜討の時に、伊勢国《いせのくに》住人故市《ふるいち》伊藤武者景綱《かげつな》が伊藤五、伊藤六の兄弟を引きつれて、為朝の矢面《やおもて》に馳せ向ったのを、為朝が、三年竹の節近なのを少し押し磨《みが》いて、山鳥の尾を以ってはぎたるに、七寸五分の丸根の篦中《のなか》過ぎて篦代のあるのを打ちくわせ、しばし保って兵《ひょう》と射た、真先きに進んだ伊藤六が胸板かけず射通し、余る矢が伊藤五の射向けの袖《そで》に裏返して立った。六郎は矢場《やにわ》に落ちて死んでしまった、伊藤五はこの矢を折りかけて大将義朝の前に参り、

「八郎御曹司の矢を御覧候え、凡夫《ぼんぷ》の所為《せい》とも覚え候わず、六郎はこの矢の為に死にまし

兵共《つわものども》が皆舌を振って恐れた。


安芸《あき》の守《かみ》清盛をはじめ、この矢を見る兵共《つわものども》が皆舌を振って恐れた。

清盛の郎党に、伊勢国の住人、山田小三郎伊行《これゆき》という豪の者、聞こえたる猪武者であったが、為朝の一矢の為に将軍が退き色になったのを見て、

「さればといって、矢一筋に怖れて、陣を退くということがあるものか、縦《たと》え筑紫の八郎殿の矢なりとも伊行が鎧《よろい》は、よも通るまい、この鎧というものは我家に五代伝えて戦に逢うことも十五度である、自分の手にとってからも度々多くの矢を受けたけれども、未だ裏をかいたという例がない、人々を見給え、八郎殿の矢をうけて後の物語りにして見しょう」

といって、馳け出したところから、仲間のものが、

「オコの功名立てはせぬもの、無益の業である、控えさっしゃい、控えさっしゃい」

と制したけれども、本来きかぬ気の男であり、遂に下人を一人ひき連れたままで黒革《くろかわ》縅《おどし》の鎧に同じ毛の五枚甲《かぶと》を猪頸《いくび》に着、十八差したる染羽の矢を負い塗籠籐《ぬりごめどう》の弓を持ち、鹿《か》毛《げ》なる馬に黒鞍を置いて乗り、門前に馬をかけ据え、次の如く名乗った。

「物その者にはあらね共、安芸守の郎等、伊勢国住人山田小三郎伊行、生年二十八、堀河院の御宇《ぎょう》、嘉永三年正月二十六日対馬守義親追討の時、故備前守殿の真先懸けて公家《くげ》にも知られ奉りし山田庄司行末が孫也、山賊強盗を搦取《からめと》る事は数を知らず合戦の場にも度々に及んで、高名仕ったる者ぞかし、承り及ぶ八郎御曹司に一目見参が致したい」

と申出でた、為朝、これを聞いて、

「これは、てっきり奴め、弓を引きもうけて云っているのだ、然らば一の矢は射させてやり、二の矢をつがうところを射落してくれよう、同じ射落すならば、矢のたまる処の弓勢を敵に見せてやろう」

と云って、白蘆毛《しろあしげ》なる馬に金覆輪《きんぷくりん》の鞍を置いて乗っていたのだが、馳け出でて、

「鎮西八郎これにある」

と名乗るところを、もとより山田は引きもうけていたことであるによって、弦音《つるおと》高く切って放つと、為朝の弓手《ゆんで》の草ずりを縫うようにして射切った、山田は一の矢を射損じて、二の矢をつがう処を為朝が引いて兵《ひょう》と射ると、山田小三郎が鞍の前輪《まえわ》から鎧の草摺を尻輪《しりわ》へかけて矢先き三寸余り射通してしまった、暫《しばら》くは矢にかせがれてたまるように見えたが、忽《たちま》ちやがて弓手の方へ真逆《まっさか》さまに落ちたので、矢尻は鞍に止まって馬は河原へ馳け出した、下人がつと走り寄って落ちたる主人を肩に引っかけて味方の陣へ帰って来たので、寄手の兵がこれを見て愈々《いよいよ》この門へ向うものはなくなった。

そうしているうちに、夜も漸《ようや》く明けて行った。主のない離れ馬が源氏の陣へ馳け込んだ、鎌田の次郎がこれを捕らせて見ると、鞍つぼに血が溜《たま》って、前輪は破れて、尻輪に鑿《のみ》のような矢尻が止まっている、これを大将の義朝に見せて、

「今夜――（保元元年七月十一日）これは鎮西八郎殿が為された弓矢と思いまする、御弓勢のほど何と恐ろしいものではござりませぬか」と云った。

義朝は弟の八郎の弓勢をさほどとも思わず、タカの知れた十七八歳の小冠者の仕業と鎌田をかけ向わせたが、たまり兼ねて敗退した、そこで義朝が軍勢を指揮して兄弟当面の白兵戦となったが乱軍のうちに義朝は大きな男で、大きな馬に乗って軍勢を指図をしていた内兜《うちかぶと》がまことに射よげに見えたので願うところの幸いと、為朝は件《くだん》の大矢をうちつがい、ただ一矢に兄の義朝を射落そうと弓をあげたが、さて思うよう、

「弓矢とる身のはからいで、兄は内方《うちかた》（後白河）へまいり、われは院方《いんかた》（崇徳）へまいろう、汝《なんじ》負けなば、頼め助けん、我れ負けなば汝を頼まんなどと約束して父子が立ち分れたのかも知れない」

と為朝は思慮して番《つが》えたる矢を差し外して兄の義朝を撃つことは遠慮をした。

こういう次第で、為朝の矢に当るものは助かるものとては一人もなかったのであるが、徒《いたず》らに罪つくりをするでもないと、名乗って出るものの外は射ないことにして、首藤《すどう》九郎という者を呼び寄せて云った。

「敵は大勢である、若し矢種が尽きて、打ちものとっての軍《いくさ》ということになると、一騎が百騎に向うとも遂にはかなわないであろう、坂東武者の習いで、大将軍の前では親死し、子うたるれども顧みず、弥《いや》が上に死に重なって戦うなりと聞くそうなっては悲惨の至り、さりとて大将は我が兄である、射落すことは本意でない、ただ、矢風だけを負わせて退かせるようにして見たいがどうだ」

首藤がそれを聞いて答えて云うには、

「それは結構な思召《おぼしめ》しでございます、然《しか》し、誤って義朝公にお怪我をさせるようなことがあってはなりませぬ」

と云う、

「なに、さ様な心配は無用だ、為朝が手本は覚えの通り」

と云って、例の大矢をうち番え、かためて兵と射る、思う矢つぼをあやまたず、下野守義朝の兜の星を射削って余る矢が宝荘厳院《ほうしょうごんいん》の門の方立《ほうだて》に箆中せめて突き立った。その時義朝はたづなをかいぐり打ち向いて嘲《あざけ》って云うようは、

「汝の弓勢も聞き及ぶほどではない、甚だ荒っぽい未熟の手筋だ」

といった、為朝それを聞いて、

「兄君でござるが故に思うところあってわざと今のように射たのである、御許しの上ならば二の矢をまいらせよう、真向内甲《まっこううちかぶと》は恐れもござる故、障子の板か栴檀弦走《せんだんつるばしり》か胸板の真中か、草摺ならば一の板とも二の板とも、矢坪を確かに承りて、その通りに致して見せ申そう」

と云って、既に矢をとって番われた処に、上野国の住人深巣《ふかす》七郎清国というものが、つと駈け寄ったので、為朝はこれを弓手に相請けて、はたと射た、清国が甲の三の板から直違いに左の小耳の根へ、箆中ばかり射込まれたので、暫《しば》しもたまらず死んでしまった。首藤九郎が落合って深巣が首をとった。

これも事ともせず、我先にとかかった中に相模の国の住人大庭《おおば》平太《へいた》景能《かげよし》、同三郎景親《かげちか》が

真先きに進んで、鎌倉権五郎《ごん》の先祖から名乗りあげてかかった、為朝これを聞いて、「西国の者共には皆手並みのほどを見せたけれども、東国の兵には今日はじめての軍である、征矢《そや》は度々射たけれども今度は一つ鏑矢《かぶらや》で」

と思って目九つ指したる鏑の、めはしらには角を立て、風返し厚くくらせて金巻《やじりまき》に朱をさした、普通の蟇目《ひきめ》ほどなのに手先六寸、しのぎを立てて、前一寸には、みねにも刃をつけた、鏑より上十五束《そく》あったのを取って番い、ぐさと引いて放されたところ、御所中に響いて長鳴りし、五六段ばかりにひかえたる大庭平太が左の膝を片手切に、ふっと射切り、馬の太腹かけずとおったので、鏑は砕けて散って了い、馬は屏風《びょうぶ》を倒す如く、がばっと倒れ、主は前へあまされてしまった。敵に首を取られじと弟の三郎が飛び下りて兄を肩にかけて四五町ばかり引き退いた。

この合戦は院方が敗北となって、為朝の父為義をはじめ院方に走《は》せ参じたものは皆族滅の形となったが、為朝だけは末代にも得難き武勇だとあって、伊豆へ流されることになった、併《しか》し、このまま野放しにして置いては末が怖ろしいと肘《かいな》を抜いて伊豆の大島へ流すことになったが、それから五十日ほど肩を療治をして後は、力こそ少く弱くなったけれども、矢束を引くことは二伏《ふたつぶせ》ほど増したというから、さし引き昔に劣ることは無くなったのである、そうして大島へ流されているうちに大島を管領するのみならず、五島を打ち従えてしまって年貢を納めない処から、領主の狩野介茂光《かのすけもちみつ》が京都へ訴え、軍勢を狩り催して押し寄せ、嘉応二年四月下旬に、一陣の舟に兵三百余人射向けの袖をさしかざし、舟を乗り傾けて三町ばかり渚《なぎさ》近く押し寄せた、為朝がこれを見て、矢比《やごろ》は少し遠いけれども、大鏑を取って番い、小肘《こひじ》の廻るほど引きつめて兵と放つ、渚五寸ばかり置いて大舟の腹を彼方《かなた》へつと射通したところ両方の矢目から水が入って舟は水底へ巻き入ってしまった、水心ある兵は楯《たて》、掻楯《かいたて》に乗って漂うところを、櫓櫂《ろかい》、弓のはずに取りついて他の舟へ乗り移って助かった、為朝これを見て、

「保元の昔は矢一筋で二人の武者を射殺した、嘉応の今は一矢に一船を覆えし多くの兵を殺し畢《おわ》んぬ、南無阿弥陀仏」

と唱えて腹を掻《か》き切って失《う》せたということである。

むつるの兵衛と上六太夫

後白河院が鳥羽院においでになった時分、みさごが毎日出て来て、池の魚をとるものだから、或時これを射させようと思召して、武者所に誰かあるとお尋ねあった処が、折ふし「むつるの兵衛尉《ひょうえのじょう》」があったので、お召しに従って参った。

そこで、この池にみさごがついて、多くの魚をとって困る、射止めるがよろしい、但し、みさごを射殺してしまうのも無惨である、鳥も殺さず魚も殺さぬように計らいを致して見よとの仰せであった。否み申すべき余地もなくて、かりまたの矢を取って罷《まか》り立って待っていたところ、案の如くみさごがやって来て、鯉をとってあがるところを、よく引いて射たところが、みさごは射られながら尚飛んで行った、鯉は池に落ちて腹白く浮いている、

そこで取りあげて叡覧《えいらん》に供するとみさごが鯉をつかんだ足を射切ったのである、そこで鳥は足を射切られただけでは死なないで飛んで行き、魚はみさごに爪を立てられながらも落ちて死ななかったので、御感の余り禄《ろく》を賜ったということである。

このむつるの兵衛尉がまたある時、懸矢《かけや》をはごうとして、とう（鳥名）の羽は無いかと探して見たが、どこにもなかった、その時、上六太夫という弓の上手がそれを聞いて、

「とうならば、今この辺に降りて餌をあさっていたようです」

といったので、家来たちが立ち出でて見ると、なる程川より北の田にとうが降りて餌を食べている。

その報告を聞くと、上六太夫は弓矢をとって出かけた、むつるの兵衛主従もその様子を見に出かけた、そうすると上六は弓に矢を番えたけれども、直ぐには射ないで、

「あの、鳥のうちで、どれがこがれている」

とたずねた。

しまいに飛んでいるのがこがれている、というのを聞いたが、なお急がず弓を控えていたが、とうが遥かに遠くなって、川の南の岸の上を飛ぶほどになった時、はじめてよく引いて切って放すに、あやまたず目指す鳥を射落した。

さすがの、むつるの兵衛も感心の余り、なお不審を問い質していうことには、

「どうして、近いうちに射ないで、遥か遠くなってから射たのだ」

と尋ねると、上六太夫が答えて、

「そのことでござる、近いのを射落してしまった時は、川へ落ちてその羽がぬれてしまうでしょう、それでは矢を作るお間に合わない、向うの地に着いてから射落しました故にこの通り羽は傷《いた》まない」

と答えたので、皆その用心の由々《ゆゆ》しいことに感心した。

精兵

よく射るものを精兵《せいびょう》と昔から云い習わしていた。精兵の資格としては、まず三間中を置いて畳を一畳横に立てて、それからまた一間ずつ間を置いて二畳立ててそれを射させて、かけず、たまらず射抜くだけのものを称して普通精兵の資格としたものであるという。

可児才蔵

可児《かに》才蔵《さいぞう》吉長は篠才蔵と呼ばれたる、福島正則の名代の勇士であるが、若い時は長太刀を好んで使ったが、年老い力衰えて後は腰に差すことを億劫《おっくう》がって他行《たぎょう》の時は従者に持たせて歩行した。

福島の一族に何の嘉兵衛という者があった、或時、物語の末、吉長に向って云うには、

「貴殿、お若い時は格別、今は年をとられたので腰に帯びられることも叶《かな》わず、お伴《とも》に持たせて外出なさるが、それにしてもお手並みのほど一見いたし度いものでござる」

と云った。吉長がこれを聞いて答えていうには、

「仰せ御尤《ごもっと》も、恥入った儀でござる、若い時、この刀で随分試合を致したことでござる故に、今更昔の名《な》残《ご》りが惜しくてつい外出の時なども身のまわりに持たせて参るような次第でござる、但し武芸というものは他所目《よそめ》ではなかなか批判のつかぬものでござる、さらばこの刀を見参に入れ御会釈を申そうぞ」

といって、腰を抑えて立つと、そばに置いた刀をとり、

「長刀の業は斯くの通り」

と云って、スワと抜いた。嘉兵衛は案に相違して立ち上ろうとするところを、細首を打ち落してしまったということである。

中村一心斎碑文

妙はその子に譲られずつぎ穂かな

中村一心斎肥之島原城之人也姓藤原字一知身長六尺二寸美髯三尺五寸清正公之後云々先生竹馬歳始学剣法不遊他技既而訪師于四方従問従学遂究諸流之淵原矣後来于東都入鈴木重明之門開教場於八町堀教育子弟二三千諸侯聞名重聘者多然而固辞不仕焉悠然貴適意其他周遊而欲貽術於天下以成言鍛錬之心忠孝无二之志報国体无窮之恩也北総漁村岩井石橋氏尽礼敬而迎先生吾兄弟共従事濤川氏向後氏又教育一日先生語曰剣法体用未得自然文政戊寅之夏登駿之富峰行気断塩穀食百草而禱祈一百日季秋二十六夜非睡非覚身心豁然有得焉夫吾心精

一則天地心精一豈有二心哉於是新号不二心流為師術之表吾兄弟事先生積年視猶子也故所得悉伝与因開鍛錬場而以教授于時安政甲寅十月二日卒埴生郡赤萩鵜沢氏行年七十又三也荼毘以葬此地諡浄念雲竜今当十三諱辰門人来会謀不朽亦欲後生不忘先生之徳沢書大槩于時慶応二年十月也

大河内幸安
同　芳安
同　安道

これは医学博士にして寄生虫学の世界的権威たる磯部美知氏より知らせていただいたもので、碑は千葉県匝瑳《そうさ》郡《ぐん》共興村西小笹地蔵院内にあり、磯部博士は不二心流の正統の剣法を今でも保持して居られる。

男谷と島田

これは事実どうかわからないが、ある雑誌の記事によると、男谷下総守《おたにしもうさのかみ》と島田虎之助との仕合を見たという人の話に、一礼して立ち上って互に気合を容《い》れて、一方がじりりとつけ込めば、一方はあとに圧迫され、一方が盛り返してつけ込めば、一方は反対にあとに圧迫されること数回、遂に勝負を見ることが出来ず、相引となったが、男谷先生が面を取って、

「いや、よい稽古にあずかりました、まいりました」

といって挨拶された時、島田は顔色碧白になって口が利《き》けず、殆《ほと》んど卒倒せんばかりに

なっていたという。

那須の与市

那須の与市の扇の的のことは余りにも有名で云い古りてはいるが、矢張り神妙記としては一通り書いて置かなければなるまい、そのことは源平盛衰記に最も詳しく描いているが、時は元暦二年二月二十日のこと、源平の戦が酣《たけなわ》で、今や一息入れてまた戦おうとする時に、沖の方から綺麗《きれい》に装った船が一艘《いっそう》、汀《みぎわ》に向って漕《こ》ぎ寄せて来た、勿論《もちろん》この時、陸は源氏、海は平家であって、船は平家の方から漕ぎ出して来たのである。

偖《さて》、その船の上に、柳の五重《いつつかさね》に、紅《くれない》の袴を着て袖笠かずける女房が一人立って、皆紅《かいくれない》の扇に日の出でたのを杭《くい》にはさんで船の舳《へさき》に立てて押し出して来た、勿論、これを射よといって源氏の方を招いたわけである、昔の戦争は流石《さすが》に悠長で美的な趣味がある。

それを遥かに見た源氏方では、これは面白い景気だと心をさわ立たせるものもあるし、この扇を誰に射よとの命令が下るかと、胆を冷しているものもある、それを見た一轍短慮《いってつたんりょ》の義経、何じょう猶予すべき、味方のものにあれを射るものはないかと命令が下る、その詮議《せんぎ》が畠山重忠《はたけやましげただ》の頭上に落ちて来た、重忠以外にはこの任に当るべきものが無かろうとの源氏方の輿論《よろん》であった。しかし、重忠はそれを辞退した、重忠の万人から嘱望せられた勇武のほども思われるが、それを辞退した辞退振りもまた器量のあるものであった。畠山が辞退したので、流石源氏の坂東武者も色を失った。この上は誰があの選に当るのか、若し

その人を得なかった時は源氏の耻辱《ちじょく》、坂東武士末代までの名折であると色を失っていると、畠山が云うことには、

「当時、味方には下野の国の住人那須太郎助宗が子に十郎兄弟こそ斯様の小物を射させては覚えがあるものでござる、彼等をお召しになって御覧なさるがよろしかろう」

と大将義経の前へ申出でた、畠山という人は器量もあり武勇もあるが、同時に人を見ることをよく心得ていた人物だということがわかる。

「さらば、十郎を呼べ」

といって、呼び寄せてその事を申付けると、十郎が答えていうには、

「仰せを蒙《こうむ》った上は申し訳をする次第でございませぬが、先日、一ノ谷の岩石落しの時に、馬が弱くて弓手の臂《ひじ》を砂に附かせて少々怪我をいたし、灸治《きゅうじ》を加えて居りますが、未だ治りませぬ、小振いして矢が定まらぬ憂いがございます故に、誠に失礼ながら拙者の弟に候処の与市は小兵ではござりますが、懸鳥や産などは滅多に外したことはござりませぬ、弟ならばあれをやれるかもしれません」

といって、弟に譲って控えていると、

「さらば、与市を召せ」

といって、召された。

与市のその日の装束は紺村濃《こんむらご》の直垂《ひたたれ》に緋縅《ひおどし》の鎧、鷹角反甲《たかづのそりかぶと》、居頸《いくび》になし、二十四指したる中黒の箙負い、滋籐《しげとう》の弓に赤銅造《しゃくどうづくり》の大刀を帯び、宿赭白馬の太く逞しきに、洲崎に千鳥

の飛び散ったる貝鞍を置いて乗っていたが、進み出でて判官の前に弓を取り直して畏《かしこ》まった。義経が、

「あの扇を仕れ、晴れの働きであるぞ、不覚をするな」

与市はその仰せを承って、何か仔細を申そうとする処に、伊勢の三郎義盛、後藤兵衛尉実基等が、与市を判官の前に引き据えて、与市に口を開かせないでいうことには、

「何れもが、何かと故障を申立てたによって、日は既に暮れかかっている、与市の兄の十郎が、指し申した上からは、何の仔細がある、疾々《とくとく》急ぎ給え、海上が暗くなっては由々しき味方の大事である、早々」

と急き立てたので、与市は、げにもと思い、兜をば脱いで童に持たせ、揉烏帽子《もみえぼし》を引立てて、薄紅梅《うすこうばい》の鉢巻をして、手縄を掻いくって、扇の方へ打ち向った、生年十七歳、色白く小髭《こひげ》が生え、弓の取りよう、馬の乗り振り、優なる男に見えた、そこで馬を乗り入れて、鎧の菱縫板《ひしぬいのいた》のつかるところまで打ち入れたが、沛艾《はいがい》の馬であるによって、海の中ではやるのを手綱をゆり据えゆり据え鎮めたけれども、寄る小波に物怖《ものお》じして、足も止めず狂っている。扇の方を急いで見ると、折ふし西の風が吹き来って船が動揺する処から、扇も杭にたまらず、くるりくるりと廻るので、何処を当てに射ていいかわからない、与市は運の極みと悲しくなって、眼を塞《ふさ》ぎ心を鎮めて禱《いの》るよう、

「帰命頂礼八幡大菩薩、日本国中大小神祇、別而《ベッシテ》ハ下野国日光宇都宮氏御神那須大明神、弓矢ノ冥加《ミョウガ》有ルベクハ、扇ヲ座席ニ定メテ給エ、源氏ノ運モ極ミ、家ノ果報モ尽ベクハ、

矢ヲ放ヌ前ニ深ク海中ニ沈メ給エ」

と、祈念して眼を開いて見ると、神の助か扇が座に静まっている、物の射難い点から云えば、夏の山の木の葉隠れの間に見える小鳥を殺さぬようにして射ることなどであるが、それに比べて、挟んで立てたあの扇である、まして神の力で今、風も鎮って、扇の座も定まった、もうこっちのものだと思いながら、十二束二つ伏の鏑矢《かぶらや》を抜き出して、爪やりをしつつ滋藤の弓の、握り太なるに打ち食わせ、よく引いて暫くかためている、海上七段ばかりを距てたことによって、源氏の方からは、

「まだまだもう少し中へ入れ入れ」

と呼ばわる声が聞える、扇に覘いをつけた与市は、扇の紙には日を出しているから、これを射るのは怖れがある、要《かなめ》を志して、兵《ひょう》と放つ、矢はうら響くまでに鳴り渡り、要から上一寸置いて、フッと射切ったので、要は船に止まって、扇は空に飛び上り、暫くひらめいてひらひらと海の上へ落ちかかる、折から夕陽にかがやいて、波に漂う有様は美しさの極みであった。平家は舷《ふなばた》を叩《たた》いて賞《ほ》める、源氏は馬の鞍の前輪を叩いて賞め囃《はや》す声が海陸に鳴り響いた。

名和長高

後醍醐天皇を助け奉った名和《なわ》氏の一族長高もまた聞ゆる弓矢取りであった。船上山合戦《せんじょうせん》の時、長高が出向い、

「一矢仕り軈而可参《やがてまいるべく》候」

と天皇の御前を罷り立ち、黒糸縅の鎧に五枚甲の鍬形《くわがた》打たるに、二十五指たる黒ほろの矢負い、四尺三寸、三尺九寸の大刀二振帯び、五人して張ける例の大弓杖につき、ねり出た事がらは支那の樊噲《はんかい》というとも是には勝れじと見えた、矢ごろと覚しい処に立って、下様に見ると楯のはずれに四《し》方白《ほうじろ》の甲著た者がいる、田所が弟五郎左衛門尉種直と云う者であった、長高が是を見て、例の大弓弦くいしめ、中差取ってつがい、よっ引きひょうと射る、種直が鎧の引合つと射通し、後に続きたる弟の六郎が甲のまこう、後に矢たけ射出した、二人一度に臥《ふ》して斃《たお》れた、是を見て郎等源七、楯をつきかけ、肩に引懸んとする処を長高が二の矢を番いて、楯の中を射たが、楯を通る矢に楯つきが頸《くび》の骨を射切て、余る矢に源七が小手のはずれを羽際まで射込んでしまった、そこでまた二人ともに斃れ臥したので、一所に四人が死んでしまったのである。是《これ》を見て敵の田所が申すには、

「昔の八幡太郎殿鎮西八郎為朝と申すとも、角《かく》ぞ候《そうらわ》ん、如何に思うとも叶わない、いや〳〵」

と云って引退いた、長高が大音に名乗るには、

「東国にてはよも聞き及ばじ、近国に於いては、皆々長高が弓勢は知られたであろうに、是まで寄せられたるこそやさしけれ、今さら引かん事見苦しく候、近く寄給え、矢坪はちがい候まじ、我と思わん人々は、打出でて矢坪を望まれ候え、三の矢においては、尋常に可仕《つかまつるべく》候」

と罵《ののし》ったけれども、寄手の佐々木清高は二町計り引き退きて申すには、

「何と思うとも攻め落すことは六つかしい、是に向う城を取りて、食攻めにするが宜しい」

という事になったので、長高は内裏《だいり》へ参った。昔八郎為朝は、矢一つにて清盛の大勢を追い帰したが、今の又太郎は、矢二つにて佐々木清高が二千余騎を退けたと云って聞く者が舌を捲《ま》いた。

本間孫四郎

この頃は弓矢の話が大分続くが、もう一つ鎮西八郎以来の弓矢取、本間孫四郎の事は伝えなければならぬ。

新田足利《にったあしかが》が兵庫の浜で合戦の時に、本間孫四郎重氏《しげうじ》、黄瓦毛《きかわらけ》なる馬の太く逞しきに、紅《べに》下濃《したご》の鎧着て、ただ一騎、和田の御崎の波打際に馬を打寄せて、澳《おき》なる船に向って、大音声を揚げて申しけるには、

「尊氏《たかうじ》将軍には筑紫より御上洛でござるによって、定めて鞆、尾道《おのみち》の傾城《けいせい》共を多く召し具せられた事と存じ申すが、その為に珍しき御肴《おさかな》一つ推して進ぜまいらせよう、暫く御待ち候え」

と云って、上差《うわざし》の鏑矢《かぶらや》を抜きて羽の少し広がったのを鞍の前輪に当てかき直し、二所籐《ふたところどう》の弓の握り太なるに取り副《そ》え、小松陰に馬を打寄せて、浪の上なる鶚《みさご》の己《おの》が影で魚を驚か

し飛びさがる程を待っていた、敵は是を見て、射そこねたらば希代《きたい》の笑い哉《かな》とながめている、御方《みかた》は射当てたらば、時に取っての名誉哉と、まもっている、遥かに高く飛び挙った鵃は、やがて浪の上に落ちさがって、二尺計《ばか》りなる魚を捕るより、ひれを攫《つか》んで、澳の方へ飛んで行くところを、本間は小松原の中から馬を懸出し追い様に成りて、かけ鳥に射た。態《わざ》と生《いき》ながら射て落そうと片羽がいを射切って真中のところは射なかったから、鏑は鳴り響いて、大内介が舟の帆柱に立ち、鵃は魚を攫みながら、大友が船の屋形の上へ落ちて来た、射手を誰とは知らないながら、敵の船七千余艘は、舷《ふなばた》を踏んで立ち双び、御方の官軍五万余騎は汀に馬を控えて、

「あ、射たり射たり」と感ずる声、天地を響《とよも》して静まらない、将軍尊氏はこれを見て、

「敵は己《おの》が弓の程を見せようと、この鳥を射たが、こちらの船の中へ鳥の落ちたのは、味方の吉事であるぞ、何様《なにさま》射手の名字を聞きたいものだ」と云ったので、小早河七郎が、舟の舳《へさき》に立ち出て、

「類い少く見所有っても遊ばされたもの哉、さても御名字をば何と申候やらん、承り候らわばや」

と尋ねた処、本間弓杖《ゆんづえ》にすがって、

「その身人数ならぬものにて候えば、名乗り申候とも、誰か御存知候べき、但弓箭《ゆみや》を取りては、坂東八ヵ国の兵《つわもの》の中には、名を知りたる者も御座候わん、この矢にて名字をば御覧候え」

と云いて、三人張に十五束三伏《みつぶせ》、ゆらゆらと引渡し、二引両《ふたつひきりよう》の旗立てたる船を指して、遠矢を二つ射た処が、その矢が六町余を越して将軍の船に双《なら》んだ佐々木筑前守が船を篦中過ぎ通り、屋形に乗った兵の鎧の草摺《くさずり》に裏をかかせて立った、尊氏がこの矢を取寄せ見ると、「相模国住人本間孫四郎重氏」と小刀の先で書いてある、諸人この矢を取伝え見て、「穴慴《あなかしこ》、如何なる不運の者が、この矢先に廻って死ぬのだろう」と怖れて胸を冷してしまった。本間孫四郎扇を揚げて、澳の方をさし招いて、

「合戦の最中でござるによって、矢一筋も惜しく存候、その矢此方《こなた》へ射返してたび候え」

と云った、将軍尊氏がこれを聞いて、

「味方に誰か、この矢を射返す程のものがあるか」と高武蔵守《こうのむさしのかみ》に尋ねたところ、師直《もろなお》が畏まって、「本間が射たところの遠矢を、同じ処で射返して見せるほどの者は坂東勢の中には有るべしとも覚えません、本当であるかどうか、佐々木筑前守顕信《あきのぶ》こそ、西国一の精兵と承って居りますが、彼を召され仰付けられて御覧になっては」と申したので、げにもとて佐々木を呼ぶことになった、顕信召しに随って、将軍の前に参ると、将軍、本間が矢を取り出して、

「この矢を本の矢所へ射返され候え」

と云ったが、顕信畏まって、

「それは私には出来ませぬ」と再三辞退をしたが、将軍が強《た》っての仰せであるによって、辞するに処無くして己《おの》が船に立帰り、火縅鎧《ひおどしよろい》に、鍬形打ったる甲の緒を諦め、銀《しろがね》のつく打

ったる弓の反高《そりだか》なるを帆柱に当て、きりきりと推し張り、船の舳崎《へさき》に立顕《たちあらわ》れて、弓の弦くいしめしたる有様、これならば成程射返せるだろうという武者振りには見えたが、かかる処に如何なる推参の馬鹿者か、讃岐勢の中から、

「この矢を一つ受けて、弓勢の程を御覧ぜよ」と高らかに呼ばわる声があって、鏑《かぶら》を一つ射たものがあったが、胸板に弦を打たれでもしたものだろう、元来小兵であったせいか、その矢が二町までも射付かず、波の上に落ちてしまった、本間が後に控えたる軍兵五万余騎、同音に、

「あ、射たりや」と云いて、しばし笑いが止まらなかった、斯うなっては中々射てもよしない事だと佐々木は遠矢を止めてしまった。

それから、本間孫四郎が最後の功名としては、太平記巻の十七「山門攻」の処に詳しく記してある。この戦は後醍醐天皇を新田義貞が守護し奉り二度叡山に行幸になった時、賊軍が五十万騎の兵でこれを攻め奉ったという処である、賊軍の一手は熊野の八庄司共が五百余人で新手に加わって来た、それを先手に立てて西坂から攻め上って来た、この熊野の兵共というのは黒糸の鎧甲《よろいかぶと》に指のさきまで鏁《くさ》りたる籠手《こて》、臑当《すねあて》、半頬《はんぼお》、膝鎧《ひざよろい》を透処なく一様に裹《つつ》んだいでたち、まことに世間態とは異り、天晴れ一癖あって役に立ちそうな有様であったから、この手の大将、高豊前守《こうのぶぜんのかみ》が大喜びでその者共に面会して戦さの様子を尋ねると、庄司のうちの一人湯河の庄司が進み出でていうことには、

「紀伊の国育ちの吾々《われわれ》共は、若い時から悪所岩石には馴《な》れて、鷹をつかい、狩をいたして

居るものでござるによって、馬の通わぬような嶮《けわ》しい処でも平地のように心得てござる、この位の山は山とも何とも思っては居りませぬ、この鎧は縅毛《おどしげ》こそよくはござりませぬけれど、吾々共が手製で撓《た》め拵えたものでござる故に、鎮西八郎殿と雖《いえど》も滅多には裏をかかせるようなことはござりますまい、こんどの合戦は将軍（尊氏）の御大事でござります故に、私達が軍勢の矢表に立って敵が矢を射たらばこの物の具に受け止め、切ってかかったならば、その太刀長刀《なぎなた》に取りついて敵の中へ割って入りましょう、そうするほどならば如何なる新田殿なりとも、やわか持ちこたえは出来ますまい」

と傍若無人に申したので、聞く人見る人、何れも偏執の思いをした。さらば軈《やが》て是をさき武者として攻めよと云って、六月十七日の辰刻《たつのこく》に、二十万騎の大勢、熊野の八庄司が五百余人を先きに立てて、松尾坂の尾崎から、かずきつれて上ったのである。

官軍の方では綿貫《わたぬき》五郎左衛門、池田五郎、本間孫四郎、相馬四郎左衛門と云って、十万騎の中から勝《すぐ》り出された強弓の手垂《てだれ》があった、池田と綿貫とは、この時丁度東坂本へ遣わされて居合わさなかったが、本間と相馬と二人、義貞の前にいたが、熊野の人どもが真黒に裏みつれて攻め上って来るのを遥かに見下《みおろ》し、からからと打笑い、

「今日の軍《いくさ》には御方《みかた》の兵には太刀を抜かせまい、矢一つをも射させないようにし、我等二人が罷り向って、一矢仕って、奴原に肝をつぶさせ申そう」

と云って最閑《いとしずか》に座席を立ち上った。猶《なお》も弓を強く引かんがために、着たる鎧を脱ぎ置いて、脇楯《わいだて》ばかりに大童になり、白木の弓のほこ短かには見えたけれども、尋常《よのつね》の弓に立ち

双べては、今二尺余ほこ長く、曲高《そりたか》なのを大木どもに押撓《た》め、ゆらゆらと押し張り、白鳥の羽ではいだ矢の、十五束三伏あったのと、百矢《ももや》の中からただ二筋抜いて、弓を取り副え、誂歌《そぞろうた》うたって閑々《しずしず》と向いの尾へ渡ると、後に立ちたる相馬は、銀のつく打ったる弓の普通の弓四五張幷せた程なのを、左の肩に打ちかたげて金磁頭《かなじどう》二つ篦の撓に取り添えて、道々撓め直し、爪よって一群茂る松陰に、人交《ひとまぜ》もなくただ二人、弓杖《ゆんづえ》突いて立っている、そこへ是ぞ聞えたる八庄司が内の大力よと覚えて、長《たけ》八尺ばかりなる男、一荒あれたのが、鎖の上に黒革の鎧を着、五枚甲の緒を締め、半頰《まさかり》の面に朱をさして、九尺ばかりに見えたる樫木の棒を左の手ににぎり、猪の目《いめ》透したる鉞の歯の、亘《わたり》一尺ばかりあるを、右手に振りかたげて、少しもためらう気色もなく、小跳りして登る形勢は、阿修羅のような姿に見える、あわい二町ばかり近づいた時、本間が小松の陰から立ち顕れ、件《くだん》の弓に十五束三伏、忘るるばかり引きしぼり、ひょうと射わたす、志す処の矢所《やつぼ》を少しも違《たが》わず、鎧の弦走から総角《あげまき》付の板まで、裏面五重を懸けず射徹して、矢さき三寸ばかりちしおに染まって出たので、鬼か神かと見えた熊野人も、持っていた鉞を打ち捨てて、小篠の上にどうと伏した、その次に是も熊野人かと覚えて、先の男に一かさ倍して、二王を作り損じたような武者、眼がさかさまに裂け、鬚《あごひげ》左右に分れたのが、火縅の鎧に竜頭の甲の緒を締め、八尺三寸の長刀に四尺余の太刀を帯《は》いて、射向けの袖をさしかざし、後をきっと見て、

「遠矢は射るな、矢どうなに」

というままに、鎧ずしきて上って来る処を、相馬四郎左衛門、五人張に十四束三伏の金《かな》

磁頭《じどう》くつ巻を残さず引きつめて弦音《つるおと》高く切って放つと、手答とすがい拍子に聞えて、甲の真向から眉間《みけん》の脳を砕いて、鉢着《はちつけ》の板の横縫きれて、矢じりの見ゆるばかりに射籠んだので、あっという声と共に倒れて、矢庭に二人死んでしまった。跡に継いた熊野勢五百余人、この矢二筋を見て、前へも進まず後へも帰らず、皆背をくぐめて、立ちすくんでしまった。本間と相馬とは、こんな事に少しも頓着のないような面をして、御方の兵が二町ばかり隔たって、向いの尾根に陣を取っていたところへ向って、

「例《いつも》ならず敵兵が働くように相見える、ならしに一矢ずつ射て見せて上げよう、何でもよろしい的に立てて御覧」と云ったので、

「では是を遊ばし候え」と云って皆紅《かいくれない》の扇に月を出したのを矢に挟んで、遠的場だてに立てた、本間は前に立ち、相馬は後に立って、

「月を射ては天の恐れも有るであろう、両方のはずれを射よう」と約束して、本間は、はたと射れば、相馬もはたと射る、矢所約束に違えず中なる月を残して射切った。

その後百矢二腰取り寄せて、張りかえの弓の寸引《すびき》をして、

「相模国の住人本間孫四郎資氏《すけうじ》、下総国の住人相馬四郎左衛門忠重《ただしげ》、二人この陣を堅めて候うぞ。矢少々うけて、物具の真の程御覧候え」

と高らかに名のったので、後なる寄手二十万騎、誰追うともなく、我先にとふためいて、また本の陣へと引き返してしまった。

本間はこれほどの名人であったが、義貞北国落ちの時、尊氏方へ降人に出でた、本来、

尊氏の旗下であったのだが、尊氏は兵庫の合戦の時以来の仕打ちが憎いと云って、六条川原へ引き出して首を斬ってしまったのは、惜しいことである。

朝倉犬也入道

結城秀康《ゆうきひでやす》が弓馬の名人朝倉犬也（能登守）に向って云わるるには「関東侍は、馬上で達者に働くそうだが、さぞつよ馬を好む事であろう」と、朝倉犬也が答えて、「関東さむらいと申しましても、あながちつよ馬を好むというわけではございませぬ、唯、自力に叶いたる馬をもっぱらと乗ります、愚老の旧友に、伊藤兵庫助と申して、馬鍛練の勇士がござりましたが、或時口ずさびに『犬はたや大立物に強き馬このまん人は不覚なるべし』とよみました、馬下手の癖につよ馬をこのむのを見ては、馬には乗るのではない、馬に乗られるのだと申しました、むかし頼朝公の御前に諸老が伺候しての砌《みぎ》り、仰せによって各《おのおの》昔の経験を語る所に、大庭平太景能《おおばへいたかげよし》が保元の合戦の事を語りましたが、その間に申すことには、勇士の気をつけて用ゆべき物は、弓矢の寸尺、騎馬の学びである、鎮西八郎殿は、我朝無双の弓矢の達者でござりましたが、それでもあの方の弓箭の寸法を考えて見ますると、その涯分《がいぶん》に過ぎたようにも覚えまする、その故は大炊御門《おおいみかど》の河原において、景能は八郎殿の弓手に出逢いましたが、八郎殿が弓をひかんとなされたが、鎮西よりお出でになった為、騎馬の時では、さすがの八郎殿も弓が思うように行かれなかったようで、その時、景能は東国において、よく馬に乗り慣れて居りました事故に、八郎殿が妻手《めて》に、はせめぐって相違い、弓の下をこゆるように致したものですから、身にあたるべきの矢が膝にあたりました、この故実を知らなければ、あの時たちまち命を失ってしまうのでした、されば勇士はただ騎馬に達していなければならぬ、壮士等耳の底にとどめて聞いて置いてもらいたい、老翁の説だと云って嘲弄《ちょうろう》してもらうまい」

と一座の者が皆成程と感心した。

さてまた犬也入道が云うことには、

「されば治承の頃おい、足利又太郎忠綱《ただつな》が宇治川をわたす時、よわき馬をば下《しも》てにたて、強きに水をふせがせよと下知したのも、尤もの事でござる、佐々木、梶原が生食《いけずき》、摺墨《するすみ》とやらいう強馬にのり、宇治川の先陣を仕ったのはゆゆしい事であるが、併し、大河をわたすというのはまれ事、一得をもって、多失を忘れてはならない事だ、昔の人も、馬鍛練はしたと見えて、武者絵などに馬をとばせ走る間に、弓を引き、矢を放つと見えている、それ馬に乗って遠路を行くのは、自分の足を休めん為である、軍中で乗るのは馬上で弓鎗を用にたてん為であるが故に、昔関東では、戦場を未だ踏まない、若い者は広き野原へ多数打連れて出て、敵味方と人数を分ち、旗をさし、弓鎗長刀、おのれおのれが、得手《えて》の道具を以って馬に乗り馬をこころみるため、鉄炮《てっぽう》をならし、矢叫びの声をあげて、おめき騒ぐ時に、いさんで進む馬もあれば、おくれてしさり驚いて横へきるる馬もある、山へ乗り上げ、岨《そわ》のがけ道を乗り、塀を飛ばせ自由に働くようにと鍛練いたし、先陣の場合にはぬきんでて懸引き達者をふるまい、勝利を得るように嗜《たし》なむのでござる。早雲の教えの第一ヵ条の内に、馬は下地をば達者に、乗りならいて、用の手綱をば稽古せよとしるしてござるが、侍たる者が馬の口を取らするは一代の不覚、仮初《かりそめ》の馬上にも、名利を忘れ、乗方を心掛け、大将たりというとも、馬の口を取らせて行くものは、馬下手故か、弓馬の心がけなき人かと指をさされる次第でござる、馬鍛練の儀は、殿の御前に候《こう》する愚老の昔友達などがよく存ずる事でござる故御尋ねあるが宜しゅうござりまする」

と申上げたので、秀康が、

「犬也、お前も若い頃はさぞ馬鍛練した事であろう、昔の面影をちと見せてもらいたいものだ」

と云われたので、犬也は、

「愚老は、もはや七十に及び、馬上のふるまいは叶いがとうござりまするが、仰せを辞し申しては却って恐れあり、御遊興までに昔ぶりをまなんで御目に懸け申しましょう」

と云って用意の為にと宅へ帰った、秀康は御見物の席を設け、諸侍共は芝の上に並んでいると、犬也は鴇毛《ときげ》の駒に、黒糸縅の鎧著、星甲の上の頭巾《ずきん》あて、白袈裟《しろげさ》をかけ、いぶせき山臥《やまぶし》の姿に出で立ち、矢おい弓持ちて、郎等一人めしぐし、鑓《やり》を提げさせ、馬に打乗って、御前近くしずしずとあゆませ、

「軍陣に候、下馬御免」

と申しもあえず、馬場を二三返はせめぐり、馬場の向うに築地《ついじ》の有るを、敵方と、はるかににらんで、手綱を鞍の前輪に打ちかけ、またにて馬を乗り、弓に矢をはけ、声をかけ

走るうちに、矢を二つ三つ放ち、扨弓《さて》をすて飛びおり、従者が持ったる鑓おっ取って従が先立ってにぐるを追っかけ、従がとって返せば、飛びしりぞき、馬も心有るや、跡をしたって来るのをまたうち乗りて一さんに走らせ、弓手妻手へ鑓を自由自在にちらし走せ廻るを、秀康が見て、目をおどろかして、感心される。

「犬也、お召でござるぞ」

と云う声がかかったので、馬をしずめ、近くよせ飛びおり、御前に近づくと、当座の褒美として、刀に長刀さしそえてくだされた。

斎藤青人

斎藤青人（俗名主税《ちから》）という人は馬術の名人であったが、鹿島の神庫から左の馬書を申出して、段々潤色してそれを五敬にわかち（常敬、相敬、礼敬、軍敬、医敬）一敬の済んだのを免許とし、五敬済んだのを印可とした、百馬の図を改めると云って四ッ谷へ三年の間宿を移したのは、四ッ谷は小荷駄の多く通る所であるからである、一生のうち落馬四十八度門弟三千人有りて（実は千五百人也）世上では馬孔子と云い、大名高家貴賤《きせん》ともに、その頃彼の門人ならぬはなかったと云われた。

都築平太

武蔵国住人都築平太《つづきのへいた》経家《つねいえ》は、高名の馬乗馬飼であった。

平家の郎等であった処から、鎌倉へ召捕られて梶原景時《かじわらかげとき》に預けられた、その時陸奥《みちのく》の国から大きくて猛烈な悪馬を献上したものがあったのを、鎌倉ではいかにも乗る者が無かった、聞えた馬乗どもにいろいろと乗せられて見たけれども、一人もたまる者は無かった、頼朝がそれを心配して、景時にたずねて見ると景時が、

「東八ヵ国に、今はこれぞと思う者はござりませぬが、ただ今召人《めしうど》になっている経家ならば」

と申上げた。

「さらば召せ」

と云って召出された、経家は白い水干《すいかん》に葛《くず》の袴をつけていた、頼朝公が経家に向って、

「この通りの悪馬がある、その方乗れるか」

とたずねると、経家は、かしこまって、

「馬というものは必ず人に乗られるように出来ているものでござりますから、いかに猛《たけ》き馬であるからと云って、人に従わぬ事はありませぬ」

と返事をしたので、頼朝も興に入った。

「さらばやって見ろ」

と、そこで例の馬を引出させた、誠に大きく高くして、あたりを払ってはねまわっている、経家は水干の袖をくくって袴のそば高くはさんで、えぼうしがけをして、庭におり立ったけしき先ずゆゆしく見えた、兼ねて存知と見えて、轡《くつわ》を持たせて来た、その轡をはげ

て、さし縄とらせたのを、少しも事とせず、はね走るやつを、さし縄にすがって、たぐりよせて乗った、やがてまかりあがって出たのを、少し走らせて打ちとどめて、のどのどと歩ませて、頼朝の前にむけて立った、まことに見る者の目を驚かした、それから充分によく乗りこなし、頼朝から、

「それでよし」

と云われた時に下りた、頼朝は大いに感心して、勘当ゆるして廏別当《うまやのべっとう》にされた、彼の経家が馬の飼いようは、夜半ばかりに起きて、何に知らん白い物を一かわらけばかり手ずから持来《きた》って必ず飼った、すべて夜々ばかり物をくわせて、夜明くればはだけ髪を結わせて、馬の前には草一把も置かず、さわさわとはかせてあった、頼朝が富士川あいざわの狩に出られた時、経家は馬七八匹に鞍置いて、手綱を結んで人もつけずうち放してやると従順に経家が馬の尻《しり》について来る、さて、狩場で馬の疲れたおりには、召に従って来る、箇様《かよう》に秘術を伝えたる者は無い、経家はその後どうしたものか海に入って死んでしまった、そのあとをつぐ者が無いことは遺憾千万の事である。

小笠原大学兵衛

織田信長が鬼月毛という名馬を豊後《ぶんご》の大友へ遣わさるる事があった、この馬の形相、よのつねの馬よりは、はるかに長《たけ》延びて八九寸程あって、骨あがり筋ふとく、眼は朱をさしたようで、いつもいかり、常に嘶《いなな》き、四足をうごかし、歯がみをし、人をも馬をも食うの

で、鬼月毛と云うのも尤もであった、大友宗麟《おおともそうりん》は、

「この馬を乗る者は無いか」

と云われた処、

「ここに、小笠原刑部大輔晴宗《ぎょうぶたゆう》と云う者があって、元義輝公方《よしてるくぼう》の侍であった、その子息に大学兵衛と云って、究竟《くっきょう》のあら馬乗がある、たれたれと申そうよりも、この小笠原大学兵衛で無ければ中々乗れ申す仁は御座るまいと存じます」

と別当雄城無難が申上げた。

そこで、無難が馬を引出させる、馬には金覆輪の黒鞍置かせ、紅の大ぶさに、しんくの縄を八筋付け、舎人《とねり》八人、また鍍二筋付け両方へ引きわけ、十人してひけどもためず、大鐘をならすが如く、大声をしていばい、白淡《しらあわ》かみ、おどり瞋《いか》って馬場へ入る、宗麟も出場し、諸侍その外町人以下までも見物に出るものが多かった、大学兵衛は六尺あまりの大男、ゆらりと打乗って手縄を調え、五方の口をひき、鞍の敷所、鐙《あぶみ》の踏所、例式のとおりにして、序より早道に移り、浮播足、長短の遠走、踏鎮足、この外手縄の秘術をつくし乗り鎮め畢《おわ》った、宗麟をはじめ諸大名がどっと感じ入った。

誠に七町余の馬場を人の息四五そくつめれば輒《たやす》く往来するほどの駿足である、その後馬を乗ろうというほどの者は所望して乗って見たが、十人の内一両人は腰をかけるけれども、足を出すまでは乗り得ないで止めた、残る八人九人は、気色におそれて乗るまでの事はなかった、雄城無難が申すには、

「常の馬を乗るは、我等なども、さまで替りたるようには覚えませぬが、この鬼月毛は、上手ばかりではのられませぬ、第一力乗りである、大学兵衛殿、ちからは馬よりもまし、その上上手であるが故に、かように乗れるのでござる」

鋳物師安河

江州音羽城に鋳物師《いものじ》の安河と云う者が籠《こも》って居たが、稀代の弓の上手で、彼が射る矢先に立つ者一人として命を失わざるは無かった。沢蔵軒《さわぞうけん》は、音羽城から三丁程遠ざけて、本陣を取っていたが、陣の前に五尺廻《まわ》りの柳の木が在ったのに、かの安河が射た矢で羽ぶくらせめてその柳を射通してしまったので、是《これ》を見る人々皆舌を巻いて懼《おそ》れた。やがてこの柳の木を切りて城中へ送り、名誉の精兵と云って表彰した、これは応仁時代の事である。

即日印可

柳生宗矩《むねのり》が曰《いわ》く「大剛に兵法はない」と、一日或麾下《きか》の士某が来って弟子とならんことを乞《こ》うた。宗矩これを見て「足下は、何事かもうすでに一流を成就《じょうじゅ》されたお人とお見受け申す。委細を承った上で、師弟の契約を致すでござろう」と、その人答えて、「お言葉ではござるが、私は武芸など曾《か》つて稽古《けいこ》したことはござりませぬ」という。宗矩それを聞いて不興の面をして、「偖《さ》ては但馬守を嬲《なぶ》りに参られしや、将軍家の師範をするものの目鑑《めがね》が外れる筈《はず》はござらぬ」という。その人「誓って左様なことはござりませぬ」と対《こた》う。「さらば武芸以外何事か得心のことはござらぬか」と問うに。その人答えて「幼少の時武士は命を惜しまぬが極りなりとふと存じついて、数年の間心に掛けた結果、今では死ぬることを何とも思わぬようになりました。この外に得心申したことはござりませぬ」と云う、宗矩大いに感心して、「拙者目鑑の程少しも違わぬことがそれでわかった。拙者兵法の極意は要するにただその一事である。是まで数人の弟子極意を免《ゆ》るす人一人もこれなし、太刀を取られないでもよろしい、そのまま一流皆伝致そう」と云って印可巻物を即座に渡したということである。

紀州南竜

紀州の南竜公も、聞えたる武術の達人であったが、嘗《か》つて市川清長の宅に臨み、一罪人を引きて庭に立たせ「腰帯」と名づけた備前長光《おさみつ》の刀を以《も》って、自ら大袈裟を試みたが、紫電一撃極めてその妙を得、切られた罪人の身体が、そのまま立っているのを欛《つか》を以ってこれを突いたところ、始めて二段となって倒れた。左右これを見て斉《ひと》しく嘆称したということである。

公常に侍臣に謂《いい》て曰《い》うには、

「明日にも何事か起って、まさかのときには紀州武士は必ずうつむきに倒るべし、のけざまに倒るる者は一人も無いであろう。この事は関口魯伯《せきぐちろはく》に聞いたことだが、昔大坂の町家の二階で相討ちした者の死体を見た処、一人は仰《あお》のきて、一人は俯《うつむ》いて倒れた。あおのいたのはその状《さま》いかにも見苦しいものであるにより、誰人でも死ぬるならばうつむけて倒れるがよいと。実に魯伯の言う通りである。抑々《そもそも》討たれて俯むけに倒るる者は、勇気の溢《あふ》れたるを示すものである。これ、身を挺《ぬき》んでて働くが故である」と。

柳生三厳と鳥山伝左衛門

柳生三厳《みつよし》は十兵衛のことである。幼にして家光に仕え、文武両道に通じた。父宗矩が十兵衛の武芸を試みんとして突然礫《つぶて》を打ったが、三厳これを受け損じて片眼を無くしてしまった。長じて新陰流の奥儀を極め、剣術ならびなかった。家光が九州の諸侯の徳川氏に心服せりや否やを知ろうと思い、三厳に命じて、狂気と称して家を弟宗冬《むねふゆ》に譲り、武者修業の途に上らしめた。三厳諸国を遍歴し、熊本鹿児島に居ること十年、精細の地図を製し、人情風俗を究《きわ》めて帰ったので、家光が大いに喜び、厚くこれを賞した。三厳は狂気猶《なお》癒えずと云って、正木阪に隠居して剣術を教授していたが、相当の技術に達した弟子が一万三千六百余人あったということである。酒井下総守も柳生三厳を師と頼んで兵法を稽古せられたが、或《あ》る時三厳が下総守を訪ねた時、下総守今日は小姓等を召出し、武芸の見物を致したいといい出でた、三厳直ちに承諾をして、代る代る出でくる小姓の竹刀を或《あるい》は踏み落し或は飛び越え電光石火の如く、三十八人まで撃ちすえた。この時丁度酒井雅楽頭《うたのかみ》の使として、鳥山伝左衛門という者が参り合せたによって、下総守もそれを聞き心安き間の使であるから、口上も聞かず、先《ま》ず早くここへ出でよといった。この伝左衛門はことの外兵法を好んで、戸田清玄《せいげん》の孫弟子となり、戸田流を究めまた小野次郎右衛門について、一刀流を学んだ。けれど柳生三厳は天下一の剣の家である。それと仕合をすることいかがと思って出でかねていると、下総守何とて出ぬぞと怒ったので、やむを得ず、一尺七八寸の小竹刀を用意しつつ一足二足進み出ると、三厳が大喝して退いてしまい、

「仕合するに及ばず」と云ったので、伝左衛門はその儘《まま》次室に退いてしまった。三厳色を作《な》して、

「数多《あまた》の小姓の中に、かかる上手を隠し置きまぎらわかして、十兵衛に恥をかかせようとした」と以っての外に怒った。下総守は申し訳をして、

「どうして左様な巧みをやなすべき、伝左衛門は己《おの》れの家来にもあらねば、剣法に長ずるとは少しも知らず、唯今他家より使者として参った折柄、最早出すべき小姓どももなきままに出したるものである」と云われたから、三厳も怒りを解いて、

「伝左衛門は殊の外小太刀に骨を折ったと見える。何人の弟子であるか」と尋ねた処、小野次郎右衛門の指南を受けたものであると答う。三厳曰く、

「さもありなん、拙者左様のものを見はずす筈は無い、次郎右衛門が弟子にもこれほどの上手は多くはあるまじ」と賞めたそうである。仕合もしないで巧拙を見分けたる手練のほど人々感じ入ったそうである。

宝蔵院の事

奈良の宝蔵院胤栄《ほうぞういんいんえい》の処へ射術の達人菊岡二位宗政というものが勝負を申し入れた。そこで興福寺南大門前で立ち合ったが、胤栄は鎌槍《かまやり》を執って立ち、宗政は弓に矢を番《つが》いて、機を見て放とうとしたが、放つべき隙《すき》が無かったと見え、弓を彎《ひ》きしぼったまま、南円堂の傍にある森の中に入ってしまい、弓矢をすてて逃げたという事である。また穴沢秀吾という長刀の達人が胤栄と仕合をしたいと思い、奈良に来りて宝蔵院の奴《やっこ》となった。一日胤栄はその気色が常人ならずと見て、潜《ひそか》に呼んで問いただして見ると秀吾が実を以って答えたので、胤栄は大いに驚いて坐《ざ》に請《しょう》じ、その希望に応じて仕合をしたという、胤栄は慶長十二年八月二十六日、享年八十歳で歿《ぼっ》した。

諸木野弥三郎

諸木野《もろきの》弥三郎は宇陀郡秋山直国の家来であった、天正年中勢州合戦の時、敵織田信長の陣中に秋山を罵詈《ばり》するものがあった。弥三郎が怒ってこれを射たところ、矢は四五町を距ててその相手を貫きその上後ろの松の樹に突立った。信長大いに感賞し、その矢に物を結んで送還したということである。

根本武夷

根本武夷《ねもとぶい》は鎌倉の人であった。小より武技を好み、剣を長沼四郎左衛門に学んでその奥義を極めた外、常に云うよう、

「我が日本の人の長とするところは武術である。文芸は遠くこれに及ばない。故に日本開国の天皇を神文と称し奉らずして神武と号し奉るのである。そこで我輩も真の武人とならなければならぬ」と。

或時、師匠の長沼に従って廏橋公《うまやばしこう》の席に招かれて行ったことがある。そこに、佐藤直方《なおかた》という学者がいて、長沼に向って語っていうには、

「剣は小技である。項籍すらも一人の敵だといってこれを学ぶことを徳としなかった。まして況《いわ》んや項籍でないものをや」

武夷が傍らにあってそれを聞いて、自分が軽蔑《けいべつ》せられたるが如く激昂《げきこう》し、剣道を侮る佐藤の云い分の無礼なるを憤ったけれども、一体その佐藤がいうところの項籍というのは何者だか一向わからないものだから文句のつけようがなかった。それから発奮して本を読まなければならぬと考え、そうして荻生徂徠《おぎゅうそらい》について学問を習いはじめた。それは二十六の年であった。

幾何《いくばく》もなくして文学の方にも達し、文武共に生徒に教授し得るようになった。常に子弟に向って云うには、

「武術を修めようとする者は宜敷《よろしく》まず文事からはじめるがよろしい、然《しか》る後如何《いか》なる難問題にぶつかっても刃を迎えて自ら説くことが出来、武器の使用もはじめて神妙に至るのである」

武夷が或時、山井崑崙《やまのいこんろん》と共に足利学校に遊んで七経を校勘したが、それが伝わって将軍

の覧に供せられ、銀十枚を賞賜せられたことがある。

阿部鉄扇

阿部正義（鉄扇）は越後溝口家に仕えて、戸田流柔術の指南役であるが、越後の新発田《しばた》から江戸へ屡々《しばしば》御用状を持って使をしたが、普通十日間の行程三度飛脚でさえも五日かかるところを、この人は三日でもって江戸へ着くのを例としていたが、享保二年五月二十四日の昼九ッ時に出発して、二十六日の夜四ッ時に江戸の藩邸に着いたということである。

或時、江戸の町を歩いていると、路傍に見世ものがあった。それは、台の上へ自分の掌をのせて置いて、誰でも通る人に磨《と》ぎすました小柄《こづか》を与えて、これでもっておれの掌を刺せというのである。そこで、好奇の者や、覚えのあるものが小柄を差して電光石火とやって見るが、その時早く、掌は引かれてしまって小柄は空しく空を差してしまうのである。正義は人に連れられてそこへ行って見た。ところが、その者が正義の眼玉を見ると忽《たちま》ち周囲にたかっていた群集の蔭《かげ》に隠れて逃げ出してしまったことがある。その鍛錬の威力に圧せられたのである。

また、或時は両国橋の際に高く看板を掲げて縄抜けの術を見せるものがあった。そのものがまず観客に思う存分自分の身を縛らせて、それから、大きな布をすっぽり被《かぶ》らせしまって、その瞬間また布を取り払うともうさしもに堅く結えてあった縄がすっかり解けてしまって下に散り乱れている。見るものこれを奇なりとして黒山のように集まった。正義はまた人に連れられてこれに行って、では一つ縛って見ようと、型の如くそれを縛りからげたが、こんどはどうしても解けない。そこで、術者が憐《あわ》れみを乞うて、どうぞ縄を解いて下さいと降参した。どういうわけでこの人の縛った縄に限って解けなかったというに、正義は結ぶ時にひそかに唾液《だえき》でもってその結び目を湿して置いた為に解くことが出来なかったのである。

享保十四年のこと、九之助というものが藩のお倉所に於《おい》て狼藉《ろうぜき》を働き、何人も手におえないで弱り切っていた処へ正義が出かけて行って、赤手でもって発矢《はっし》と一撃を食わすとその前額が破れて血を吹き、恰《あたか》も刀を以って一割したような形であった。時の人がこれを称して「戸田の骨破り」といった。

宝暦年間のこと、溝口藩の捕方が大泥棒会津清兵衛、護摩堂大兵衛をとっ捕えて、これを江戸へ送ろうとした。ところが、この両賊共に手下のものが多くって、途中宿々で奪い去らるるの危険がある。そこで、役人達が正義を起して護送の任に当らせようとして命を正義に伝えた、ところが、正義答えて、

「もはや、吾等は老いぼれて役にたちませぬ」

といって、別に高弟近藤関右衛門というのを推薦した。正義が辞退したのは必ずしも老いぼれて役にたたないばかりでなく、自分が最早勤めを退いた後また、出かけるということになると恰《あたか》も藩に人がないように見られるおそれがあったからである。

亀崎安太夫

池田光政《みつまさ》の領国、備前岡山の磨屋町薬師寺へ、亀崎安太夫という柔術の達人が寄宿した事がある。追々聞き伝えて門弟となる者が多かった。然るに同国に住する浪士本間半左衛門（後号無雅尺八を能《よ》くす）という者が行きて仕合を所望した、亀崎が「心得候いぬ」と云って奥に入り、片足をくくり片手を帯に差入れて、片手片足で躍り出て、さらばお相手仕《つかまつ》ろうと云った。本間は人を馬鹿にした仕方だと憤慨し、

「まだ勝負を試みないうちに、御辺は甚だ拙者を軽しめらるるは、いかなる次第」と、亀崎答えて、

「貴客の御不興は御尤《ごもっと》もである。けれどもこのようにしても危くないという心当りが当方にござる故に」と云った。

本間は己《おの》れ奇怪な振舞い、いで門弟の面前で打斃《うちたお》し耻《はじ》をあたえてやろうと、どっと走り寄りて亀崎を取りて目より高くさし上げた。さし上げられたる亀崎笑うて、

「是だけでは勝負にならぬ、これからどうなさるお積りだ」と云えば、本間、その儘曳《えい》という声とともに、打付くるを、亀崎中《ちゅう》でひらりと返り、本間を一当てあてて打倒すと、仏壇の唐紙を打破った所を透さず飛びかかり、

「覚えられたるか」と云う、本間大いに感じ、即座に師弟の約をしたという。

島田見山伝

「栗囲余稾」中に次の如くある。

天保中以二剣術一鳴二於天下一者、江戸有二男谷某一、柳川有二大石某一、中津有二島田見山一、見山少二二子一十余歳、而屹成二鼎足之勢一、幼時学二剣於堀某一、稍長遊二筑肥隅薩之間一、偏求二武人一以角二其技一。中略　見山在二江戸一、春日従二徒弟数人一観二花于隅田川堤上一、有二少年五人一同飲、見二見山来一故箕股以攔レ路、徒弟皆怒撫レ剣、見山徐々行、踏レ之而過、一人起立、捉二見山衣領一、未レ及レ見二其下手一、少年既仆二堤下一、一人継起、左右捉二見山手一、見山大喝一声、二人立相枕而仆、余皆鼠竄、不レ知レ所レ之、見山不二敢以告一レ人、其門人久米房之助、語レ予以二此事一曰、当時吾面見レ之、先生不二独剣術過一レ人、拳法亦臻二其如レ此一

大菩薩峠中の武術談（一）

丸山勇仙は九段の道場練兵館の話をする。斎藤と長州系との関係を語る。そのうち、長州の壮士が相率いて練兵館を襲い、弥九郎の二男、当時鬼歓《おにかん》といわれた歓之助のために撃退された一条を物語る。その仔細《しさい》はこうである。

はじめ——嘉永の二年ごろ、斎藤弥九郎の長男新太郎が、武者修行の途次、長州萩の城下に著いた。宿の主人が挨拶《あいさつ》に来た時に、新太郎問うて曰《いわ》く、

「拙者は武芸修行の者であるが、当地にも剣術者はあるか」

主人の答えて曰く、

「有る段ではございませぬ。当地は名だたる武芸の盛んな地でございまして、近頃はまた明倫館《めいりんかん》という大層な道場まで出来まして、優れた使い手のお方が雲の如く群がっておりまする。あれお聞きあそばせ、あの竹刀《しない》の音が、あれが明倫館の剣術稽古の響きでございます」

新太郎、それを聞いて喜び、

「それは何より楽しみじゃ。明日は一つ推参して試合を願うことに致そう」

そこで、その夜は眠りについて、翌日、明倫館に出頭して、藩の多くの剣士たちと試合を試みて、また宿へ戻って、風呂《ふろ》を浴びて、一酌を試みている処へ、宿の主人がやって来る。

「いかがでございました、今日のお試合は」

新太郎嫣乎《にっこり》と答うて曰く、

「なるほど、明倫館は立派な建物じゃ。他藩にもちょっと類のないほど宏壮な建物で、竹刀を持つものもたくさんに見えたが、本当の剣術をやる者は一人もない。いわば黄金の鳥《とり》籠《かご》に雀を飼っておくようなものだ」

これは、新太郎として、実際、そうも見えたのだろうし、また必ずしも軽蔑の意味ではなく、調子に乗っていったのだろう。だが、この一言が、忽《たちま》ち宿の主人の口から剣士たちの耳に入ったから堪《たま》らない。

「憎い修行者の広言、このまま捨て置いては長藩の名折れになる」

かれらは大激昂で、新太郎の旅宿を襲撃しようとする。老臣たちが、それを宥《なだ》めるけれど聞き入れない。止むを得ず、急を新太郎に告げて、この場を立ち去らしめた。新太郎は、それに従って、一行を率いてその夜のうちに九州へ向けて出立してしまったから、わずかに事なきを得たが、あとに残った長州の血気の青年が納まらない。

「よし、その儀ならば、九州まで彼等の跡を追っかけろ」

「彼等の跡を追いかけるよりも、むしろ江戸へ押し上って、その本拠をつけ。九段の道場には、彼の親爺《おやじ》の弥九郎も、その高弟共もいるだろう。その本拠へ乗り込んで、道場を叩《たた》き潰《つぶ》してしまえ」

長州の青年剣士ら十余人、猛然として一団を成して、そのまま江戸へ向けて馳《は》せ上る。その団長株に貴島又兵衛《きじままたべえ》があり、祖式松助《そしきまつすけ》がある。

そこで彼等は一気に江戸まで押し通すや否や、竹刀と道具を釣台に舁《かき》のせて、麹町九段坂上三番町神道無念流の師範斎藤篤信斎弥九郎の道場、練兵館へ押し寄せて、殺気満々として試合を申し込んだものだ……

誰も知っている通り、当時、江戸の町には三大剣客の道場があった。神田お玉ヶ池の北辰一刀流千葉周作、高橋蜊河岸《たかばしあさりがし》の鏡心明智流の桃井春蔵《もものいしゅんぞう》、それと並んで、練兵館の斎藤弥九郎。おのおの門弟三千と称せられて、一度《ひとたび》その門を潜らぬものは、剣を談ずるの資格がない。

殺気満々たる長州の壮士連十余人の一団は、斎藤の道場を微塵《みじん》に叩き潰す覚悟をきめてやって来たのだから、その権幕は、尋常の他流試合や入門の希望者とは違う。

ところで、これを引受けた斎藤の道場には、長男の新太郎がいない。やむなく、次男の歓之助が出でて応《あしら》わねばならぬ。

歓之助、時に十七歳——彼等壮士の結構を知るや知らずや、従容《しょうよう》として十余人を一手に引受けてしまった。

もとより、修業のつもりではなく、復讐《ふくしゅう》の意気でやって来た壮士連、立合うつもりでなく殺すつもり。業《わざ》でいかなければ力任せでやっつけるつもりで来たのだから、その猛気、怒気、当るべからざる勢い。歓之助、それを見て取ると、十余人を引受け、引受け、ただ単に突きの一手——得意中の得意なる突きの一手のほか余手を使わず、次から次と息をつかせずに突き伏せてしまった。

哀れむべし、長州遠征の壮士、復讐の目的全く破れて、十余人の壮士、一人の少年のために枕を並べて討ち死。宿へ引き取ってから咽喉《のど》が腫《は》れて、数日間食物が入らず、病の床に寝込んだものさえある。

長人の意気愛すべしといえども、術は格別である。中央にあって覇《は》を成すものと、地方にあって勇気に逸《はや》るものとの間に、その位の格段がなければ、道場の権威が立つまい。

しかし、貴島又兵衛あたりは、このことを右の話通りには本藩へ報告していないようだ。

貴島は、長藩のために、よき剣術の師範の物色のため、江戸へ下り、つらつら当時の三大剣客の門風を見るところ、斎藤は技術に於《お》いては千葉桃井には及ばないが、門弟を養成する気風がよろしい——というような理由から、国元へ斎藤を推薦したということになっている。

ところで、これはまた問題だ。右の三大剣客の技術に甲乙を付することは、なかなか大胆な仕事である。貴島又兵衛が、斎藤弥九郎の剣術を以って、桃井、千葉に劣ると断定したのは何の根拠に出でたのか、この三巨頭は、一度びも実地に立合をした例《ためし》がないはず。千葉周作の次男栄次郎を小天狗《こてんぐ》と称して出藍《しゅつらん》の誉れがある。これと斎藤の次男歓之助を取組ましたら、絶好の見物《みもの》だろうとの評判は、玄人筋《くろうとすじ》を賑《にぎ》わしていたが、それさえ事実には、現われなかった。もし、また、事実に現わして優劣が問題になった日には、それこそ、両道場の間に血の雨が降る。

故《ゆえ》に、それらの技倆《ぎりょう》に至っては、おのおの見るところによって推定はできたろうが、断定はできなかったはず。丸山勇仙は当時、長州壮士が練兵館襲撃の現場に居合せて、実地目撃したと見えて、歓之助の強味を賞揚すると、仏頂寺の旋頭《つむじ》が少々曲りかけて、

「それは歓之助が強かったのではない。また長州の壮士たちが弱かったというのでもない。術と力との相違だ。手練と血気との相違だ。いわば玄人と素人《しろうと》との相違だから、勝ってもさのみ誉れではない——その鬼歓殿も九州では、すっかり味噌《みそ》をつけたよ」

という。人が賞《ほ》めると、何かケチをつけたがるのが、この男の癖と見える。特に悪意があるというわけではあるまい。ただ、白いといえば一応は黒いといってみたいのだろう。

それでも兵馬は気になると見えて、

「歓之助殿が九州で何かやり損ないましたか」

「さればだよ、九州第一といわれている久留米の松浦波四郎のために脆《もろ》くも打ち込まれた」

「え」

兵馬はそのことを奇なりとしました。練兵館の鬼歓ともいわれる者が、九州地方で脆くも後《おく》れを取ったとは聞き捨てにならない。

斎藤歓之助は、江戸においての第一流の名ある剣客であった。それが九州まで行って、脆くも後れを取ったということは、剣道に志しのあるものにとっては、聞き捨てのならぬ出来事である。

兵馬に問われて仏頂寺が、その勝負の顚末《てんまつ》を次の如く語りました。

久留米、柳川は九州においても特に武芸に名誉の藩である。そのうち、久留米藩の松浦波四郎は、九州第一との評がある。九州に乗込んだ斎藤の鬼歓は、江戸第一の評判に迎えられて、この松浦に試合を申し込む。そこで江戸第一と九州第一との勝負がはじまる。

これは末代までの見物だ。その評判は、単に久留米の城下を騒がすだけではない。

歓之助は竹刀を上段に構えた、気宇《きう》は、たしかに松浦を呑《の》んでいたのであろう。それに対して松浦は正眼に構える。

ここに、満堂の勇士が声を吞んで、手に汗を握る。と見るや、歓之助の竹刀は電光の如く、松浦の頭上をめがけて打ち下される。波四郎、体を反《そ》らして、それを防ぐところを、歓之助は、すかさず烈《はげ》しい体当りをくれた——突きは歓之助の得意中の得意だが、この体当りもまた以って彼の得意の業《わざ》である——さすがの松浦もそれに堪えられず、よろよろとよろめくところを、第二の太刀《たち》先《さき》、あわや松浦の運命終れりと見えたる時、彼も九州第一の名を取った剛の者、よろよろとよろけせかれながら、横薙《よこなぎ》に払った竹刀が鬼歓の胴を一本!

「命はこっちに!」

と勝名乗りをあげた見事な働き。これは敵も味方も文句のつけようがないほど鮮かなものであった。江戸第一が、明らかに九州第一に敗れた。無念残念も後の祭り。

無論、この勝負、術の相違よりは最初から歓之助は敵を呑んでかかった罪があり、松浦は、謹慎にそれを受けた功があるかも知れないが、勝負においては、それが申しわけにはならない。

仏頂寺は兵馬に向って、この勝負を見ても、歓之助の術にまだ若いところがあるという暗示を与え、丸山が激賞した逆上《のぼせ》を引き下げるつもりらしい。

「惜しい事をしましたね」

と兵馬は歓之助のためにその勝負を惜しがると、仏頂寺は、

「全く歓殿のために惜しいのみならず、そのままでは斎藤の練兵館の名にもかかわる。そこで雪辱のために、吉本が出かけて行って、見事に仇を取るには取ったからいいようなも

そうしてその勝負はどうでしたの」

といいました。

「はゝあ、どなたか、雪辱においでになったのですか。

お聞かせ下さい」

「吉本が行って、松浦を打ち込んで来たから、まあ怪我も大きくならずに済んだ」

といって仏頂寺は、斎藤歓之助のために九州へ雪辱戦に赴いた同門の吉本豊次と松浦との試合について次の如く語りました。

無論、吉本は歓之助の後進であり、術においても比較にはならない。しかし、この男はなかなか駈引がうまい。胆があって、機略を弄《ろう》することが上手だから、変化のある試合を見せる。歓之助すらもてあました相手をこなしに、わざわざ九州へ出かけて、松浦に試合を申しこみ、さて竹刀を取って道場に立合うや否や、わざと松浦の拳をめがけて打ち込み、

「お籠手《こて》一本！」

と叫んで竹刀を引く。

「お籠手ではない、拳だ」

松浦は笑いながら、その名乗りを取合わない。無論、取合わないのが本当で、戯《たわむ》れにひとしい振舞で、一本の数に入るべきものではない。

ところが、吉本豊次はまた何と思ってか、取り合われないのを知らぬ面《かお》で、竹刀をかついで道場の隅々をグルグル廻っている。その有様が滑稽《こっけい》なので、松浦が、

「何をしている」

と訊《たず》ねると、吉本は抜からぬ顔で、

「ただいま打ち落した貴殿の拳を尋ねている」

この一言に松浦の怒りが心頭より発した。

松浦の怒ったのは吉本の思う壺《つぼ》であった。手もなくその策略にひっかかった松浦の気は苛立《いらだ》ち太刀《たち》先《さき》は乱れる。その虚に乗じた吉本は十二分の腕を振って美事なお胴を一本。

「これでも九州第一か」

そこで斎藤歓之助の復讐を吉本豊次が遂げた。その吉本の如きも自分の眼中にないようなことを仏頂寺がいう。以上の者の仇を以下の者がうつのだから、それだから勝負というものはわからない。非常な天才でない限り、そう格段の相違というものがあるべきはずはない。ある程度までは誰でも行けるが、ある程度以上になると容易に進むものではない。現在の人がよく、桃井、千葉、斎藤の三道場の品評《しなさだめ》をしたがるが、それとても、素人《しろうと》が格段をつけたがるほど優劣があるべきはずはないという。

自然、話が幕府の直轄の講武所方面の武術家に及ぶ。以上の三道場は盛んなりといえども私学である。講武所はなんといっても官学である。そこの師範はまた気位の違ったところがある。男谷下総守《おたにしもうさのかみ》をはじめ、戸田八郎左衛門だの、伊庭《いば》軍兵衛だの近藤弥之助だの榊原健吉だの小野（山岡）鉄太郎だのというものの品評に及ぶ。それから古人の評判にまで進む。

人物は感心し難いが、そういう批評を聞いていると実際家だけに耳を傾くべきところが少なくはない。兵馬は少なくともそれに教えられるところがある。（第六冊「流転の巻」）

大菩薩峠中の武術談（二）

天保の初め頃、神戸に一人の祭文語《さいもんがた》りがあった。この男、身の丈五尺九寸、体重二十七貫、見かけは堂々たるものだが、正味は祭文語り以上の何者でもなく、祭文語り以下の何者でもない。芸名を称して山本南竜軒《なんりゅうけん》と呼び、毎日デロレンで暮している。

男子生れて二十七貫あってデロレンでは始まらないと、先生、ある日のことに、商売物の法螺《ほら》の貝を前に置いてつくづくと悲観する、ところへ友達が一人遊びにやってきて、大将何を考え込んでいるのだという。

身の丈が六尺、図体が二十七貫もあってデロレンでは情ないと、今もこうして法螺貝を前に置いて、涙をこぼしているところだ。そうかといって立身するほどの頭はなし、商売替えをするほどの腕もなし……何かいい仕事はないかい。あるある、そのことなら大ありだ。実はおれもつくづく日頃からそれを考えていたのだ。全くお前ほどのものを祭文語りにして置くのは惜しい。お前やるつもりなら打ってつけの仕事がある——と友達がいう。

何だい、おれにやれる仕事は？——なお念のためにいっておくが、図体は大きくても法螺の貝を持つだけの力しかないのだぜ、力業《ちからわざ》は御免を蒙《こうむ》るよ。

そんなのではない。別段骨を折らず大威張《おおいば》りで日本六十余州をめぐって歩ける法がある。

他人ではできないが、お前なら確かに勤まる。はて、そんな商売があるものか知ら。骨を折らずに大威張りで日本六十余州をめぐって歩ける法があるならば早速伝授してもらいたい。ほかではない、それは武者修行をして歩くのだと友達がいう。

南竜軒先生、それを聞いてあきれかえり、そんなことだろうと思った。武者修行は結構だ。法螺の貝から岩見重太郎か、宮本武蔵でも吹き出してお供に連れて歩けばなお結構だと、腹も立てないから茶化《ちゃか》しにかかると、友達の先生一向ひるまず。

たしかに、お前は武者修行をすれば大威張りで日本六十余州をめぐって歩ける、剣客におなりなさい。剣術の修行者だといっていたるところの道場をめぐってお歩きなさい。到るところの道場ではお前を叮嚀《ていねい》にもてなして泊めてくれた上に草鞋銭《わらじせん》をまで奉納してくれるに相違ない。こんないい商売はあるまいではないか。

なるほど、それはいい仕事に相違ないが、おれには剣術が出来ない。竹刀の持ち方さえも知らないのを御承知かい。

そこだ、慭《なま》じい出来るより全く出来ない方がよい。そこを見込んでお前に武者修行をすすめるのだ。少しでも出来ればボロの出る心配があるが、全く出来なければボロのでようがない。その方法を伝授して上げよう。

先ず第一、お前の体格なら、誰が見ても一廉《ひとかど》の武芸者だと思う。そこで、武芸者らしい服装をして、しかるべき剣術の道具を担って、道場の玄関に立ってみろ、誰だって嚇《おど》かされらあ。

南竜軒、首を振って、詰らない、最初に嚇かしておいて、あとで足腰の立たないほどブン擲《なぐ》られる。友達曰く、そこにまた擲られない方法がある。

とはいえ、武芸者として推参する以上は立ち合わぬわけにはいくまい、立ち合えばブン擲られるにきまっている。

けれども、そこを擲られないで、かえって尊敬を受ける秘伝があるのだが――

それは聞きたいものだね、そういう秘伝があるならば、それこそ一夜にして名人となったも同然。南竜軒もばかばかしいながら、多少乗り気になったが、友達の先生いよいよ真顔で――

しかし、一つは擲られなければならぬ、それもホンの一つ軽く擲られさえすれば済む、それ以上は絶対に擲られぬ秘伝を伝授して上げよう。

頼む――多分、牛若丸《うしわかまる》が鞍馬山《くらまやま》で天狗から授かったのが、そんな流儀だろう、それが実行できさえすれば、明日といわず武者修行をやって見たいものだ。

よろしい、先ずお前がその二十七貫を武芸者らしい身なりに拵《こしら》え、剣術の道具を一組買って肩にかけいずれの道場を選ばず玄関から、怯《お》めず臆《おく》せず案内を頼む。

取次が出て来たところで、武者修行を名乗って、どうか大先生と一つお手合せを願いたくて罷《まか》り出でたと申し出る。

道場の規則として、大先生の出る前に、必ずお弟子の誰かれと立合を要求するにきまっている。その時、お前はそれを拒《こば》んでいうがよい。いや、拙者はお弟子たちに立合を願いに来たのではない。直接《じか》に大先生に一手合せを、とこう出るのだ。
先生多少迷惑の色を現わすだろうが、立合わないとはいうまい。立合わないといえば卑《ひ》怯《きょう》の名を立てられる――そこで道場の大先生が直接にお前と立合をすべく、道場の真中へ下りて来る。

南竜軒、ここまで聞いて青くなり、堪らないね。お弟子のホヤホヤにだって歯は立たないのに大先生に出られては、堪らない。

そこに秘伝がある――大先生であれ、小先生であれ、本来剣術を知らないお前が誰に遠慮する必要があるまいもの、いつも祭文でする手つきで、こう竹刀を構えて大先生の前に立っているのだ。

それから先だ。そこまでは人形でも勤まるが、それから先が堪るまいではないか、と南竜軒が苦笑する。

友達殿はあくまで真面目くさって、それからが極意なのだ。そうして立合っているうちに先方が必ず打ち込んで来る。面《めん》とか、籠手とか、胴《どう》とかいって打ち込んで来る。

南竜軒の曰く、打ち込んで来れば打たれちまうじゃないか、こっちは竹刀の動かし方も知らないんだぜ。

友達殿曰く、そうさ、打たれたのが最後だ。どこでもいいから打たれたと思ったら、お前は竹刀を前に置いて、遥《はる》か後へ飛びしさり、両手をついて平伏し、恐れ入りました、われわれの遠く及ぶところではござらぬといって、叮嚀にお辞儀をしてしまうのだ。

なるほど――。

そうすれば、先方の大先生、いや勝負は時の運とかなんとかいって、こちらを労《いた》わった上に武芸者は相見たがいというようなわけで、一晩とめて、その上に草鞋銭をくれて立たせてくれるに相違ない。

芳名録を取り出して先生に記名してもらう。その芳名録を携えて、次から次の道場を同じ手で渡って歩けば、日本全国大威張りで、痛い思いをせずに武者修行ができるではないか。

「なるほど」

南竜軒は首をひねって、暫《しばら》くその大名案を考え込んでいたが、ハタと膝《ひざ》を打って――、

面白い、これはひとつやってみよう、できそうだ。できないはずはない理窟《りくつ》だ。

そこでこの男はデロレンをやめて、速成の武者修行となる。形の如く堂々たる武者修行のいでたち成って、神戸から江戸へ向けて発足。

名乗りも芸名そのままの山本南竜軒で、手初めに大阪の二三道場でやって見ると成績が極めてよい。全く先方が、誂《あつら》え通りに出てくれる。一つ打たれさえすれば万事が解決して、至って、鄭重《ていちょう》なもてなしで餞別《せんべつ》が貰《もら》える。

そこには、また道場の先生の妙な心理作用があって、この見識の高い風采《ふうさい》の堂々たる武者修行者、弟子を眼中に置かず驀進《まっしぐら》に師匠に戦いを挑《いど》んで来る修行者の手のうちは測り難いから、勝たぬまでも見苦しからぬ負けを取らねば門弟への手前もあるという苦心が潜

むところへ意外にも竹刀を動かしてみれば簡単な勝ちを得た上に、先方が非常な謙遜《けんそん》の体《てい》を示すのだから悪い心持はしない。

そこで、どこへ行っても通りがよくなる。部厚《ぶあつ》の芳名録には、一流の道場主が続々と名前を書いてくれるから、次に訪ねられた道場ではその連名だけで嚇かされる。

かくて東海道を経て、各道場という道場を経めぐって江戸に著いたのは、国を出てから二年目、さしも部厚の芳名録も、ほとんど有名なる剣客の名を以って埋められた。

天下のお膝元へ来ても、先生その手で行こうとする。その手で行くより術《すべ》はあるまいが、いったん味を占めてみると忘れられないらしい。事実、こんな面白い商売はないと思っている。

そうして、江戸、麴町《こうじまち》番町の三宅三郎の道場へ来た。

この三宅という人は心形刀流《しんぎようとうりゆう》の達人で、旗本の一人ではあり、邸内に盛んなる道場を開いて江戸屈指の名を得ている。

そこへ臆面《おくめん》もなく訪ねて来た山本南竜軒、例の二十七貫を玄関に横づけにして頼もうという。門弟が応接に出ると例によって、拙者は諸国武者修行の者でござるが当道場の先生にもぜひ一本のお手合せが願いたい——これまで各地遍歴の間、これこれの先生にみな親しくお立合を願っている——と例の芳名録を取出して門弟に示すと、それには各地歴々の剣客がみな麗々《れいれい》と自筆の署名をしているから、これは大変な者が舞い込んだと先生に取り次ぐ。道場主、三宅三郎もそれは容易ならぬ客、粗忽《そこつ》なきように通しておけと、道場へ案内させて後、急に使を走らせて門人のうち、優れたるもの十余人を呼び集める。

そこで三宅氏が道場へ立ち出でて南竜軒に挨拶があって後、これも例によって先ず門弟のうち二三とお立合い下さるようにと申し入れると南竜軒は頭を振って、仰せではござるが、拙者こと、武者修行のために国を出でてより今日まで二年有余。未《いま》だ嘗《かつ》て道場の門弟方と試合をしたことが無い。直々《じきじき》に大先生とのみお手合せを願って来た。然るに当道場に限ってその例を破ることは、この芳名録の手前いかにも迷惑致すゆえに、ぜひぜひ、大先生とのお手合せが願いたい——といつもやる手で、二年余り熟練し切った口調で落ちつき払って申し述べる。

そういわれてみると三宅先生もそれを断わるわけには行かない。ぜひなく、それでは拙者がお相手を致すでござろう。

そこで、三宅先生が仕度をして、南竜軒に立向う。

南竜軒は竹刀《しない》を正眼《せいがん》につける。三宅先生も同じく正眼。

竹刀をつけてみて三宅三郎が舌を巻いて感心したのは、あえて気怯《きおく》れがしたわけでもなんでもない。事実、南竜軒なるものの構え方は舌を巻いて感心するよりほかはないのであった。

最初の手合せで、しかも江戸に一流の名ある道場の主人公その人を敵に取りながら、その敵を眼中におかず、余裕綽々《しやくしやく》たるその態度。構え方に一点の隙を見出すことができない。

事実、三宅三郎も今日までにこれほどの名人を見たことがない。心中、甚だ焦《あ》せることあって、しきりに術を施さんとして、わざと隙を見せるが、先方の泰然自若たること有るが如く無きが如く少しも此方の手には乗らない。

勝とうと思えばこそ、負けまいと思えばこそ、そこに惨憺《さんたん》たる苦心もあるが、最初から負けようと思ってかかる立合には敵というものがない。しかもその負けることだけに二年有余の修行を積んでいる武芸者というものは、けだし、天下に二人となかろう。余裕綽々たるもその道理である。

この意味に於いて南竜軒は、たしかに無双の名人である。

至極の充実は至極の空虚と一致する。

これを笑う者は、矢張り剣道の極意を語るに足りない。道というものの極意もわかるまい。

さて、三宅三郎は、どうにもこうにも、南竜軒の手の内がわからないが、そうかといって剣術というものは、竹刀を持って突っ立っているだけのものではない。ものの半時《はんとき》も焦り抜いた三宅氏も、これでは果てしがないと思い切って、彼れが竹刀の先を軽く払って面を打ち込んでみた。

「参った！」

その瞬間、南竜軒はもう竹刀を下に置いて、自分は遥かに下にさがって平伏している。

三宅氏は呆《あき》れてしまった。

事実、今のは面でもなんでもありはしない。面金《めんがね》に障《さわ》ったかどうかすらも怪しいのに、それを先方は鮮かに受取ってしまったのだから、三宅が呆れたのも無理はない。呆れたというよりも寧《むし》ろ恥入ってしまったのだ。自分がこの大名人のためにばかにされ子供扱いにされてしまったように思われるから、顔から火の出るほどに恥かしくなった。

「山本先生。ただいまのは、ほんの擦《かす》り面《めん》。是非、もう一度お立合を願いたい」

しかるに、相手の大名人は謙遜を極めたもので、

「いや〳〵恐れ入った先生のお腕前。我々風情《ふぜい》の遠く及ぶところにあらず」

といって、どうしても立合わない。

「では、門弟共へぜひ一手の御教授を……」

と願ってみたが、先生に及ばざる以上御門弟衆とお手合せには及ばずと、これも固く辞退する。

止むを得ず、三宅は数名の門弟と共に、この大名人を招待して宴を張る。

その席上、改めて三宅氏は南竜軒に向い、何人《なんぴと》について学ばれしや、流儀の系統等を相《あい》訊《たず》ねると――南竜軒先生、極めて無邪気正直《むじゃきしょうじき》に一切をブチまけてしまった。

これを聞いた三宅氏は胸をうって三嘆し、今にして無心の有心に勝るの神髄を知り得たりといって喜ぶ。

道庵先生、この型を行ってみたいのだろうが。そうそう柳の下に鰌《どじょう》はいまい。

（第六冊「流転の巻」）

大石進のこと

左に掲ぐるは昭和二年中、九州八幡市小城満睦氏より著者に報ぜられた処の通信の要部なるが、大石氏の事蹟を知る上に於ても典拠的なものなり。

（前略）大菩薩峠縮冊第一巻の始めの方に当時天下の三剣客として島田、男谷《おたに》、大石の三人を掲げてあることは近来の快事。島田直親の剣禅一味、男谷信友《のぶとき》の達識、大石種次の絶倫なる膂力《りょりょく》と精妙の技、共に当時天下に鳴り響きし事と推量され申候《もうしそうろう》。去る十二三両日大牟田《おおむた》地方剣道有段者会列席の序《ついで》、同地銀水村の大石進の墓に展じ同地の老剣家坂井真澄翁を訪れて大石の人となり及びその逸話を聴き申候、翁は先日物故せし同郷の野田大塊翁とは竹馬の友にて県会長老、大石家とは旧《ふる》くよりの親籍関係にあり大石神影流の師範家にて御座候。

大石進種次は武楽と号し二代三代共に進と云い、三代は故渡辺昇子爵に連れられ武徳会剣役の頃東上し後事業に手出して失敗し朝鮮より北海道に渡り没せし由、今坂井家に一男一女の遺児養われ居り申候。進種次の父は酒豪にて毎年庭に牡丹《ぼたん》を栽培し、花頃は立花家の家老共次々に花見に来りその饗応の入費少なからず、為に家財を散じ、進は幼より馬を飼い門前の田畑を耕し家運を挽回《ばんかい》せし程にて平素余り剣を手にせざりし由。然《しか》るに或時柳川に登城の砌《みぎり》剣道の事にて大衆に辱しめられしより家に帰り石を釣るして日夜倦《う》まず突業を稽古し、遂に藩中その表に立ち得る者なきまでに突きの名手となりし由に御座候。先生、先天的の大天才にて身長、立てば耳が鴨居に支《つか》え怪力あり、且老年に及び同地より回向院《えこういん》の角力《すもう》にて幕内に入りし者の帰国の折挨拶に来りしに角力を挑みたれば力士は老人の危きことなりとて立合しに軽々と投げ飛ばされ驚嘆せし由、又当時の横綱雲竜の云いしに若《も》し先生にして十日間本式の角力稽古被成《なされ》なば回向院にて東西三役の中五人は一寸骨の折るる角力ならむも他は容易なるべしと談《かた》りしと、如何に進の怪力なりしかを推して知るに難からずと被存候《ぞんぜられそうろう》。

曾て勝海舟《かつかいしゅう》が野田大塊に語りしに大塊より坂井翁に語りしとの話しに進が五尺の長竹刀を提げて江戸に現われ各高名の道場を荒し廻りし折の旗本《はたもと》の騒ぎは御一新の騒動より以上で大した騒ぎであったと。進の常に門生に教訓せし試合の折は先ず初太刀一本を必ず勝つべし然らば後十本負けても苦しからずと又追込追込攻め立てよと。今や旧時の道場は朽ちて残骸《ざんがい》を止むるのみに御座候。

大石進の墓は福岡県三池郡銀水村字《あざ》宮部の松林中に有之《これあり》候。

墓表に大石武楽種次墓

右側面に大量院殿武観妙楽居士

左側面に文久三亥年十一月十九日行年六十七歳

二代目は

墓表に寛量院殿武雄達道居士

右側面に大石進藤原種昌

左側面に行年五十五歳明治十一年十二月二十六日

御著を読み去り読み来れば実在の故人躍如たるものあり、まことに嬉しさに不堪《たえず》候。何《なに》卒《とぞ》道の為御自愛専一に祈り上げ候。昭和二年三月十六日

（二）

（前略）扨《さて》先般依頼致し置き候柳河大石氏より大石進の碑文（墓表とあるは碑文に御座候）贈り来り候間何かの御参考にも相成候らわばと存じ御送り申上候。無所得道人巌は黄檗《おうばく》の英巌禅師かと推察申仕《もうしつかまつり》候。師は同地の寺院に隠棲《いんせい》して生を終られし由に御座候。

此の碑文よりすれば男谷は大石に（大石一派の物語りも同様にて候）及ばざりし如く又他の書には（直心影流系統の）大石の方が男谷に及ばざりし如く矢張これも村贔負《びいき》かと被存《ぞんぜられ》、何れが是《ぜ》にて何れが非《ひ》にても両者の重量には一向差支え無きものかと愚考仕候。

松崎浪四郎の旅日記久留米の某家に残りある筈に候も未だ拝見不仕《つかまつらず》、友人写しを所有致居由に候間近々一見致《いたしたく》度島田虎之助の稽古の模様等も同日記に残り居り候由。

大石先生墓表

得名於一郷者一国皆貴之得名於一国者海内皆重之而至得名於海内者則天下後世皆無不貴且野焉其名之広也其沢所及亦従而大矣往時徳川氏之覇天下也至文政天保間可謂極其盛矣当此

時名臣良吏巨儒碩学相継輩出至若詩賦俳諧琴棋書画苟善之者皆雑然集於江矣而当時以撃剣鳴於海内者無過我大石先生者也先生諱種次通称進後更七大夫致仕号武楽筑後三池郡人也身長七尺大耳隆準音吐如洪鐘十四世祖曰下総仕高橋氏天正中父子兄師範先生幼継箕裘及長芸弟四人殉難於岩屋宝満二役至十二世祖種重始仕柳河侯祖種芳父種行並有武幹蒙藩命為槍剣術大進乃依剣游歴四方試其技莫敢当者抵江都有男谷某者為善素撃剣名噪於都門称為海内無敵手矣一日先生与之闘技某不能一出其技倆而罷於是先生之名遂恣於一世列侯争招致之藩邸以教導其士及還郷四方執贄者常塡塞於門無国不至焉皆成業而帰々則亦各授其徒是以天下之剣客以先生私叔之者蓋又未知其幾千人也自是天下剣法一変皆以先生為宗師矣嗚呼先生所謂得名於一世而沢及天下者非耶文久三年十一月十九日以病没享年六十七葬於郡之宮部村先生娶円慶寺女生六子二女長曰某早世次種昌嗣後余皆出嗣他姓独季雪江分戸焉女一早世一適安照寺種昌称進士後更進甫五歳能暗刀法藩観其技大奇之賜画幅弱冠芸術大進知名於天下応近隣諸藩之聘往教導其士皆大被尊礼後屢以事之江都諸藩邸亦争招致之時江都有桃井某千葉某者善撃剣天下無能当之者種昌与之斉名一日与二子較技都人皆以為巨観鹿田集如堵相撃数合種昌勝居多焉於是都下剣客請教者翕然足相踵其門唯恐後也可謂不墜其家声矣明治十一年十二月廿六日没享年五十五葬于先塋之種昌娶坂井氏無子生一女養森氏子五十槻為嗣以女配之夫世以技芸得名於海内者亦多矣然大抵止其身臻其子孫則寥々無聞其父子相継赫々耀世若先生者蓋不可多得之也頃者其門人松岡進士今村広門等相謀欲建碑以表先生之事来請余曰先生没既久矣唯見墓石蕭然立於邱原而未有一碑以勒其事者甚非崇師之意也願子為誌之嗚呼吾之

不文何足以与於此雖然以余好読経央来教授於此郡三年於茲常察其風俗淳良朴実而郷中多磊落豪宕之士蓋有以見先生之遺風猶存者自今而誘之以忠孝仁義之道視之以古今乱興廃之蹟則峻徳逸材卓々得名於海内者亦将相踵而出吾雖駑鈍将俛焉従事於此也蓋亦先生之所楽歟遂不辞而略書之至其芸術精妙之墓奥則世固有知之者豈待余言哉

明治十五年十一月　中学教諭　笠間益三撰

志賀巽軒先生嚮撰大石二翁之墓表分為二篇及刻五石其門人欲更合五於一篇而先生既逝今村広門等来謀五於余余乃敢就先生之原文少加詳略合為一篇而与之然余素不閑文辞今取先生之文而料理之可謂拙工傷良材知観者幸勿咎

益三誌

（右祖父種次伯父種昌墓表）

一書

大石雪江先生墓誌

先生者大石武楽先生之季子也称又六郎後雪江天保十年六月生於筑後三池郡宮部村父種次号武楽以撃剣鳴天下兄種昌亦名轟於海内先生初学剣法於父後受兄種昌之提撕精修練磨遂究蘊奥矣其後分戸居於郡之白銀以剣術教導子弟遠近執贄者過于千人焉先生娶足達氏生四子三女曰一為継嗣季某夭長女適浅井某余皆在家先生年六十二矍鑠尚陶冶後進頃日門人板井真偉大石進等相謀欲建石以勒先生之偉績来需碑文於余素不知文辞然強己不終忘不文略書先生之事

如斯

明治三十三年八月　　無所得道人巌書

（右父雲江墓誌）

一書

松崎浪四郎

風来道人

大菩薩峠の中先日久留米の剣客松浦波四郎の名が見えましたが若しや松崎浪四郎先生の間違ではありませんか。此先生なら去る明治廿一年の春から京都の警察で数百人の門人に教えて居られまして京都名物の一に数えられて居りました。外国の観光人は能《よ》く警察に先生の撃剣を見に行きました。その案内者は鮫島盛君で有りました。米国の軍医で也阿弥の楼上で先生に教えを受けた人も有りました。外国人は先生と晩餐《ばんさん》を共にする事を名誉とする人も多かった様でありましたが、惜しい事には先生は明治廿八年の春丸太町の寓居《ぐうきょ》で歿せられたようであります。おそまきながら知り得し丈《だけ》を申上げます。

（大正十五年三月二十四日）

大菩薩峠（342）流転の巻（三十八）を読んで

一読者

仏頂寺が兵馬に話している久留米藩剣客松浦波四郎と斎藤歓之助の試合の段に付て私の懐旧の念を起す事があります。

私は丹波国竜岡の者にして未だ十一歳の時の事でありますが(今より三十九年前の事)竜岡のその当時旧藩士等が皇典講究及び武道を講ずる為めに生徳舎と云う練武場を建てました。その時の祝賀式に当時の京都府知事の姓名は記憶を致しませぬが知事も警察部長も出席せられし際にその当時京都府庁の剣道の師範として勤めて居られたる松崎波四郎先生(白髪の老人)も来場せられました。(松崎と松浦との相違は私が幼少の時代故に間違かも知れませぬ)その時竜岡警察の巡査にして又剣道師範でありし羽賀四郎太と申す竜岡の旧藩士と試合せられましたが、時の羽賀先生は突きと体当りが最も得意でありし結果松崎先生を体当りを以て倒した為めに来賓にして而《しか》も老人に卑劣なる業を以て臨んだと批難を受けた事があります。而してこの羽賀先生は斎藤弥九郎の塾頭を勤めた人なのであります。昨夕この点を拝読致して因縁の不可思議なる事を深く感じましてこの愚書を呈します次第であります。

(大正十五年二月十九日)

小城満睦

前略、斎藤歓之助氏の九州下りの際久留米藩の松浦波四郎と試合仕候由記載有之《これあり》候は久留米藩の松崎浪四郎にては無之《これなき》候や、同師は久留米に於て小生等中学時代指導を蒙りし先輩の大先輩にて元久留米藩の家老職岸家の臣にて陪臣なりしを剣道達者の故を以て藩主有馬侯に召出され禄《ろく》五十石を下し置かれ藩校明善堂の師範と相成《あいなり》明治維新に至りしものの由藩の古老より度々聞き及び、小生の祖父とは藩政時代同僚なりし由に御座候、松崎先生は小生等の同郷の大先輩にて貴著は古今の名書、名著の中に先輩の名を印する実に本懐の至りに御座候、小説なるが故に松浦波四郎とお書き被成《なされ》し事かとも拝察し居り候も、本当の姓名は松崎浪四郎でないかと愚考仕候。（後略）

（大正十五年二月十九日）

戦場と武芸

昔から剣槍《けんそう》の上手名人と称せられるものが、戦場でその割合に功を成せしものはなく、鳥銃の達人稲富一夢の如きは、茅屋《あばらや》の中にて屋根の上の鳥の啼《な》き声でその集る処を察し、あやまたず打ち落したという位の名人であるけれども、朝鮮陣の時に敵に向っては一丸も当らなかったといわれている。

北条氏康《ほうじょううじやす》の家老北条左右衛門太郎は、下野の小山《おやま》で敵の侍百人ばかりの中へ只一騎で乗込みよき敵二十人ほどを悉《ことごと》く馬で乗り倒し、その勢いで雑兵共百四五十の首を、続いて来た自分の臣共に取らせたことがある。

正木の剣術

橘南谿《たちばななんけい》の「東遊記」の中に、

正木段之進といえるは美濃国大垣の家中にて歴々の武士なり、この人剣術の妙を得てこの門人となる者へは鎖を授くることとし、京都抔《など》にもこの鎖を伝授したる人多し、その外江戸抔には尤《もつと》も多く、諸国とも門葉多く、この段之進剣術の事に付ては世間色々の奇妙のはなし多くして信じがたきこともあるに旅中にて彼の門人に親敷《したしく》交りてその修行のあらましを聞しに誠に感ずべくとうとむべきなり、この段之進の父祖にや有けん幼年より剣術に心を寄せ日夜寝食を忘れて修行せし頃、一夜寝間の襖《ふすま》を鼠の咬《か》む音に目覚て畳をたたきて追いたりしに鼠逃去れり、暫くして少し寝入らんとする頃また鼠来りて襖を咬む、また目覚て追えば鼠逃去る、心ゆるみて寝入らんとすれば鼠襖を咬む、かくのごとする事三四度に及びて段之進思うよう我気みたずして彼の鼠に徹せざればその眠るに従うて鼠襖を咬むなりとて、起直り座を正して一心に気をあつめ鼠の方を守りつめて居たりしに鼠ついに来らず、その後は鼠の音する度にかくのごとくするに鼠咬むことあたわず、後にはけたを走る鼠をも気を集てこころみぬれば落る程に成りけり、今に至りその門人気を練る事を稽古するに鼠の物を咬むにてためす事ありという、門人の中にも二三人はよく鼠を退くる程に至れる人ありとなり、いかなる猛獣といえども先ず此方《こなた》の気を以て制す、敵人といえども立向うより先ず気を以って勝つ事也とぞ、この事は奇妙のように聞ゆれどもさることもあるべしとおもう、我学ぶ所は医術にも圧勝の法という事ありて気を以て禁ずるに積気を開かしめ或は腫物《はれもの》を押ならし又は狐《こ》狸に魅せらるる者を治しその外に奇効目を驚す程のこと出で来るもの也、その法皆正木の修行のごとし、又熊沢先生の書集められし書にも、敵をぅたんとする人、その家に忍び入らんとすれば内に寝入りたる当歳の小児啼き出してその父目を覚す、折悪《おりあ》ししと暫《しば》しひかえぬれば小児もよく寝入りて家内静か也、又討入らんとすれば小児啼出す再三かくのごとくして遂に討つ事を得ざりし、是れその殺気の無心の小児に徹せし也とぞ、その理の論は格別、先の正木の修行に心を用いられし事を感ずべし、又彼の鎖所持の者はいかなる強敵に逢ぅ時にもおくれを取る事なく、又いかなる猛獣盗賊といえどもこの鎖を所持する人には近付くことあたわずと云えり、是はいかなる事にてかくはいぅ事なるやと尋ねしに何人にもせよ正木の門人と成り鎖を受けんと願ぅ時先ず誓約をすることとぞ、その誓約の辞、君に不孝なるまじ親に不孝なるまじ朋友《ほうゆう》に信を失ぅべからず虚言いぅべからず高慢の心を起すべからず大酒すべからず礼儀を失ぅべからず公事《くじ》にあらずしてみだりに血気にはやり夜行すべからず猶その外数々の条目ありて若《も》し是に一つもそむくことあらば摩利支尊天《まりしそんてん》の御罰を蒙《こうむ》りて武運に尽くべしと也、初めにかくのごとく誓ぅことゆえに、もしこの辞にそむく者はたとえ鎖幾条所持するといえどもそのしるしなく鎖の奇特を失ぅと定めたり、誠にかくのごとくなれば正大の誓約いと有難き鎖なり、聖人の道といえどもかくやあるべき、実に武道の奥義というべし、法華経の水火も焼溺する事あたわずと説き、老子の虎豹《こひょう》も牙《きば》を触るる事なしと教えしもまた是に外ならず、瑣末《さまつ》の技芸の上にてもその妙所に至りては有難きこと多し、されど尚《なお》その人に交りて親しく聞きし事ならば誤りしるせし事もあるべきにや。

伊庭藤太夫

池田武蔵守輝直の家来に伊庭《いば》藤太夫という強弓《ごうきゅう》を引く侍があった。備前の国で、山狩をした時伊庭の方へ手傷《てお》い猪子《じし》が一文字にかかって来た、藤太夫大かりまたを打ちつがい兵《ひょう》と放てば彼の猪子の鼻づらから尾の方へ射抜き尚そのうしろの五寸廻り程の松の木を射切ったことはかくれもない話であった。或時また備中の国酒折《さかおり》の宮に百合若《ゆりわか》大臣（百人の力があるという）のくろがねの弓というものがおさまっていたのを藤太夫がその弓をうらはずから引き折りその後打ちつがせ、額木に伊庭藤太夫これを射折ると象嵌《ぞうがん》を入れて置いたそうである。

石突の働き

赤坂の芸州の山屋処の際の土手の下を通る草履取《ぞうりとり》のような男と、槍を持たせた侍、伴《とも》の者の云い分から喧嘩《けんか》になって、侍の連れた中間《ちゅうげん》共は斬り伏せられ、若党共も手を折った、そこで、侍が槍をとって立ち向ったが、先方の男がなかなかの動きで、槍の穂を切り折られて、穂は土手の方へ飛んでしまう、そのまま先方の男は手許《てもと》へ飛び入って来たのを侍が石突の方を取り直して胸元を突きつけ土手へ突きつけ置いて、
「家来共首討て」
といったので、家来共が又打ち寄ってその男をなますのように斬りきざんだということ

である。

竹刀六本砕破

渡辺昇が若い時は斎藤弥九郎の道場にあったが、或夜同じ塾生の御濠《みほり》耕助と激しい議論をしたが、その翌朝二人が道場に出て竹刀《しない》を合せると前の夜の議論が竹刀に乗り移ったかとばかり激烈になり、一方が「君は昨晩の議論をまだ竹刀の先に出していないか」と呼ぶと他の一人が「そうではないが、そう云われた以上は二人共その覚悟で決戦しよう」と怒号奮戦数時間に亘り各々《おのおの》竹刀を砕破すること六本に及んだが、そのうち一人が、

「どうだこの辺で休戦しては」

と云い出すと、そこでカラリと両人が竹刀を収めて胸襟を開いてしまったということである。

侠客の剣

駿河の侠客、清水の次郎長は剣術を学んだことはないが、真剣の場合に一度も負けたことはない、その言葉に云う。

敵と相向って斬り結ぶとき、相手の剣がこっちの剣とかち合って音がするのをきっかけに一振り振って敵を斬れば一人として斬り倒せぬ奴はない。

根岸信五郎

明治の老剣客根岸信五郎曰《いわ》く、

元来この剣法と云うものは身体の強弱、体量の軽重と云うものの外に存して居るものであるから如何《いか》に丈け低く力弱く体量の軽い人と雖《いえど》も身体強大の人に対して決して負けを取ることはありません。世間では日本人の体格は西洋人に比較して遥《はる》かに小さいとか云う事を心配して何とかして西洋人の如く大きくなりたいと云うて心配する様であるけれども身体が大きいのが何も自慢になる訳ではない。小さい身体を以《も》って大きな身体の者に負けない様に稽古《けいこ》をする事が一番便利な法であろうと思います、故《ゆえ》に斯《こ》の剣道に達する以上は身体の強弱大小等に疑念を懐《いだ》くのは至って愚かな話である。その例を挙げて見ましょうなら或《ある》時体量二十五貫目程有る大きな人が私と勝負をした事があります、その時私は僅《わず》かに十四貫四百目計《ばか》りの体量でその人とは殆《ほと》んど半分位の重さであった、その二十五貫目の男が云うには体重の重い人には到底勝つものでないと斯様《かよう》言いますから私はこれは御前は左様思うかも知らないが、術と云う者があって、なかなか御前の思う通りに行くものではない、と云うと「夫《そ》れなら一番その術を見せて呉れ」と云うので私はその男と立合った、尤《もっと》もこの男は撃剣は五級位は遣われる人でした処が、その男は私を倒す考えで初めは体当りで私に突き当って来ましたから私はヒョイと身を外しながら今度体当りを持って来ると私は一足も動かぬぞと云うと、その男は「何の」と云いながらまた当って来たが果して私は一足も動きません、何遍来てもそう云う訳であるから終《つい》にはその男の身体がヘトヘトになって閉口して仕舞いました。然るに私は何ともなかった。このような訳で到頭その議論は私の勝ちになりました。

またこの間今一度試して見ようと思って今の角力取の小神竜それと柏戸それから二段目の西郷この三人の男を私の悴《せがれ》の根岸資信に当たらして見た所が、最初は躰《たい》当りを以って来たので直に外して此方から足柄《あしがら》をかけるとコロコロと転ぶので、今後はヒックリカイしますと言って打付かって来たが矢張敵《かな》わないので三人の男も仕方がない「こんどは貴方を取りますよ」と云うて来るから此方は竹刀を以て体を引きながらヒョイと向うの身体を引くと矢張転んで仕舞う、二三度もやって見たが終に敵わないので終に悴の方が勝利を得ました。

かくの如く此方に竹刀を持たれると如何に身体の強大なるものでも必ず負ける、決して敵うものではありません。

また曰く、

「私が長年の間やって見るのに或《あるい》は撃剣は脳が痛むとか頭を害するとか云う者がありますけれども脳が痛むと云うことは私の実験に依《よ》りますと余り感じたことはありませぬ、けれども只《ただ》胃腸と云うことに大きに心配したのであります、過激の運動の後では腹が空《す》く腹が空くから飯をウンと食うそれがだんだん続くと必ず胃腸病と云うものが起って来る、こりゃア余程戒めなければならない、運動をすればするに従って食物と云うものは減らして往《い》かなければならない、第一運動する以前に充分に腹が膨れて居れば運動と云うものは決して出来るものではない、是《これ》がために却《かえ》って腹部の工合《ぐあい》が悪くなる即ち運動をして反《かえ》って害になるものであります。であるから、三度の食事の量を定め運動をした後には必ず三十分か四十分経って極《き》めただけの食物を食べるようにするが宜《よろし》い、鶏卵位の物は運動する前にそりゃア食っても宜い、ソコで運動をすると必ず咽喉が強く乾いて苦しいからツイ水を飲みます、それが極く悪い、息の治まらぬ内に水を飲むのは極く害になります。私は是まで息の治まらぬ中に度々水を飲んでそれがために命を喪《うしな》った人を二三人を知って居ります、息のハッハッと云うようになった時には決して水を飲むことはなりません、その息が治ってから水を飲むのはそりゃ宜しい。」

戈を止む

杉浦重剛《しげたか》著「倫理御進講草案」中の一節。

「本来、武という文字は戈《ほこ》を止むると書し、平和を意味するものなり、又名工岡崎正宗が刀を鍛うる心中常に平和を祈願したりという」

挿　話

幕末の頃、土佐に茶坊主土方《ひじかた》某といえるものあり、性磊落《らいらく》にして奇行多く又胆気あり。

士分に列せられて両刀を帯す、曾《か》つて江戸屋敷にありたる日、或る夜出でて和田倉門外を通過しける折、一人の武士に相遇す、武士声をかけて曰く「甚だ突然のことなれども、願わくは我れ御身と真剣の勝負を決せん。我は所願ありて既に多くの人々と立合い、幾十百人を斬りたり、固《もと》より辻斬りを為すものにあらず、名乗合いて勝負するなり、御身の心如何《いかん》」言葉静かにして挙動沈着なり。土方某は固より剣道を知らず、心中大いに驚くと雖《いえど》も左《さ》あらぬ体《てい》を装いて曰く「御身の望む所は我れこれを諾す、然れども今主命を奉じて使する途中なれば、直ちに立合を決し難し、御身若《も》し我の主用を果すを待たんには我喜びて勝負を決すべきなり」と。

武士曰く「善し、十分念を入れて主用を果し給え、我れ此処《ここ》にて待つべし」と。土方「さらば一た時ばかり猶予せられよ」といいて、再会を約してその場を去り、急ぎて神田お玉ヶ池なる剣客千葉周作の門を叩《たた》きて、面会を請えり、千葉の門生曰く「夜分にてもあり、且先生不快にて臥床せらる、明朝訪ね給え」と。

土方「いや〳〵明朝を待つこと能《あた》わず、急用の為め主命を帯びて来れるものなり、是非是非許し給え」と逼《せま》りぬ。

門生奥へ入り、再び出で来りて曰く「先生の仰せには主命とあらば余儀なし、臥床中なれども苦しからずば御目にかかるべし」と、土方「辱《かたじけ》なし」とて伴われて千葉先生の病床に至る。

先生「主命とは何事なるか」と問う、土方答えて「主命とは偽《いつわり》なり、許し給え」先生

「御身は怪しからぬ振舞せらるるものかな」と叱責《しっせき》す、土方「偽りたる段は重々御詫《おわび》を申し上げん、然《しか》れども御面会を得ざれば主命と偽るよりも更に主命を汚すべき大事ありたるが故なれば先《ま》ず一通りお聞き給われ」とて、果し合いを挑まれてこれを承諾したることの顚末《てんまつ》を物語り「さて御恥かしきことなれども、我は未《いま》だ剣法を知らず、兎《と》にも角にも討たれて死すべきに覚悟はしつれども、未練なる死に様して恥を遺《のこ》し、主名を汚すを恐る、故に来《きた》りて先生に見《まみ》え、見苦しからぬ死をなすの方法を問わんとす。願わくは先生、これを教え給え」

先生曰く「珍しきことを聞くもの哉《かな》、我れ幾多讐討の後見をなし、或いは多く剣法を人に教う、如何にして敵に勝つべきかを問わるること幾度なるを知らず、然れども如何にして死すべきかを問われたるは今日を始めとす、善し、御身の為に語らん、只今の御話しによれば、敵は頗《すこぶ》る手練ある武士と見ゆ、縦令《たとい》御身が今より必死に数年の修養を積みたりとも決してその武士に勝つこと能《あた》わざるべし、却って御身が剣道を知らざるを利なりとす、御身、心して我が言を聞け、彼の武士と相対して互に一刀を抜くや否や、御身は直ちに左足を踏み出して力を込め、大上段にふりかぶりて、両眼を閉ずべし、如何なることありとも、その眼を開くことあるべからず、稍《やや》ありて腕か頭か冷やりと感ずることあるべし、是れ斬られたるなり、その刹那《せつな》、御身も力に任せて上段より斬り下すべし、敵も必ず傷つき、或いは相打ちになるやも知れず、この事決して背《そむ》くべからず」と、土方唯々として拝謝し、一大決心を以って彼の門外に帰り来たれば、彼の武士悠々として待てり。「遅なわりたり」

と挨拶《あいさつ》すれば「いやく〳〵意外に早かりし」と答う、いよいよ沈着なる武士の態度なり。いざとて双方立別れ、一刀の鞘《さや》を払う、土方此処なりと、魂を丹田に込めて大上段に構え、両眼をひたと閉じたり、武士は稍離れたるものの如く、エ、ヤと声をかく、土方瞑目《めいもく》して石像の如く立てり、心中今か今かとその斬らるるを待ちたれども、時刻移りてなお無事なり、不思議と思う間に「恐れ入った」と声す、その時眼を開き見るに、武士刀を投げて大地に伏す、土方また怪訝《けげん》の念に堪えず、茫然《ぼうぜん》として語なし、武士曰く「恐れ入ったる御手のうちなり、我等の及ぶ処にあらず、就いては我一身如何ようにも処分し給え」

土方「土佐藩の武士は降伏したるものを斬るべき刀を所持せざるなり」

武士「一命をお助け下さらば誠に有難し、願わくば我を以って御身の弟となし給え、就きて伺いたき儀あり、我れ多年諸国を廻りて多数の剣客と立ち合いたるも、未だ御身の如き奇なる流儀を見ず、御身剣道は何流ぞ」

土方心中可笑《おか》しさに堪えず「否々《いやいや》何をか隠さん、我は聊《いささ》かも剣道を知らぬものなり、先刻主用云々《うんぬん》と云いたるは全く偽なり、実は千葉周作先生を訪ねて、死に方の教訓を受け、先生の云わるるままに為したるのみ」と微笑しつつ語れり。

武士曰く「よし剣道を知らざるにもせよ、その決心を定め得たるは正に剣道の奥儀を会《え》得《とく》したるものなり、我が兄として仰ぐべきなり」と。

土方「さらば夜更けたるも、千葉周作先生を訪ねて今宵《こよい》の物語りを致さん、連れ立ち給え」とて両人打揃いて先生の門を叩く。

先生、事の始末を聞き、手を打って喜ばれければ、両人はその面前に於《おい》て兄弟の約を定め、爾後《じご》親交渝《かわ》らざりきとぞ。

武士と相撲

尾州家の星野勘左衛門はまた大力の聞えある士であったが、或る日さる諸侯の家老の方へ行った、その家老は相撲好きで常に相撲取が出入りをしていたが、この日もまた相撲取が来合せていた。この相撲取は五百石積の船のいかりを片手で振廻す程の力であったが、星野勘左衛門にその相撲取と相撲をとられよと亭主が所望した、勘左衛門は再三辞退したけれども、強いて所望されたので止む事を得ず、取ることとなった。そこで件《くだん》の相撲取は裸になって出て来た。星野勘左衛門は袴《はかま》の儘《まま》、高股立《たかももだち》をとり、大小を指したなりで立ち出でて来た。諸人が不審に思った。行司某が是を見咎《みとが》めて、

「相撲をとるに帯刀なさるという法はございませぬ」

星野勘左衛門が答えて、

「拙者は相撲取ではない、武士である、亭主の所望によって合手になるのだ、だが武士の身として無腰になる法はない」

というどうにも仕方がないので、そのままいざ取組まんとする途端に、星野勘左衛門は抜き打ちに相手の相撲取を大げさに切倒してしまった。見る人仰天している間に星野勘左衛門は、白刃を鞘に納め亭主の前へ坐《ざ》し、

「武士というものの勝負を争う時は、斯様《かよう》に致さねばならぬものと存じ候」と云って、暇《いとま》を告げて帰った。亭主は心の中では大いに怒ったけれど、何とも致し方なく、その儘にして止んだ、一座の人々が後で云うには、「星野勘左衛門の仕方尤《もつと》もである、相撲取と武士たるものと勝負を所望するのは失礼である、全く亭主の誤りであった」

東湖の剣術観

藤田東湖の「見聞偶筆」の中にこういう事がある。

川路曰く近来試合剣術盛んに行われ一世剣術の実用に適する事を知れるは可賀事也《がすべきことなり》、然るに近来試合剣術の中甚だ長きしないを以て片手にて刺突を専らとする事流行せり、試合も如此《かくのごとく》なり行きては実用に遠く形剣術と同日の論なり、さればその弊を矯《ため》んには人々双刀のしないを帯び槍を遣わせ迫りたらば槍を捨て、刀を抜き戦わしむる事を調練せば、甚だ長き剣の実用に遠きを悟るべしと嘆息せり、彪また嘗《か》つて憂いを同じゅうするゆえ共に慨嘆せり、嗚呼可謂識者矣《ああしきしやというべし》。

支那人の日本武術観

揮刀如神

和寇《わこう》の盛んなりし頃、明将の記文のうちに曰く、
倭奴《わど》刀を揮《ふる》うこと神の若《ごと》し、人これを望めば輒《すなわ》ち懼《おそ》れて走る、その長ずる所の者は刀法のみ、その鳥嘴銃の類これ猶《な》お我兵の如きなり、弓矢の習い猶おこれ我兵の如く、この外殊に称するに足るものなし、唯《た》だ倭性殺を好む、一家一刀を蓄えざるものなく、童にしてこれを習い壮にしてこれに精し。

日本刀歌　　唐　順　之

有レ客贈二我日本刀一　魚鬚作レ靶青糸練
重々碧海浮渡来　身上竜文雑二藻行一
悵然提レ刀起四顧　白日高々天冏々
毛髪凜冽生二鶏皮一　坐失二炎蒸一日方永
聞説倭責初鋳成　幾歳埋蔵擲二深井一
日淘月煉火気尽　一片凝水闘二清冷一

持此月中斫桂樹　顧兎応知避光景
倭夷塗刀用入血　至今斑点維能整
精霊長与刀相随　清霄恍見夷鬼影
爾来韃靼頗驕黠　昨夜三関又聞警
錐能将此白竜沙　奔胆一斬単于頸
古来神物用有時　且向嚢中試韜韜

王稺登

揚郎手持一匣霜　贈我払拭生寒芒
鉛刀紛々空海目　君与此鍔皆魚腸
南金換却東夷鉄　上帯倭奴髑髏血
血未曾消刃未手　皎若蓮花浸秋月
燈前細看鵬鶴斜　入手還疑虬与竜
門外湖深恐飛去　朱縄夜縛青芙蓉
苔花爛斑土花紫　白虹沈々臥寒水
帰家不惜十年磨　他日還能報知己

外人の日本国民性観

ケムプェル

日本人は、戦争に於て勇あり。確心あり。彼等は愛も憎も尊敬も軽蔑《けいべつ》も子々孫々これを伝えて凡《すべ》ての凌辱《りょうじょく》は必ずや報いられずば止む事なく、相手の一方が絶滅するに至って始めて熄止《そくし》す。平氏及び源氏の争いはその例なり。

ツンベルグ

正直なること此民族の如く、しかも同時に勇悍《ゆうかん》にして自信力の強固なるものは他の加うる所の凌辱を黙許する筈《はず》なし。然《しか》り余は実に日本人の如く憎悪の念強く、復讐心に富めるものを見ず、彼等の胸に沸騰すなる憤怒の情は面《おもて》にあらわれざれども、裏に熱して、絶えずこれに報ゆるの機会を待つ。彼等は凌辱や迫害に対して多く口答えせず、僅かに苦笑するか、または長くエ・エ・エと云うのみ。而《しか》もその胸裡《きょうり》の怨恨《えんこん》は、何ものと雖もこれを打ち破ること能《あた》わず。敵に些細《いささ》《さ さい》の非礼を与えて僅かに心の鬱《うつ》をやるが如きにあらず、陽には懇和を示して、人をして聊かもその禍心を包蔵することを覚らしめずして、終《つい》に機を見て蹶然《けつぜん》敵を撃ち倒すなり。

モンタヌス

戦いは日本人の頗る喜ぶ所なり。彼等の武器は鉄砲弓矢の外に刀あり。刀は非常に能《よ》く鍛えられあればヨーロッパ流の刀身などは容易にこれにて切断せらるべし。

ジャン、クラセ

日本人の特に習練するものは武術なり。男子はすべて十二歳にして刀剣を佩《お》び、これより後は夜間休憩する時の外は腰間の秋水を脱せず、寝に就くの時と雖も、尚枕頭《ちんとう》にこれを安置して、睡眠中と雖も、曾つて武事を忘れざるを示す。武器は剣、短剣、小銃あり、弓《きゅう》箭《せん》あり。その剣は精練を極めて鋭利なること、これを以ってヨーロッパの剣を両断するとも刀口なお疵《し》痕《こん》を残さずと云う程なり。日本人の風習かくの如くに武を尊べば、彼等は刀剣の装飾に深くその意を注ぎ、これを室内にも拝列して第一の修飾となす。

フランソア、サビエル

第一、余の考えにては、日本人程善良なる性質を有する人種はこの世界に極めて稀有《けう》なり。彼等は至って親切にして虚言を吐き、詐偽を働くが如きことは嘗って聞きも及ばず。かつ甚しく名誉を重んじ、その弊は却って彼等をして殆ど名誉の奴隷たらしむるが如き観あるに至れり。

わ行

や行

ま行

は行

な行

た行

さ行

か行

登場人名索引

あ行

本書は一九八五年に河出文庫として刊行されました。

本文の一部に、片輪・支那など今日の人権意識に照らして不当・不適切な表現があります。理不尽な差別や人権侵害の歴史があったことに深い遺憾の意を表するとともに、執筆当時の歴史的状況を正しく理解すること、また著者が故人であることを鑑み、そのままとしました。

（編集部）

日本《にほん》武術《ぶじゆつ》神妙記《しんみようき》

中里《なかざと》介山《かいざん》

平成28年 5月25日　初版発行
令和7年 3月25日　9版発行

発行者●山下直久

発行●株式会社KADOKAWA
〒102-8177　東京都千代田区富士見2-13-3
電話　0570-002-301（ナビダイヤル）

角川文庫 19779

印刷所●株式会社KADOKAWA
製本所●株式会社KADOKAWA

表紙画●和田三造

Printed in Japan
ISBN978-4-04-400141-4　C0121

◆◇◇

角川文庫発刊に際して

角川源義

第二次世界大戦の敗北は、軍事力の敗北であった以上に、私たちの若い文化力の敗退であった。私たちの文化が戦争に対して如何に無力であり、単なるあだ花に過ぎなかったかを、私たちは身を以て体験し痛感した。西洋近代文化の摂取にとって、明治以後八十年の歳月は決して短かすぎたとは言えない。にもかかわらず、近代文化の伝統を確立し、自由な批判と柔軟な良識に富む文化層として自らを形成することに私たちは失敗して来た。そしてこれは、各層への文化の普及滲透を任務とする出版人の責任でもあった。

一九四五年以来、私たちは再び振出しに戻り、第一歩から踏み出すことを余儀なくされた。これは大きな不幸ではあるが、反面、これまでの混沌・未熟・歪曲の中にあった我が国の文化に秩序と確たる基礎を齎らすためには絶好の機会でもある。角川書店は、このような祖国の文化的危機にあたり、微力をも顧みず再建の礎石たるべき抱負と決意とをもって出発したが、ここに創立以来の念願を果すべく角川文庫を発刊する。これまで刊行されたあらゆる全集叢書文庫類の長所と短所とを検討し、古今東西の不朽の典籍を、良心的編集のもとに、廉価に、そして書架にふさわしい美本として、多くのひとびとに提供しようとする。しかし私たちは徒らに百科全書的な知識のジレッタントを作ることを目的とせず、あくまで祖国の文化に秩序と再建への道を示し、この文庫を角川書店の栄ある事業として、今後永久に継続発展せしめ、学芸と教養との殿堂として大成せんことを期したい。多くの読書子の愛情ある忠言と支持とによって、この希望と抱負とを完遂せしめられんことを願う。

一九四九年五月三日

角川ソフィア文庫ベストセラー

論語
ビギナーズ・クラシックス 中国の古典
加地伸行

孔子が残した言葉には、いつの時代にも共通する「人としての生きかた」の基本理念が凝縮され、現代人にも多くの知恵と勇気を与えてくれる。はじめて中国古典にふれる人に最適。中学生から読める論語入門！

老子・荘子
ビギナーズ・クラシックス 中国の古典
野村茂夫

老荘思想は、儒教と並ぶもう一つの中国思想。「上善は水のごとし」「大器晩成」「胡蝶の夢」など、人生を豊かにする親しみやすい言葉と、ユーモアに満ちた寓話を楽しみながら、無為自然に生きる知恵を学ぶ。

韓非子
ビギナーズ・クラシックス 中国の古典
西川靖二

「矛盾」「株を守る」などのエピソードを用いて法家の思想を説いた韓非。冷静ですぐれた政治思想と鋭い人間分析、君主の君主による君主のための支配を理想とする君主論は、現代のリーダーたちにも魅力たっぷり。

陶淵明
ビギナーズ・クラシックス 中国の古典
釜谷武志

自然と酒を愛し、日常生活の喜びや苦しみをこまやかに描く一方、「死」に対して揺れ動く自分の心を詠んだ田園詩人。「帰去来辞」や「桃花源記」ほかひとつ一つの詩を丁寧に味わい、詩人の心にふれる。

李白
ビギナーズ・クラシックス 中国の古典
筧久美子

大酒を飲みながら月を愛で、鳥と遊び、自由きままに旅を続けた李白。あけっぴろげで痛快な詩は、音読すれば耳にも心地よく、多くの民衆に愛されてきた。豪快奔放に生きた詩仙・李白の、浪漫の世界に遊ぶ。

角川ソフィア文庫ベストセラー

ビギナーズ・クラシックス　中国の古典
杜甫
黒川洋一

若くから各地を放浪し、現実社会を見つめ続けた杜甫。日本人に愛され、文学にも大きな影響を与え続けた「詩聖」の詩から、「兵庫行」「石壕吏」などの長編を主にたどり、情熱と繊細さに溢れた真の魅力に迫る。

ビギナーズ・クラシックス　中国の古典
孫子・三十六計
湯浅邦弘

中国最高の兵法書『孫子』と、その要点となる三六通りの戦術をまとめた『三十六計』。語り継がれてきた名言は、ビジネスや対人関係の手引として、実際の社会や人生に役立つこと必至。古典の英知を知る書。

ビギナーズ・クラシックス　中国の古典
易経
三浦國雄

陽と陰の二つの記号で六四通りの配列を作る易は、「主体的に読み解き未来を予測する思索的な道具」として活用されてきた。中国三〇〇〇年の知恵『易経』をコンパクトにまとめ、訳と語釈、占例をつけた決定版。

ビギナーズ・クラシックス　中国の古典
唐詩選
深澤一幸

漢詩の入門書として最も親しまれてきた『唐詩選』。李白・杜甫・王維・白居易をはじめ、朗読するだけで風景が浮かんでくる感動的な詩の世界を楽しむ。初心者にもやさしい解説とすらすら読めるふりがな付き。

ビギナーズ・クラシックス　中国の古典
史記
福島正

司馬遷が書いた全一三〇巻におよぶ中国最初の正史が一冊でわかる入門書。「鴻門の会」「四面楚歌」で有名な項羽と劉邦の戦いや、悲劇的な英雄の生涯など、強烈な個性をもった人物たちの名場面を精選して収録。

角川ソフィア文庫ベストセラー

蒙求
ビギナーズ・クラシックス 中国の古典
今鷹 眞

「蛍火以照書」から「蛍の光、窓の雪」の歌が生まれ、「漱石枕流」は夏目漱石のペンネームの由来になった。礼節や忠義など不変の教養逸話も多く、日本でも多く読まれた子供向け歴史故実書から三一編を厳選。

白楽天
ビギナーズ・クラシックス 中国の古典
下定雅弘

日本文化に大きな影響を及ぼした白楽天。炭売り老人への憐憫や左遷地で見た雪景色を詠んだ代表作ほか、家族、四季の風物、酒、音楽などを題材とした情愛濃やかな詩を味わう。大詩人の詩と生涯を知る入門書。

十八史略
ビギナーズ・クラシックス 中国の古典
竹内弘行

中国の太古から南宋末までを簡潔に記した歴史書から、注目の人間ドラマをピックアップ。伝説あり、暴君あり、国を揺るがす美女の登場あり。日本人が好んで読んできた中国史の大筋が、わかった気になる入門書！

春秋左氏伝
ビギナーズ・クラシックス 中国の古典
安本 博

古代魯国史『春秋』の注釈書ながら、巧みな文章で人々を魅了し続けてきた『左氏伝』。「力のみで人を治めることはできない」「一端発した言葉に責任を持つ」など、生き方の指南本としても読める！

詩経・楚辞
ビギナーズ・クラシックス 中国の古典
牧角悦子

結婚して子供をたくさん産むことが最大の幸福であった古代の人々が、その喜びや悲しみをうたい、神々への祈りの歌として長く愛読してきた『詩経』と『楚辞』。中国最古の詩集を楽しむ一番やさしい入門書。

角川ソフィア文庫ベストセラー

無心ということ
鈴木大拙

無心こそ東洋精神文化の軸と捉える鈴木大拙が、仏教生活の体験を通して禅・浄土教・日本や中国の思想へと考察の輪を広げる。禅浄一致の思想を巧みに展開、宗教的考えの本質をあざやかに解き明かしていく。

新版 禅とは何か
鈴木大拙

宗教とは何か。仏教とは何か。そして禅とは何か。自身の経験を通して読者を禅に向き合わせながら、この究極の問いを解きほぐす名著。初心者、修行者を問わず、人々を本格的な禅の世界へと誘う最良の入門書。

ビギナーズ 日本の思想 福沢諭吉「学問のすすめ」
福沢諭吉
訳／佐藤きむ
解説／坂井達朗

国際社会にふさわしい人間となるために学問をしよう！ 維新直後の明治の人々を励ます福沢のことばは現代にも生きている。現代語訳と解説で福沢の生き方と思想が身近な存在になる。略年表、読書案内付き。

ビギナーズ 日本の思想 西郷隆盛「南洲翁遺訓」
西郷隆盛
訳・解説／猪飼隆明

明治新政府への批判を込め、国家や為政者のあるべき姿と社会で活躍する心構えを説いた遺訓。やさしい訳文とともに、その言葉がいつ語られたものか、一条ごとに読み解き、生き生きとした西郷の人生を味わう。

ビギナーズ 日本の思想 新訳 茶の本
岡倉天心
訳／大久保喬樹

『茶の本』（全訳）と『東洋の理想』（抄訳）を、読みやすい訳文と解説で読む！ ロマンチックで波乱に富んだ生涯を、エピソードと証言で綴った読み物風伝記も付載。天心の思想と人物が理解できる入門書。